O CIENTISTA DE DADOS E OS SEUS DEMÔNIOS

Heverton Anunciação

O CIENTISTA DE DADOS E OS SEUS DEMÔNIOS

Conselhos de grandes profissionais da área de dados do Brasil e do exterior

Prefácio por:
Bill Inmon, o Pai do Data Warehouse
e Marilu Lopez, Presidente da DAMA International

ALTA BOOKS
GRUPO EDITORIAL
Rio de Janeiro, 2023

O Cientista de Dados e os seus Demônios

Copyright © 2023 STARLIN ALTA EDITORA E CONSULTORIA LTDA.
ALTA BOOKS é uma empresa do Grupo Editorial Alta Books (Starlin Alta Editora e Consultoria LTDA).
Copyright © 2023 Heverton Anunciação.
ISBN: 978-85-508-2154-2

Impresso no Brasil — 1ª Edição, 2023 — Edição revisada conforme o Acordo Ortográfico da Língua Portuguesa de 2009.

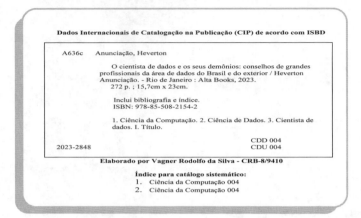

Todos os direitos estão reservados e protegidos por Lei. Nenhuma parte deste livro, sem autorização prévia por escrito da editora, poderá ser reproduzida ou transmitida. A violação dos Direitos Autorais é crime estabelecido na Lei nº 9.610/98 e com punição de acordo com o artigo 184 do Código Penal.

O conteúdo desta obra fora formulado exclusivamente pelo(s) autor(es).

Marcas Registradas: Todos os termos mencionados e reconhecidos como Marca Registrada e/ou Comercial são de responsabilidade de seus proprietários. A editora informa não estar associada a nenhum produto e/ou fornecedor apresentado no livro.

Material de apoio e erratas: Se parte integrante da obra e/ou por real necessidade, no site da editora o leitor encontrará os materiais de apoio (download), errata e/ou quaisquer outros conteúdos aplicáveis à obra. Acesse o site www.altabooks.com.br e procure pelo título do livro desejado para ter acesso ao conteúdo..

Suporte Técnico: A obra é comercializada na forma em que está, sem direito a suporte técnico ou orientação pessoal/exclusiva ao leitor.
A editora não se responsabiliza pela manutenção, atualização e idioma dos sites, programas, materiais complementares ou similares referidos pelos autores nesta obra.

Grupo Editorial Alta Books

Produção Editorial: Grupo Editorial Alta Books
Diretor Editorial: Anderson Vieira
Editor da Obra: Rosana Arruda
Vendas Governamentais: Cristiane Mutüs
Gerência Comercial: Claudio Lima
Gerência Marketing: Andréa Guatiello

Assistente Editorial: Ana Clara Tambasco
Revisão: Karina Pedron; Thamiris Leiroza
Diagramação: Natalia Curupana
Capa: Natalia Curupana

Rua Viúva Cláudio, 291 — Bairro Industrial do Jacaré
CEP: 20.970-031 — Rio de Janeiro (RJ)
Tels.: (21) 3278-8069 / 3278-8419
www.altabooks.com.br — altabooks@altabooks.com.br
Ouvidoria: ouvidoria@altabooks.com.br

Editora afiliada à:

SOBRE O CURADOR E AUTOR: HEVERTON ANUNCIAÇÃO

ELEITO ENTRE OS 30 MAIORES profissionais de CRM e Experiência do Cliente no mundo nos anos de 2021 e 2022, Heverton Anunciação nasceu em Brasília/DF. É pesquisador em Análise Comportamental e Tecnologia da Informação. Desde 1985, no ramo de tecnologia, atualmente é gerente de Projeto em CRM (Customer Relationship Management). Subject-Matter Expert em Social CRM, e CSM (Certified Scrum Mater) em Scrum Agile.

Estudou Tecnologia em várias instituições do Brasil e do exterior. Hoje em dia, especializa-se nas novidades do mundo do Marketing, Customer Experience, da Responsabilidade Social e da Administração de empresas.

O autor é pesquisador do Marketing de Relacionamento (CRM) e Experiência de Consumo, além de possuir experiência na implementação, administração e treinamento de ERP (Sistemas Enterprise Resource Planning) e CRM em instituição financeira, empresas do varejo, telecomunicações e contact center no Brasil e exterior.

Heverton Anunciação atuou como gerente de projetos, PMO e consultor em projetos de TI e CRM no Brasil e América Latina de empresas como Supremo Tribunal Federal, UNAFISCO, Mary Kay do Brasil, O Boticário, Atento, Telemig, Vantive, PeopleSoft, Programa de Fidelidade Clube Extra, campanha presidencial do Aécio Neves em 2014, UOL, Ericsson, Entel Chile entre outros.

É conhecido no mercado como "O Cara do CRM" pela sua vasta experiência e notoriedade. É autor de livros e artigos sobre o tema em várias revistas, inclusive *Revista Exame*. Também atuou como um dos jurados do Prêmio ABT 2013 para eleger os melhores *cases* de atendimento ao cliente do Brasil, como também no Prêmio CMS 2018 para eleger os melhores *cases* de Televendas e Cobrança do Brasil.

Foi eleito entre os **Global Gurus** em CRM e Experiência do Cliente no mundo nos anos de 2020, 2021 e 2022.

Alguns livros do autor:

The Book of all 20 Methodologies to improve and profit from Customer Experience and Service — Why, when and how to use each one.

Atendimento ao cliente: Profissionais que revolucionaram o campo da experiência do cliente.

O Capitalismo do Cliente: O que importa é a experiência do Consumidor.

Tudo o que o Google® não te respondeu sobre as Redes Sociais: Um Guia Prático de Social CRM para sobreviver à nova fronteira do Relacionamento entre Empresas e o Mundo.

A Matemática das Emoções: Satisfação é igual a Resultado menos Expectativas.

Guia Politicamente Incorreto da Administração de Empresas.

The Official Dictionary for ERP, CRM, UX, Business Intelligence, Data Warehouse, Analytics, Big Data, Customer Experience, Call Center and Digital Marketing

Para entrar em contato com o autor:

www.heverton.com.br

heverton@heverton.com.br

LinkedIn: https://www.linkedin.com/in/hevertonsa/

AGRADECIMENTOS

À minha família em Brasília, Josiane Marques, Editora Alta Books, Rosana Arruda, Jesus e Deus e a cada um dos ilustres convidados que acreditam em compartilhar conhecimento.

A Waldinei Guimarães, que contribuiu com o título deste livro a partir de seu artigo.

PROFISSIONAIS CONVIDADOS DO BRASIL E DO EXTERIOR

EU SEI E GOSTO MUITO DE VIAJAR SOZINHO, mas, neste livro, eu seria incapaz de compartilhar tanta vivência importante de cada um com quem fiz contato durante meses para trazer a experiência deles para você. E, para ser mais completo, eu quis trazer profissionais de diferentes setores e portes de empresas.

Nome	País	Mini Curriculum
Bill Inmon	Estados Unidos	Inventor e pai do conceito de Data Warehouse.
Marilu Lopez	México	Presidente da DAMA International (Data Management Association).
Aviv Gruber	Israel	Um dos principais cientistas de dados da Huawei Technologies no grupo de trabalho em rede de nuvem do Centro de Pesquisa Tel Aviv.
Waldinei Guimarães	Brasil	Executivo de Marketing Analítico em empresas como Serasa Experian, Credicard, Grupo Pão de Açúcar.
Thiago Marques	Brasil	Estatístico pela Federal do IBGE, a ENCE (Escola Nacional de Ciências Estatísticas) e fundador da maior comunidade de ciência de dados da América Latina.
Eric Siegel	Estados Unidos	Fundador da série de conferências Predictive Analytics World e Deep Learning World, editor-executivo do The Predictive Analytics Times e ex-professor da Universidade de Columbia.

PROFISSIONAIS CONVIDADOS DO BRASIL E DO EXTERIOR

Jim Sterne	Estados Unidos	Presidente fundador e presidente do Conselho Emérito da Digital Analytics Association e produtor do *Marketing Analytics Summit*.
Dr. Kirk Borne	Estados Unidos	Cientista de dados principal na Booz Allen Hamilton. Ele não só é um cientista de dados, mas também é um astrofísico e cientista espacial.
Jesse Anderson	Estados Unidos	Engenheiro de dados, engenheiro criativo e diretor administrativo do Big Data Institute.
Marie Wallace	Irlanda	Estrategista analítica e arquiteta de soluções para a IBM, tendo passado mais de uma década construindo tecnologias analíticas que hoje sustentam soluções como a IBM Watson.
Kristen Kehrer	Estados Unidos	#8 Global LinkedIn Top Voice in Data Science & Analytics. Atualmente instrutora na UC Berkeley Extension.
Amit Agarwal	Índia	Gerente sênior da Nvidia, que também é o chefe de BI da empresa para a Índia e região Ásia-Pacífico.
Timothy Kooi	Singapura	Líder em Inovação no Centro de Inovação da DHL, onde é responsável pela pesquisa de tendências e pela conversão de novas tendências em provas de conceito.
Charles Givre	Estados Unidos	Recentemente ao JPMorgan Chase, trabalha como cientista de dados e gerente técnico de produtos no grupo de segurança cibernética e controles de tecnologia.
Bram Nauts	Países Baixos	Consultor de dados empresariais no ABN AMRO N.V.
Dr. Rajkumar Bondugula	Estados Unidos	Cientista de dados principal e lidera iniciativas de Data Science e Machine Learning nos Laboratórios de ciência de dados da Equifax.
Roberto Oliveira	Brasil	Professor da pós-graduação de Big Data e Inteligência Artificial do Senac e responsável por vários projetos de sucesso em grandes empresas brasileiras, com sua atuação como presidente da ABRACD (Associação Brasileira de Ciência de Dados).

Angélica Nardo Caseri, PhD	Brasil	PhD (AgroParisTech, França) e pós-doutorado em hidrometeorologia, utilizando técnicas de geoestatística e de inteligência artificial. Ganhadora do Prêmio Brasil Referência em Dados 2021.
Ronald Wasserstein	Estados Unidos	Diretor-executivo da Associação Americana de Estatística (ASA), assumiu o cargo de liderança da ASA em agosto de 2007.
Fernanda Maciel, PhD	Estados Unidos	Professora de Business Analytics na California State University.
Claudia Montenegro	Brasil	Advogada e *co-founder* na Bunker Consultoria especializada em privacidade e proteção de dados.

SUMÁRIO

SOBRE O CURADOR E AUTOR: HEVERTON ANUNCIAÇÃO V

AGRADECIMENTOS VII
Profissionais convidados do Brasil e do exterior VIII

INTRODUÇÃO POR HEVERTON ANUNCIAÇÃO:
Sabedoria e intuição digitais 1

PREFÁCIO POR BILL INMON — ESTADOS UNIDOS
Matando o Data Warehouse 7
Comentários do autor Heverton Anunciação 13

PREFÁCIO POR MARILU LOPEZ — MÉXICO
Gestão de dados como base para a transformação digital 15
Comentários do autor Heverton Anunciação 22

AVIV GRUBER — ISRAEL
O que é preciso para se tornar um cientista de dados? 23
Comentários do autor Heverton Anunciação 26

WALDINEI GUIMARÃES — BRASIL
O cientista de dados e seus demônios 28
Comentários do autor Heverton Anunciação 30

THIAGO MARQUES — BRASIL
Como começar a aprender estatística e ciência de dados 32
Comentários do autor Heverton Anunciação 41

ERIC SIEGEL — ESTADOS UNIDOS
Falácia da exatidão: A cobertura da IA pela mídia é falsa 42

Comentários do autor Heverton Anunciação 51

JIM STERNE — ESTADOS UNIDOS
Descobrindo a descoberta 52

Comentários do autor Heverton Anunciação 67

DR. KIRK BORNE — ESTADOS UNIDOS
Condução segura na empresa de autocondução 69

Comentários do autor Heverton Anunciação 76

JESSE ANDERSON — ESTADOS UNIDOS
Os dois tipos de engenharia de dados 77

Comentários do autor Heverton Anunciação 80

MARIE WALLACE — IRLANDA
Cientistas de dados e profissionais de análise:

Somos mais fortes juntos 81

Comentários do autor Heverton Anunciação 90

KRISTEN KEHRER — ESTADOS UNIDOS
Ingredientes-chave para ser orientado por dados 92

Comentários do autor Heverton Anunciação 103

AMIT AGARWAL — ÍNDIA
Estrutura analítica de autoatendimento 104

Comentários do autor Heverton Anunciação 116

TIMOTHY KOOI — SINGAPURA
A ciência de dados requer um conjunto diferente

de mentalidades empresariais 117

Comentários do autor Heverton Anunciação 122

CHARLES GIVRE — ESTADOS UNIDOS

Iniciando uma carreira na Ciência de dados. 123

Comentários do autor Heverton Anunciação 128

BRAM NAUTS — PAÍSES BAIXOS

A habilidade do futuro — Ideias-chave para melhorar a sua. 130

Comentários do autor Heverton Anunciação 142

DR. RAJKUMAR BONDUGULA — ESTADOS UNIDOS

Sua equipe de ciência de dados está
preparada para o sucesso?. 143

Comentários do autor Heverton Anunciação 156

ROBERTO OLIVEIRA — BRASIL

Considerações para um projeto de Business Intelligence 157

Comentários do autor Heverton Anunciação 168

ANGÉLICA NARDO CASERI, PHD — BRASIL

Aprendendo ciência de dados, na prática. 169

Comentários do autor Heverton Anunciação 174

RONALD WASSERSTEIN — ESTADOS UNIDOS

Um ótimo momento para ser um estatístico. 176

Comentários do autor Heverton Anunciação 181

FERNANDA MACIEL, PHD — ESTADOS UNIDOS

Preciso mesmo fazer uma estatística descritiva?. 183

Comentários do autor Heverton Anunciação 192

CLAUDIA MONTENEGRO — BRASIL

Os dados obtidos mediante inferências na
área da saúde e os impactos na LGPD 193

Comentários do autor Heverton Anunciação 198

CONCLUSÃO

e a evolução continua... 200

FERRAMENTAS PARA O CIENTISTA DE DADOS **202**

Lei Geral de Proteção de Dados Pessoais (LGPD) 203

Autoridade Nacional de Proteção de Dados 213

GUIA PARA O CORPO DE GERENCIAMENTO DE
DADOS DO CONHECIMENTO (DAMA-DMBOK)

Estrutura funcional. 218

ASSOCIAÇÕES PROFISSIONAIS OU ACADÊMICAS
PARA O PROFISSIONAL DE CIÊNCIA DE DADOS 221

Ferramentas e Recursos para o Cientista de Dados 222

QUADRO DE ALGUNS SOFTWARES DE ANÁLISE DE
DADOS DE CÓDIGO ABERTO EM 2021 . . . . **233**

Glossário de Data Warehouse & Business Intelligence 234

REFERÊNCIA BIBLIOGRÁFICA. **250**

Índice. 251

*Trate seu próximo como você gostaria de ser tratado
— mesmo se for seu cliente!*
Jesus Cristo

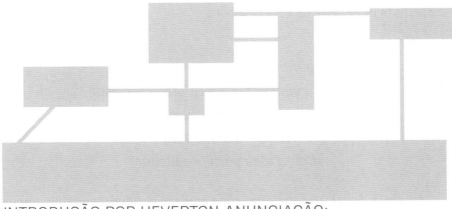

INTRODUÇÃO POR HEVERTON ANUNCIAÇÃO:

SABEDORIA E INTUIÇÃO DIGITAIS

VOCÊ É O QUE COMPARTILHA, creio eu. Por essa razão, decidi me tornar o curador e criei este livro.

Eu acabo de me deparar com uma matéria da revista *Superinteressante*, da Editora Abril, com o seguinte título: "**Nos EUA, algoritmo promete prever crimes uma semana antes que eles ocorram.**" (*Superinteressante*, 2022).[1]

O que me faz lembrar de um outro momento. Você se lembra daquele filme chamado **Minority Report**? No qual o ator **Tom Cruise** consegue também atuar na prevenção de crimes antes deles acontecerem?

Enquanto isso, também nos Estados Unidos, o **Google** acaba de demitir um engenheiro que abriu ao público seu projeto de Inteligência Artificial (IA), conforme matéria no *Yahoo Finanças*: "Engenheiro do Google é afastado por afirmar que robô da empresa 'tem vida'." (*Yahoo Finanças*, 2022).[2]

De quais algoritmos estamos falando aqui?

---

1. Disponível em: <https://super.abril.com.br/sociedade/nos-eua-algoritmo-promete-prever-crimes-uma-semana-antes-que-eles-ocorram/>. Acesso em: jul. 2022.
2. Disponível em: <https://br.financas.yahoo.com/news/engenheiro-do-google-e-afastado-por-afirmar-que-robo-da-empresa-tem-vida-141414872.html — julho 2022>. Acesso em: jul. 2022.

Quais engenheiros de softwares são esses?
De onde vêm esses cientistas de dados?
Como eles vivem?
O que eles comem?
Como eles se reproduzem?

Um profissional, não importa a que área ele pertença, acredito, nunca deve pensar que sua verdade é definitiva ou que sua maneira de fazer ou resolver algo é a melhor.

E, logicamente, tive que fazer certo e errado para chegar a essa simples conclusão.

Agora, o que isso tem a ver com o propósito deste livro? No qual reuni dicas e conselhos importantes de uma elite de profissionais da ciência de dados de vários setores e experiência respeitável.

E, neste mundo de algoritmos, é obrigação de qualquer profissional que precisa de dados estar conectado às melhores práticas, ou, quem sabe, até inventar suas próprias.

Eu resolvi fazer um infográfico com um resumo das principais características comportamentais ou técnicas que esse profissional da área de dados deve enriquecer-se diariamente, bem como sua equipe:

Figura 1 – Principais características comportamentais

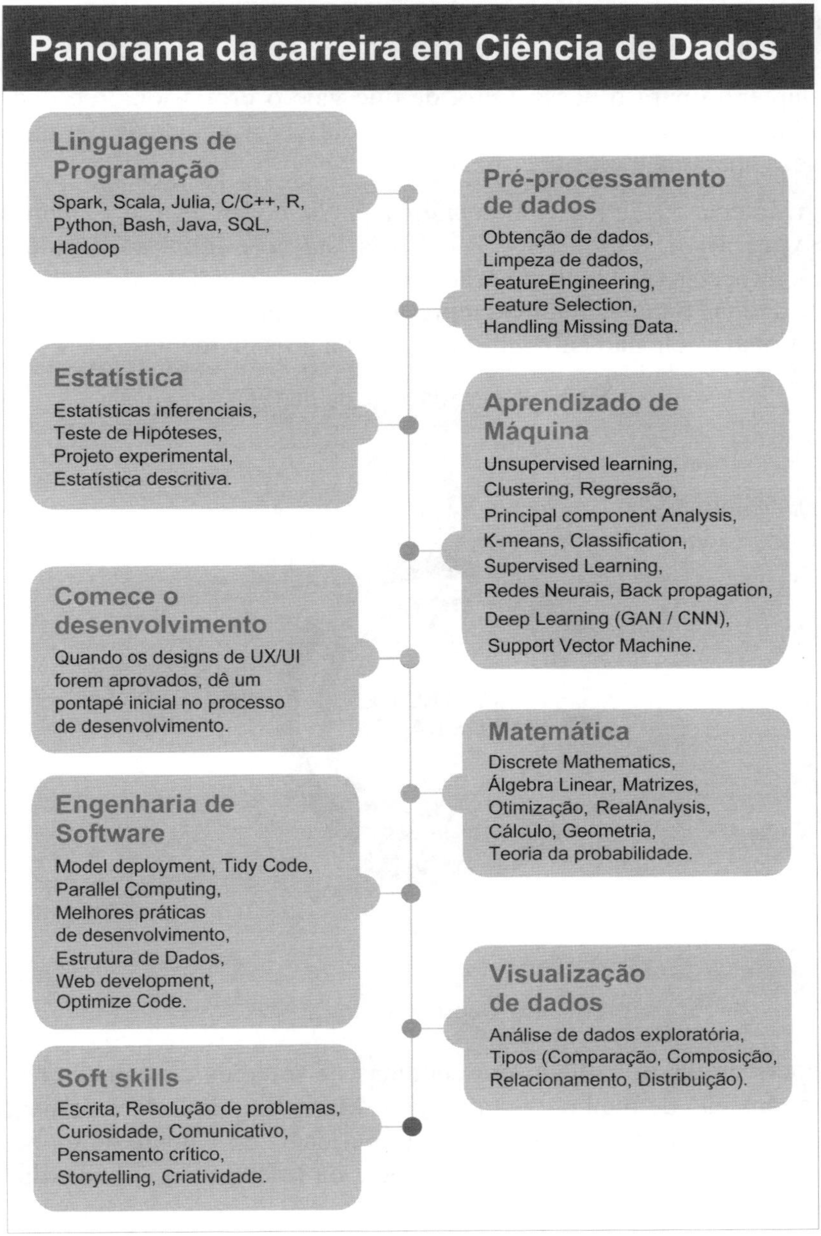

Panorama da carreira em Ciência de Dados

Linguagens de Programação
Spark, Scala, Julia, C/C++, R, Python, Bash, Java, SQL, Hadoop

Pré-processamento de dados
Obtenção de dados, Limpeza de dados, FeatureEngineering, Feature Selection, Handling Missing Data.

Estatística
Estatísticas inferenciais, Teste de Hipóteses, Projeto experimental, Estatística descritiva.

Aprendizado de Máquina
Unsupervised learning, Clustering, Regressão, Principal component Analysis, K-means, Classification, Supervised Learning, Redes Neurais, Back propagation, Deep Learning (GAN / CNN), Support Vector Machine.

Comece o desenvolvimento
Quando os designs de UX/UI forem aprovados, dê um pontapé inicial no processo de desenvolvimento.

Matemática
Discrete Mathematics, Álgebra Linear, Matrizes, Otimização, RealAnalysis, Cálculo, Geometria, Teoria da probabilidade.

Engenharia de Software
Model deployment, Tidy Code, Parallel Computing, Melhores práticas de desenvolvimento, Estrutura de Dados, Web development, Optimize Code.

Visualização de dados
Análise de dados exploratória, Tipos (Comparação, Composição, Relacionamento, Distribuição).

Soft skills
Escrita, Resolução de problemas, Curiosidade, Comunicativo, Pensamento crítico, Storytelling, Criatividade.

Fonte: Conteúdo autoral.

Agora, isso me faz lembrar outro filme chamado *Jerry Maguire*, que teve também como o ator o mesmo **Tom Cruise**. Há uma parte do filme no qual os atores principais questionam: *"show me the money"* (mostre-me a grana), afinal, de que vale tanto esforço se não há a recompensa?

Adaptando para o nosso livro, de que vale o profissional de dados ter bilhões em registros se no final não obtiver a sabedoria digital ou "riqueza" para melhores decisões?

Em um de meus livros, *A Matemática das Emoções*, eu crio a **Fórmula da Expectativa**, em que **S = R − E** (Satisfação é igual ao Resultado menos Expectativa). Qual a relação dessa com a carreira de um profissional de dados? É que nenhuma empresa irá recompensar justamente esse profissional se ele não entregar o resultado acima da média.

Figura 2 - Precisamos de dados

Fonte: Conteúdo autoral.[3]

Depois de ter trabalhado em centenas de projetos de consultoria e implementação de melhores práticas em Marketing de Relacionamento (CRM), Business Intelligence (BI) e Experiência do Cliente (CX), bem como em inúmeros projetos de Tecnologia da Informação, uma verdade é absoluta: precisamos de dados!

---

3. Extraído do livro do próprio autor, Heverton Anunciação, livro publicado na Amazon KDP Kindle, e publicação própria.

Encontrei empresas que queriam proporcionar uma excelente experiência ao cliente, mas não tinham os dados certos!

Encontrei empresas que queriam calcular quais canais eram os mais rentáveis, mas não tinham os dados corretos!

Encontrei empresas que queriam avaliar quais são os melhores produtos e clientes que dão os melhores retornos, mas que só tinham dados fora de sincronia!

Estes são apenas alguns exemplos de problemas que encontramos hoje, nas empresas. A maioria das empresas diz que faz tudo perfeitamente, mas não é mostrado na mídia ou na imprensa a dor de cabeça que as áreas de Tecnologia da Informação sofrem para unir os dados corretos. E quando elas conseguem se unir e torná-los disponíveis, o tempo para comercializar e as possíveis oportunidades já foram perdidos.

Portanto, se uma empresa quer ser considerada excelência em governança corporativa e satisfazer as áreas jurídica, marketing, vendas, atendimento ao cliente, tecnologia, logística, produtos, entre outras, deve começar o mais rápido possível para se tornar uma empresa voltada para os dados e em tempo real.

Dizem que os dados e as informações são o novo petróleo. Então, quem tem as informações corretas e sabe como utilizá-las em sua empresa?

70% do tempo do cientista de dados é limpeza e preparação de dados

90% do tempo do minerador é gasto na perfuração de ouro

Muitas empresas continuam a praticar seu planejamento estratégico anual. Encontramos algumas que passaram do tradicional modelo de projeto "cachoeira" para o modelo "ágil" para acompanhar a velocidade do mercado. Com isso, aplicando o conceito: cometer um erro rápido, aprender rápido e corrigir rapidamente.

Errar é importante, mas errar com o menor custo possível. Para isso, recomendo às empresas que procurem suas intuições digitais, inspirações digitais.

Explico melhor: a intuição é a capacidade de entender as coisas no momento, sem a necessidade de realizar raciocínios complexos. É também a capacidade ou o ato de perceber, discernir ou sentir as coisas, independentemente do raciocínio ou da análise. A intuição é uma percepção criada dentro do indivíduo ou da empresa e, com ela, decisões ou ações são tomadas.

Agora, imagine combinar intuição com inspiração? A inspiração é, em um sentido figurativo, o ato de inspirar uma boa ou má ação. Isto é, algo ou insight que vem de "fora" do indivíduo ou "fora" da empresa, que causa decisões ou ações a serem tomadas.

Que pergunta eu gostaria de fazer? Pergunte-se: por que as mulheres têm um sexto sentido muito mais aguçado do que os homens? Isso é intuição feminina ou o sexto sentido. Sentimento, sensação, sexto sentido, o nome não importa, porque todos os sinônimos se referem à mesma coisa: intuição, ou seja, a percepção que toda mulher tem e ninguém sabe de onde vem. É um som, uma voz, um eco interior. E isso não tem absolutamente nada de sobrenatural!

Assim, com este livro, proponho a todos os funcionários e empresas que chegará um dia em que todos saberão utilizar, a partir de seus dados, seu sexto sentido. O sexto sentido é uma percepção extrassensorial, que vai além de nossos cinco sentidos básicos: visão, audição, paladar, olfato e tato. É uma sensação de intuição, que de certa forma nos permite ter sensações de "clarividência" e até mesmo visões de eventos futuros.

Uma empresa só alcançará essa capacidade se começar imediatamente a aplicar a verdadeira governança de dados. E os ilustres cientistas de dados, que fazem parte deste livro, lhe mostrarão o caminho para dar o primeiro passo.

Este livro faz parte da Trilogia CRM e Customer Experience chamada CX Trilogy cujo objetivo é unir a comunidade mundial de profissionais da CX, serviço ao cliente, ciência de dados e CRM. Acredito que esta união facilitaria a contratação de nosso setor e profissão, assim como a identificação dos melhores profissionais do mercado.

Aproveite a viagem!

HEVERTON ANUNCIAÇÃO
www.heverton.com.br

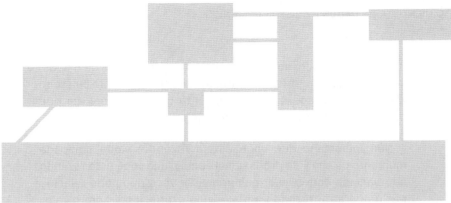

PREFÁCIO POR BILL INMON — ESTADOS UNIDOS

MATANDO O DATA WAREHOUSE

NÃO HÁ dúvidas sobre isso. É um mundo confuso lá fora. Além disso, o mundo não está parado. O que você aprendeu ontem funciona hoje sob um novo conjunto de regras. O mundo muda a cada dia. A cada hora. A cada minuto.

Você faz escolhas o tempo todo que o afetam e aqueles ao seu redor, continuamente...

Então, com toda a complexidade, toda a confusão, toda a mudança constante que é simplesmente um fato da vida no mundo, como você mantém sua sanidade? Como você mantém sua bússola moral? Como você se mantém centrado quando tudo o mais ao seu redor está enlouquecendo? Como você encontra a paz em um mundo de caos?

Aqui estão alguns conselhos que me serviram bem.

> 1. Confie em sua intuição. Isso vale para o intelecto. Emoção. E escolher e manter amigos. Parece que todos nós temos um sexto sentido sobre em quem devemos confiar e o que devemos aprender e fazer. Ouça esse sexto sentido interior.

> 2. Tratar cada dia como um presente, porque é exatamente isso que é. Cada dia é precioso. Tire o máximo proveito de cada dia.

3. Se você não consegue explicar algo a uma criança de 6 anos, você mesmo não entende. Esta citação foi de Albert Einstein. Mas é tão verdadeira e tão relevante quanto no dia em que disse. No final do dia, ele era um sujeito bastante brilhante.

4. Não importa o que você esteja fazendo, saiba em cada momento de sua vida profissional como o que você está fazendo se relaciona com o valor comercial. Se você não pode relacionar o que está fazendo em sua vida profissional com o valor comercial, então você não deveria estar fazendo isso em primeiro lugar.

5. Quando você trabalha para fazer três coisas:

- ofereça valor a seu cliente;
- proporcione valor a seu acionista; e
- proporcione dor à sua concorrência.

6. Reconheça que você aprenderá por toda sua vida. Sua educação formal termina um dia, mas sua experiência de aprendizagem continua diariamente, pelo resto de sua vida. Abrace a aprendizagem e as mudanças que ocorrerão todos os dias em sua vida.

Se seguir esses conselhos, você e sua família nunca passarão fome. E acordarão todas as manhãs com um senso de propósito e vitalidade.

Matando o Data Warehouse

É um esporte industrial. No início, os teóricos do banco de dados queriam matar o armazém de dados, porque ele não se enquadrava em sua teoria do que deveria ser um banco de dados. Então, os fornecedores que suportavam esses teóricos do banco de dados queriam matar o Data Warehouse (DW). O armazém de dados "moveu seu queijo". E os fornecedores não gostavam de ninguém que movesse esse queijo. Outros vieram e tentaram chamar um Data Mart de armazém de dados. Mais confusão. Então apareceram os vendedores de Big Data e anunciaram que poderiam substituir um armazém de dados por Big Data.

O Data Warehouse parecia um mercado maduro e tentador. Então, os vendedores de Big Data tentaram um pouco de marketing para convencer as pessoas de que o Big Data era o substituto para um armazém de dados.

Todos queriam matar o armazém de dados.

O armazém de dados era como o saco de pancada no ginásio. Todo pugilista ou aspirante a pugilista aparece e bate no saco de boxe (armazém de dados). Como Rodney Daingerfield, "o armazém de dados não recebe nenhum respeito".

Mas, por meio dele, todo o armazém de dados ficou maior e mais forte com todos esses detratores e inimigos querendo substituí-lo/matá-lo/demovê-lo.

O que é o armazém de dados que gerou este tremendo poder de permanência? A característica essencial, número um de um Data Warehouse, é que ele é uma arquitetura, não uma tecnologia. O Data Warehouse resolve um problema muito essencial para o mundo — permite que os dados baseados em aplicações coexistam harmoniosamente com os dados corporativos. Enquanto houver aplicações e necessidade de dados corporativos em toda a empresa, haverá um armazém de dados.

Mas isso era o passado. Um a um, as pessoas que tentaram matar o armazém de dados caíram (ou estão caindo).

Quando você olha para o futuro, há algumas luzes muito brilhantes no futuro do Data Warehouse. Uma extensão natural do armazenamento de dados é o cofre de dados. O cofre de dados tem muitos benefícios. Quando há necessidade de um alto grau de confiança e confiabilidade dos dados, o cofre de dados é a resposta. Dan Linstedt fez o trabalho pioneiro em um cofre de dados que lidera o caminho. De maneira diferente, quando a confiabilidade e credibilidade dos dados é um problema, o cofre de dados é a resposta.

Mas há outra luz muito brilhante para o armazém de dados, além do cofre de dados. Essa luz brilhante é a adição de dados baseados em texto ao armazém de dados. Tradicionalmente, o armazenamento de dados era baseado em dados estruturados, baseados em transações. Aplicações processavam transações e produziam bancos de dados que precisavam ser integrados a um armazém de dados. Mas agora — com o ETL (Extract, Transform, Load) textual — é possível começar a incluir dados baseados em texto no armazém de dados. Duas coisas acontecem simultaneamente quando o texto é incluído — a funcionalidade do armazém de dados aumenta geometricamente. Ao mesmo tempo, o volume de dados cresce em uma ordem de grandeza (ou mais).

Portanto, os Data Warehouses estão destinados a crescer e se tornar mais poderosos. Eles não vão encolher ou desaparecer durante essa vida útil.

O papel adequado de Big Data e Data Warehouse é como dois universos complementares. O Big Data contém um conjunto de volumes de dados em que esses dados têm suas características únicas, e o armazém de dados contém outro tipo de dados, com um conjunto diferente de características. E, juntos, eles formam o núcleo para que as corporações se movam para o futuro. As únicas pessoas que pensam que o Data Warehouse e o Big Data competem entre si são os arquitetos de dados do ensino médio que ainda não se formaram em nível superior.

Entendendo os efeitos do cofre de dados, os efeitos da análise baseada em texto no armazém de dados e entendendo a base sobre a qual o armazém de dados é construído, o futuro do armazém de dados não poderia ser maior e mais brilhante.

Quem é o proprietário desses dados, afinal?

Nossa história começa simples o suficiente. Um consumidor tem alguns sapatos que não lhe cabem.

Por qualquer razão, o consumidor se senta e escreve um comentário reclamando do sapato. Então ele vai à internet e envia o comentário para uma editora da internet. O consumidor quer contar ao mundo sobre os problemas que foram encontrados. Há muitos sites para escolher — Facebook, Yelp, Twitter, Skytrax, Consumer Affairs etc. O comentário é enviado para a editora e logo aparece na internet.

Até agora tudo é muito simples. Mas as coisas se torcem rapidamente.

Um dia, a editora da internet decide cobrar dinheiro pelo acesso aos comentários. A editora deve dinheiro ao consumidor que originalmente escreveu o comentário? O consumidor enviou o comentário ao editor com a expectativa de que o comentário seja disponibilizado para o mundo. O consumidor não tem nenhuma expectativa de ganho monetário quando o comentário é escrito. Mas, agora, a editora está criando todo tipo de acesso estranho e regras econômicas, e ganhando dinheiro com os comentários dos consumidores.

Um dia, a editora da internet decide editar o comentário. Por qualquer razão, a editora não gosta de algo que o consumidor tenha dito. A edição é pequena. Mas será que a editora tem o direito de editar o que outra pessoa escreveu, talvez tão imperfeito ou tão controverso quanto o comentário?

Então, em outro dia, alguém lê os comentários e os retira da internet. Será que o comentário ainda pertence ao consumidor? À editora? Ao usuário da internet? Os dados podem ser lidos manualmente, mas não por uma tecnologia de raspagem automatizada? A editora tem o direito de restringir como o comentário será lido?

Essas são questões jurídicas complexas. (Nota: eu sou um técnico, não um advogado. Tenho minhas opiniões, mas elas são estritamente as opiniões de um técnico, não de um advogado. Elas não têm peso legal em nenhum tribunal do país.)

A lei provavelmente está muito atrasada em relação à tecnologia. A tecnologia provavelmente criou situações que nunca foram idealizadas por nenhum legislador.

Portanto, as questões aqui levantadas são complexas e podem exigir a análise de muitas mentes jurídicas e muita atenção por parte dos legisladores.

Essas questões podem parecer teóricas, mas são muito reais. E elas têm grande importância econômica e moral para um segmento crescente de nosso mundo.

Chegou ao conhecimento do mundo que ouvir a voz do cliente é extremamente inteligente e valioso. A opinião de um único consumidor não tem muita importância. Mas a opinião de um corpo de consumidores vale muito.

As empresas inteligentes (que estão interessadas em permanecer no negócio) prestam atenção ao que seu cliente está dizendo. E as empresas moribundas (que só querem chegar ao próximo salário) apenas dormem enquanto o mercado passa por elas.

Quando as pessoas colocam seus comentários em público, eles estão lá para que o mundo os veja. Essa é a intenção do consumidor. Mas os editores na internet estão começando a reconhecer que há um grande valor nesses comentários.

Com a tecnologia certa, você pode ouvir 10 mil consumidores de uma só vez (ou até mais). E ouvir o que muitos clientes e potenciais clientes querem dizer é muito inteligente e bom para uma empresa. É uma informação inestimável.

Portanto, quando o consumidor escreve seu comentário na internet, o consumidor não reconhece que há valor nesse comentário. Mas se um número suficiente de consumidores escreve seus comentários, há um grande valor no que está sendo dito.

E onde há um grande valor, há sempre a questão da propriedade. E — tanto quanto posso ver — há MUITAS questões legais de propriedade, acesso, royalties que nunca foram decididas antes. É um pouco como o oeste selvagem. Você faz suas próprias leis quando cavalga por um vale deserto com um cavalo, uma corda, algumas calças e uma arma.

Outra questão relacionada, mas separada, é a manipulação política de informações públicas. Mas as questões políticas são apenas um dos lados da questão maior — de quem são os dados e os direitos aos dados?

BILL INMON
whinmon@msn.com

WILLIAM H. (BILL) INMON (nascido em 1945) é um cientista da computação norte-americano, reconhecido por muitos como o pai do armazém de dados. Inmon escreveu o primeiro livro, realizou a primeira conferência (com Arnie Barnett), escreveu a primeira coluna em uma revista e foi o primeiro a oferecer aulas em armazenamento de dados. Inmon criou a definição aceita do que é um armazenamento de dados — uma coleção de dados orientada ao assunto, não volátil, integrada e variada no tempo, em apoio às decisões da gerência. Ele publicou 59 livros e teve traduções feitas em 9 idiomas. Um dos livros de Bill já vendeu mais de 500 mil cópias em todo o mundo. Bill desenvolveu a desambiguação textual, que permite o texto ser traduzido para um formato padrão de banco de dados. Bill falou com organizações profissionais em 57 países.

COMENTÁRIOS DO AUTOR HEVERTON ANUNCIAÇÃO SOBRE ESTE ARTIGO

QUANDO EU li este artigo do renomado Bill, pensei em duas frases: "... A Bíblia diz que Deus criou o mundo em seis dias e descansou no sétimo dia...", e a outra "... Primeiro havia o caos, uma matéria completamente crua, indefinível, indescritível, que existia desde toda a eternidade e que era o princípio de todas as coisas..."

Achou alguma semelhança com a profissão do cientista de dados? No caso da primeira frase, eu destaco porque em muitos cenários reais corporativos, o profissional será um organizador de tudo que não existia, criando, definindo universos, divisões, fronteiras etc., já na outra frase, o cientista irá organizar um caos tecnológico de tabelas de dados e MS Excel espalhados pela corporação.

E onde seria organizado esse amontoado de informação? Em uma "via galáctica" chamada Data Warehouse que deveria funcionar de forma organizada, interdependente e sincronizada.

Portanto, seja para o profissional novato ou já experiente, não menospreze o legado de quem veio antes. Ao desrespeitar a história e o passado, fatalmente, você irá cometer os erros do passado.

DICA

Disponível em: <https://canaltech.com.br/infra/Grandes-erros-na-elaboracao-do-Data-Warehouse-que-devem-ser-evitados/>. Acesso em: jun. 2022.

Disponível em: <https://www.fiveacts.com.br/data-warehouse/>. Acesso em: jun. 2022.

CURIOSIDADE

Disponível em: <https://pt.wikipedia.org/wiki/Armaz%C3%A9m_de_dados>. Acesso em: jun. 2022.

SUGESTÃO DE LEITURA COMPLEMENTAR

Disponível em: <https://jobu.com.br/2020/10/18/o-que-e-data-warehouse/>. Acesso em: jun. 2022.

Disponível em: <https://www.astera.com/pt/type/blog/data-warehouse-architecture/>. Acesso em: jun. 2022.

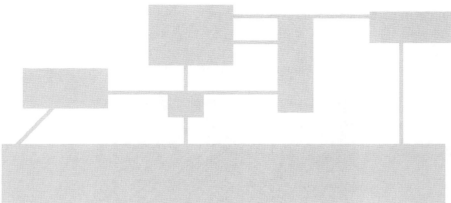

PREFÁCIO POR MARILU LOPEZ — MÉXICO

GESTÃO DE DADOS COMO BASE PARA A TRANSFORMAÇÃO DIGITAL

A TRANSFORMAÇÃO DIGITAL tornou-se uma palavra-chave nos últimos anos, mas não é algo novo. Podemos olhar para meados da década de 1990, quando os processos começaram a ser automatizados e o uso da internet se expandiu. Não se refere apenas à adoção de novas tecnologias para oferecer produtos e serviços novos ou já existentes na internet. Também tem a ver com o ajuste de modelos de negócios, processos internos e, mais importante ainda, a mudança de mentalidade para evoluir a cultura da organização. Um elemento comum abaixo de tudo isso são os dados. Assim, o gerenciamento de dados de forma adequada torna-se a base para o sucesso de qualquer iniciativa de Transformação Digital.

Figura 3 – Alicerces de edifício

Fonte: Freepik Company, 2022.[4]

Eu gosto de comparar o gerenciamento de dados com os alicerces dos edifícios. Normalmente é uma fase cara na construção que não se exibe, mas pode ser a diferença entre o edifício parado quando ocorre um terremoto ou um edifício desmoronado. Também acontece com o gerenciamento de dados, caso os recursos necessários não forem colocados em prática. É caro e não brilha, mas pode ser a diferença entre uma organização que cresce saudável e uma organização que luta para sobreviver e, eventualmente, desaparecer.

A maioria das organizações, públicas ou privadas, está considerando, como parte de seus objetivos estratégicos, tornar-se orientada pelos

---

4. Disponível em: <https://br.freepik.com/fotos-gratis/grande-local-de-construcao_1243078.htm#page=2&query=funda%C3%A7%C3%A3o&position=40&from_view=search)>. Acesso em: 15 out. 2022.

dados. Esta é outra palavra-chave relacionada a um conceito não novo. Ela começou a ser usada no início dos anos 2000, quando aplicada a processos específicos apoiados em dados. Hoje em dia, as organizações querem obter a promessa do conceito orientado por dados para permitir a tomada de decisões com base em dados e não na intuição. Os líderes da alta administração esperam obter uma melhor percepção de sua organização, de seus clientes e de seu comportamento em relação aos produtos e serviços que lhes são oferecidos, de modo que melhores decisões para o futuro possam ser tomadas. A análise tem um papel importante aqui como consumidor de dados para fornecer as percepções tão esperadas. A Data Science se desenvolveu de forma importante durante a última década para aproveitar a IA e a ML (em inglês, machine learning) visando produzir não apenas as percepções sobre o que está acontecendo, mas também de fornecer previsões úteis em tempos de incerteza. Há vários estudos concluindo que os cientistas de dados dedicam até 80% de seu tempo para encontrar e limpar os dados que precisam para os modelos que produzem e treinam. Mesmo os melhores modelos podem se beneficiar de serem alimentados com uma dieta saudável de dados de qualidade atualizados, consistentemente gerados, bem definidos e documentados. Mais uma vez, vemos o gerenciamento de dados como a base para garantir que os cientistas de dados obtenham o fornecimento de que necessitam com a qualidade esperada. É aqui que a DAMA (Data Management Association) entra em cena para apoiar os profissionais da Data Science.

A DAMA International (https://dama.org) é uma associação global sem fins lucrativos, independente de fornecedores, de profissionais técnicos e comerciais dedicados a avançar os conceitos e práticas de gerenciamento de informações e dados. Essa associação foi criada em 1980, em Los Angeles, Califórnia, EUA. O primeiro capítulo não americano foi criado em 1983 e, em 1988, foi eleita a primeira diretoria de uma Associação Internacional. Hoje, a DAMA está presente em todos os continentes por meio de 46 Capítulos operacionais afiliados, 9 Capítulos formadores, e várias intenções recentemente anunciadas de criar um capítulo da DAMA estão em preparação. O objetivo da DAMA International é promover a compreensão, o desenvolvimento e a prática do gerenciamento de dados e informações como ativos-chave da empresa para apoiar a organização.

A visão da DAMA International é ser um recurso essencial para aqueles que se dedicam ao gerenciamento de informações e dados.

A DAMA International opera movida por quatro objetivos principais de organização:

- Ajudar os profissionais a se tornarem mais conhecedores e habilitados na profissão de gerenciamento de informações e dados.

- Influenciar práticas, educação e certificação na profissão de gerenciamento de informação e de dados.

- Apoiar os membros da DAMA e suas organizações para atender às suas necessidades de informação e gerenciamento de dados.

- Formar alianças com outras organizações com princípios similares para fortalecer a profissão.

A DAMA International opera por meio de uma filiação internacional de indivíduos e corporações. Também amplia o escopo de recursos oferecidos por meio da rede de Capítulos Afiliados, que são como as filiais espalhadas em todo o mundo, que compartilham os princípios e valores da DAMA International.

Um dos principais recursos oferecidos pela DAMA International à comunidade mundial de gerenciamento de dados é o DMBoK (Data Management Body of Knowledge), 2ª edição. O guia inclui as melhores práticas em gerenciamento de dados. Sua primeira edição foi publicada em 2009, e a segunda e atual edição foi publicada em 2017. Este guia foi traduzido para o chinês, japonês, italiano e espanhol.

O DMBoK 2ª edição descreve 11 áreas de conhecimento, passando dos conceitos essenciais às atividades necessárias, técnicas que podem ser seguidas, tipos de ferramentas a serem usadas, diretrizes de implementação e relacionamento com Data Governance como o orquestrador das outras dez disciplinas. Além dessas áreas de conhecimento, o guia inclui seções especiais para ética no tratamento de dados, grandes dados e ciência de dados, avaliação de maturidade de gerenciamento de dados e organização e funções de gerenciamento de dados.

O gerenciamento de dados, de acordo com DMBoK 2ª edição, é o desenvolvimento, execução e supervisão de planos, políticas, programas e práticas que fornecem, controlam, protegem e aumentam o valor dos dados e ativos de informação ao longo de seus ciclos de vida.

Figura 4 – Gerenciamento de dados

Fonte: DAMA International, 2022.

O principal componente do Data Management Framework da DAMA International é a amplamente reconhecida Roda DAMA.

A DAMA International construiu a designação Certified Data Management Professional (CDMP™), ou Profissional Certificado de Gerenciamento de Dados. Este programa de certificação dá aos profissionais de gerenciamento de dados a oportunidade de mostrar um crescimento profissional que pode melhorar seu desenvolvimento pessoal e de carreira. Isto também pode ser um recurso de interesse para os profissionais da ciência de dados compreenderem o gerenciamento de dados e sua relevância no apoio à ciência de dados.

Como membro da comunidade DAMA, aprendi e compreendi o valor do gerenciamento de dados para adquirir, produzir e manter dados com o nível de qualidade que uma organização espera ter. Aprendi o valor de devolver um pouco do que recebi em minha jornada profissional por meio do trabalho voluntário na DAMA International, primeiro como presidente do Capítulo DAMA México (Capítulo I cofundador), depois como coordenador regional para a América Latina e atualmente como presidente do Conselho de Presidentes da DAMA.

Como profissional de gerenciamento de dados, descobri o valor de criar estratégias de dados para priorizar e orientar todas as atividades de dados necessárias para atender aos objetivos estratégicos do negócio. Iniciativas eficazes de Transformação Digital exigem boas, sólidas e articuladas práticas de gerenciamento de dados em vigor. Isto requer uma boa estrutura como referência. Uma prática eficaz de gerenciamento de dados requer uma sólida cultura de dados, e isto requer uma estratégia de dados integrada.

Referências:

1. Do data scientists spend 80% of their time cleaning data? Turns out, no? Disponível em: <https://bit.ly/3IJBF1H>.

2. Eugene Desyatnik DAMA Philadelphia President and DAMA Presidents' Council Vice Chair.

3. DAMA. Earley, S.; HENDERSON, D.; Sebastian-Coleman, L. (Eds.). The DAMA Guide to the Data Management Body of Knowledge (DAMA-DM BOK). Bradley Beach, NJ: Technics Publications, LLC. 2017.

4. Information on the CDMP Program. Disponível em: <https://cdmp.info/>.

MARILU LOPEZ
Presidente do Conselho dos Presidentes do DAMA
https://dama.org
marilu.lopez@dama.org
https://www.linkedin.com/in/marilul/

#

MARILU LOPEZ é cofundadora e consultora de gerenciamento de dados na SEGDA, uma empresa focada em ajudar organizações a definir suas estratégias de dados e implementar seus modelos operacionais de gerenciamento de dados. Ela é cofundadora e ex-presidente da DAMA (Data Management Association) Capítulo México; antiga coordenadora regional da DAMA para a América Latina e atualmente presidente do Conselho Internacional de Presidentes da DAMA. Ela trabalhou por mais de 30 anos no setor financeiro em um dos principais bancos do México, dedicando-se por mais de 15 anos às práticas de gerenciamento de dados. Marilu possui um CDMP (Certified Data Management Professional) Master, emitido pela DAMA International, e um CIMP (Certified Information Management Professional) em governança de dados, qualidade de dados e gerenciamento de informações emitido pelo eLearning Curve. Ela também é uma profissional certificada pela TOGAF, certificada pelo The Open Group.

É uma entusiasta palestrante em conferências internacionais, destacando sua participação em eventos tais como EDW e DGIQ.

Marilu participou das seguintes publicações:

• Coordenação e edição do DAMA DMBoK 2ª edição da tradução para o espanhol lançada em julho de 2020.

• Cotradutora para o espanhol do DCAM 2.2 do Enterprise Data Management Council, lançado em outubro de 2021.

Atualmente, escrevendo um livro sobre uma metodologia de estratégia de dados.

COMENTÁRIOS DO AUTOR HEVERTON ANUNCIAÇÃO SOBRE ESTE ARTIGO

AO LER o artigo da Marilu Lopez, fez-me lembrar de quando eu construí do zero um empreendimento meu e residência chamado Mirante 45. Minha maior preocupação à época, antes de começar a construção, era: a fundação. *Como garantir que a construção não caísse e desse segurança aos hóspedes?*

E o artigo da Marilu toca nessa fundação tão importante também para uma governança de dados eficiente e eficaz em longo prazo. É que durante o tempo, mudanças e tempestades acontecerão, tendências de negócios ou legislações irão surgir, entretanto, o quanto de nossas estruturas de dados serão capazes de dar suporte a essas mudanças e de forma ágil? Por que eu pergunto isso? É que um projeto de governança de dados mal construído, da mesma forma, terá que ser demolido para começar tudo de novo... O que envolve retrabalho, prejuízo e custos extras que podem se tornar assustadores.

DICA

Disponível em: <https://www.techtarget.com/searchdatamanagement/tip/Data-modeling-vs-data-architecture-Whats-the-difference>. Acesso em: 15 out. 2022.

CURIOSIDADE

Choosing a data management model: DAMA-DMBOK 2 vs DCAM®. Disponível em: <https://datacrossroads.nl/2018/12/02/data-management-metamodels-damadmbok2-dcam/>. Acesso em: 15 out. 2022.

SUGESTÃO DE LEITURA COMPLEMENTAR

Certified Data Management Professionals. Disponível em: <https://cdmp.info/>. Acesso em: 15 out. 2022.

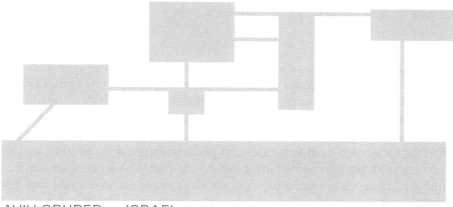

AVIV GRUBER — ISRAEL

O QUE É PRECISO PARA SE TORNAR UM CIENTISTA DE DADOS?

O QUE faz com que o Bitcoin e a Data Science sejam semelhantes? Ambos estão escalando Hypes[5] desde 2010, e as mesmas perguntas estão sendo feitas sobre cada um deles. Por exemplo, será que vai ser mais um fracasso? Será como qualquer zumbido, contornando como uma tempestade, deixando memórias fracas?

Bem, eu não posso assumir a responsabilidade de responder às perguntas feitas sobre o Bitcoin. Mas aproveito a oportunidade para responder a algumas perguntas sobre o que é ciência de dados. O que é preciso para se tornar um cientista de dados?

O que é preciso para se tornar um valioso cientista de dados? A ciência de dados não é um estudo comum na universidade. Assim como não se estuda algoritmos ou arquitetura de software, a ciência de dados não é uma profissão certificada. A maneira de realizar tais trabalhos na indústria poderia ser por meio do estudo de profissões que eventualmente seriam a base para o profissional.

---

5. É importante saber que a palavra Hype é uma abreviação da palavra Hyperbole em inglês, que significa exagero. Hoje, a palavra se tornou uma gíria e é muito utilizada por jovens para transmitir ideias, produtos e marcas virais conhecidas mundialmente.

O fundamento para o cientista de dados está em múltiplas fontes. Um cientista de dados pode ter estudado estatística, ciências da computação, engenharia (qualquer engenharia), matemática, matemática aplicada, ou física. Essa lista de campos não é limitada e não define estritamente os pré-requisitos para um cientista de dados. Qualquer grau que forneça a formação técnico-analítica essencial poderia fornecer ao profissional as ferramentas para se tornar um cientista de dados. Não com muita frequência, aparece um talento excepcional, às vezes um que ainda não terminou o ensino médio. Tais colegas não conseguem explicar como eles resolvem problemas complexos. Eles nunca formalizariam o desafio a um problema matemático.

Eles cumprem seu trabalho de ciência de dados? Sim, eles cumprem. No final, uma vez que fornecem soluções inovadoras, eles podem justificar seu talento. Infelizmente, os 99,99% dos candidatos restantes a cientistas de dados não são tão talentosos. Eles poderiam ser pessoas normais, e para eles, ou seja, para nós, a resposta para saber se os fundamentos analítico-técnicos são essenciais é sim.

Além dessas bases, um cientista de dados deve ter conhecimentos sobre técnicas de mineração de dados, algoritmos de aprendizagem de máquina e métodos analíticos preditivos, para poder aplicar algoritmos de IA.

Em cada curso básico de mineração de dados, os alunos são ensinados como estabelecer um projeto analítico. As principais metodologias são a descoberta de conhecimento em bancos de dados (KDD) e o processo padrão interindustrial para mineração de dados (CRISP-DM). A ideia por trás dessas metodologias é que não se pode esperar a extração de conhecimento a partir de dados brutos simplesmente esmagando os dados, usando o aprendizado de máquina ou mesmo algoritmos de aprendizado profundo.

Uma das responsabilidades essenciais de um cientista de dados é selecionar os dados com sabedoria, pré-processá-los e transformá-los antes de aplicar a tarefa de mineração de dados. Além disso, o cientista de dados deve interpretar os resultados e ser capaz de explicá-los, assim como realizar análises de sensibilidade para entender a influência dos parâmetros de entrada nos resultados e análise de causalidade para entender quais são os contribuintes mais significativos para os resultados.

Normalmente, a seleção, o pré-processamento e a transformação são divididos em mais tarefas, como a eliminação de erros e valores singulares e a melhoria da qualidade dos dados. Em vez de oferecer novos algoritmos, um cientista de dados educado será capaz de selecionar, fora da prateleira, os modelos certos para as tarefas específicas. Há uma variedade de famílias de algoritmos, das quais as mais conhecidas são redes neurais, máquina vetorial de suporte (SVM), redes de crenças bayesianas, impulsionamento e mais, cada uma tem uma força única. Uma boa prática seria montar um conjunto de modelos de diferentes tipos, aproveitando cada tipo do modelo que o compõe.

Até agora, eu descrevi o que é preciso para se tornar um cientista de dados. O leitor pode concluir então que esta não é uma visita curta ao parque. É necessário um longo caminho para pavimentar até se tornar um cientista de dados. Esta informação é útil para estudantes universitários, mas também pode ser útil para recrutadores e líderes técnicos que buscam se juntar aos cientistas de dados em suas organizações.

Por último, mas não menos importante, o que torna um cientista de dados valioso? O que poderia fazer a diferença entre um cientista de dados que cumpre suas funções e um cientista de dados distinto que impulsiona seus negócios para cima no local de trabalho? Como mencionado anteriormente, qualquer cientista de dados deve estar ciente das metodologias KDD e CRISP-DM. O que eu ainda não mencionei é que as etapas mais essenciais no processo analítico estão na compreensão dos dados e na compreensão do domínio. Um valioso cientista de dados deve ganhar experiência no campo em que trabalha. Eles devem questionar profundamente quais são os atributos das fontes de dados, o que significam e quão influentes eles são.

Os cientistas de dados precisam saber como os dados foram coletados para entender que tipo de erros podem ter, o que eles representam e assim por diante. Não importa o domínio, seja ele de fabricação, financeiro, computação em nuvem, farmacêutico, publicidade online ou comércio eletrônico, um cientista de dados que ganha especialidade na área em que trabalha, juntamente com a educação correta e bases tecnológicas-analíticas firmes, fornecerá no final o maior valor a seus negócios.

AVIV GRUBER
gruberaviv@gmail.com

AVIV GRUBER é um dos principais cientistas de dados da Huawei Technologies no grupo de trabalho em rede de nuvem do Centro de Pesquisa Tel-Aviv. Ele é bacharel e mestre em Engenharia Nuclear pela Universidade Ben-Gurion de Negev e PhD em aprendizagem de máquina, mineração de dados e análise preditiva pela Universidade de Tel-Aviv.

O Dr. Gruber é professor do curso de Fabricação Integrada de Computadores, o qual é acoplado às sessões práticas do laboratório CIM no programa de graduação. Ele é especialista em modelagem e simulação Monte Carlo de sistemas industriais complexos (como manutenção preditiva e otimização de peças de reposição, cadeia de fornecimento de parques eólicos, porta-aviões e turbinas a gás de motores a jato). Antes da Huawei, Dr. Gruber trabalhou em empresas líderes mundiais, incluindo Intel, CyberArk, BMT e SU.

COMENTÁRIOS DO AUTOR HEVERTON ANUNCIAÇÃO
SOBRE ESTE ARTIGO

O AVIV NOS colocou para pensar em uma variável importante na carreira do cientista de dados: moda. É que em toda história da humanidade existiram ou foram criadas modas e mais modas, muitas se acabaram, outras retornam, e outras surgirão. Agora, os números nunca sairão da moda. Os números não mentem, exceto quando produzidos para isso.

O cientista de dados deve abster-se do modismo e, como na busca do Santo Graal, tentar encontrar a verdade daquele momento e daquelas variáveis, sem vieses tendenciosos ou viciados. Busquei a verdade, e os números te mostrarão!

DICA

The Association for The Advancement of Data Science In Israel. Disponível em: <https://datahack.org.il/>. Acesso em: jun. 2022.

CURIOSIDADE

5 Best Universities for Data Science in Israel. Disponível em: <https://uscollegeinternational.com/best-universities-data-science-israel/>. Acesso em: jun. 2022.

SUGESTÃO DE LEITURA COMPLEMENTAR

Israel Data Science Initiative. Disponível em: <https://idsi.net.technion.ac.il/>. Acesso em: jun. 2022.

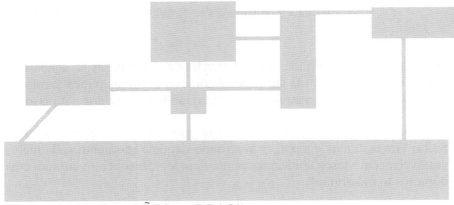

WALDINEI GUIMARÃES — BRASIL

O CIENTISTA DE DADOS E SEUS DEMÔNIOS

QUAL A IMPORTÂNCIA dos relacionamentos na sua vida? Relacionamentos se dividem em muitas instâncias: pessoal, familiar, profissional, acadêmica, comercial, enfim, a lista é grande. Mas como isso afeta as decisões que temos que tomar diariamente? Nossas decisões refletem o que somos e a forma com a qual nos relacionamos com o outro. Esse processo tem uma relação direta com o grau de importância que atribuímos às partes envolvidas e às emoções ligadas a elas. Nesse sentido, os estímulos que recebemos estabelecem um diálogo direto com o nosso repertório particular, um movimento interno de associações ligadas à nossa história e personalidade, traduzidas em sensações, um tema até então um tanto quanto subjetivo e não mensurável. Pois bem, até então, porque hoje isso já não é mais imponderável.

Faça um teste, procure no Google por um freezer vertical de 140 litros e, em seguida, entre em um dicionário na web para pesquisar o significado da palavra "parco", você provavelmente encontrará ao lado da definição — que tem comedimento nas despesas ou no que consome; que evita os excessos — uma oferta do freezer piscando na aba lateral do dicionário online. Essa aba nada mais é do que um espaço publicitário do Google Network, também conhecida como Rede de Display do Google. Um verdadeiro playground para o cientista de dados.

Ao longo de minha trajetória me deparei com muitos dilemas, e sempre me apoiei nos números para resolvê-los, desde a definição do melhor público para oferecer uma taxa de juros reduzida, estimulando o financiamento, passando pelo mapeamento de pacientes com maior probabilidade de abandonar o tratamento de uma doença crônica até a definição de ofertas para incluir uma nova categoria de consumo em um *cluster* de varejo com perfil de uso de produtos saudáveis. Desafios complexos, mas apaixonantes, que demonstram o espectro de atuação que um profissional dessa área pode ter; isso também pode ser observado pela busca de profissionais qualificados nessa área nos mais diversos segmentos.

Uma mensagem importante que gostaria de deixar para o jovem aprendiz de Data Science é a de que o mundo, mais do que nunca, é digital. As implicações dessa afirmação já são óbvias, e não preciso me deter explicando isso, mas aquele que pretende entrar no mercado de trabalho por essa porta, PRECISA dominar as disciplinas de web analytics, search engines, social mídia, mobile marketing, além das já exigidas, estatística básica, banco de dados e raciocínio lógico.

Todavia, o poder dos dados nos faz pensar nos limites éticos de suas aplicações, e, para ilustrar melhor meu ponto, vou me valer do argumento central do último livro de Yuval Noah Harari, *Homo Deus*: "No futuro não haverá mais livre-arbítrio."

Trata-se de uma provocação poderosa, baseada nas evidências de que estamos próximos do estágio no qual teremos conhecimento biotecnológico para criar algoritmos que compreendam os humanos melhor do que eles podem entender a si próprios. Harari cita como exemplo as possibilidades associadas ao já bastante explorado caso da Amazon e seu algoritmo de recomendação de produtos (next best offer); se conectássemos um Kindle a um software de reconhecimento facial ou a sensores biométricos no seu corpo estaríamos muito perto de mapear o impacto emocional exato de cada sentença que você leria no livro. Com esse conhecimento, o "mercado" seria capaz de manipulá-lo em uma extensão muito maior do que poderíamos imaginar.

E por que escrever um artigo tão ligado aos processos cognitivos? Simplesmente porque na sociedade do capitalismo digital os estímulos ocorrem em altíssima velocidade e nos afetam sem nos darmos conta, afinal, no world wide web, temos, à nossa disposição, toda a sorte de assuntos que afetam nossas vidas, incluindo o consumo de produtos e serviços desnecessários que impactam diretamente o esgotamento de recursos desse espaço que habitamos.

Por esse motivo, aproveitei a oportunidade para dividir algumas reflexões de um profissional de customer intelligence ligado intrinsecamente a questões da natureza humana, e decidi concluir este artigo com uma provocação aos cientistas de dados e aspirantes, um convite à reflexão sobre o papel desses profissionais na construção de uma sociedade menos market oriented e mais human real needs oriented. É possível?

WALDINEI GUIMARÃES
waldinei.guimaraes@gmail.com

EXECUTIVO DE MARKETING ANALÍTICO com experiência profissional e acadêmica voltada para CRM e Business Intelligence, tendo atuado nos últimos 22 anos em empresas líderes nos segmentos financeiro, farmacêutico e varejo: Credicard, Itaú, Novartis, Grupo Pão de Açúcar e Serasa Experian.

Formado em Marketing pela Universidade Mackenzie, com MBA na FEA e mestrado na PUC-SP.

COMENTÁRIOS DO AUTOR HEVERTON ANUNCIAÇÃO SOBRE ESTE ARTIGO

QUANDO EU li o título deste artigo de Waldinei, pensei: *que título maravilhoso. Ele resumiu toda minha experiência de dados nos últimos 20 anos.*

É assustadora a desorganização dos dados das empresas. Eu já vi empresas terem todos os sistemas e transações sendo trabalhados em mainframe etc., mas a alma de venda ser controlada por um banco de dados MS Access ou um simples Excel.

Daí, depois de um tempo, a área de Marketing e TI devem fazer milagres para juntar tudo isso e encontrar a tão sonhada visão de 360 graus do cliente.

O profissional de governança de dados, ou cientista de dados, poderá ser considerado, sim, o profissional mais sexy do século.

Mas a qual custo ou cabeças isso acontecerá? Nós estaremos vivos para ver?

> **DICA**
>
> O governante ou curador dos dados corporativos deve facilitar sua disseminação e uso, para isso é importante ser um facilitador. E isso é explicado neste link: "Implementing Successful Data Strategies — Developing Organizational Readiness and Framework — Disponível em: <https://www.youtube.com/watch?v=d9TYiWU2WJk>. Acesso em: jun. 2022.

> **CURIOSIDADE**
>
> Quer se tornar um especialista em dados? Neste link você pode começar a aula. Episódio 1 — Cientista de Dados, Por Onde Começar? Disponível em: <https://www.youtube.com/watch?v=NmCuEgkVLWo>. Acesso em: jun. 2022.

> **SUGESTÃO DE LEITURA COMPLEMENTAR**
>
> Governança de dados — Sua Importância para as organizações. Disponível em: <https://www.youtube.com/watch?v=64Cy3Dd83ek>. Acesso em: dez. 2019.

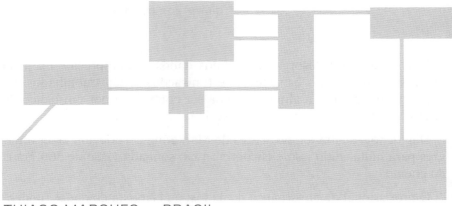

THIAGO MARQUES — BRASIL

COMO COMEÇAR A APRENDER ESTATÍSTICA E CIÊNCIA DE DADOS

AQUI QUEM fala é o professor Thiago Marques, sou estatístico (ENCE/IBGE). Entusiasta na disseminação da estatística no Brasil, possuo larga experiência na atuação em estatística no mercado, tendo navegado tanto no ramo público quanto privado, passando por grandes centros universitários, multinacionais de consultoria, pelo IBRE/FGV (Instituto Brasileiro de Economia) e pelo IBGE (Instituto Brasileiro de Geografia e Estatística). Fui professor em mais de 15 MBAs no país, com destaque para a UNIFOR, PUC/RS, USP e BSBR; criador do maior canal de Estatística, Ciência de dados da América Latina — EstaTiDados e, atualmente, coordenador de 3 MBAs na área de ciência de dados da Business School Brasil (BSBR).

Eu resolvi consolidar aqui as respostas a várias perguntas que me enviam sobre como ingressar nesta área tão promissora: a ciência de dados, seja por querer mudar de área de atuação ou até mesmo um amor à primeira vista quando ouviram sobre ela.

Para ingressar na área de ciência de dados não é simples e tampouco rápido, entretanto é uma área promissora e que já vem dando muitos frutos dentro e fora do Brasil. Mas existem muitos cursos gratuitos e muito bons de renomadas universidades no Brasil e fora também, como nos sites: Coursera, EdX, Datacamp, Data Science Academy, comece por aí.

COMO COMEÇAR A APRENDER ESTATÍSTICA E CIÊNCIA DE DADOS 33

Eu cito também esta grade de **Estatística e Data Science** que montei para **estudar em casa** com cursos totalmente gratuitos e duração de 6 horas por dia, assim que eu pedi demissão de meu primeiro emprego.

Quadro 1 – Grade para estudos gerais

DURAÇÃO	SEGUNDA	TERÇA	QUARTA	QUINTA	SEXTA
1h	COURSERA – Relational Database Support for Data Warehouses	COURSERA – Conceitos, Modelagem e Integração de Dados em Data Warehouse – jul. 2018	COURSERA – Database Management Essentials	COURSERA – Business Metrics for Data-Driven Companies	Introduction to Cloud Computing – Introdutório
1h	Explore Statistics with R – Interessante a parte de importar e limpar dados	COURSERA – Getting and Cleaning Data	COURSERA – Big Data com SQL – jul. 2018	Data Analysis: Visualization and Dashboard Design – Excel muito bom	Introduction on Programming Using Python – Introdução a Python
1h	Working with Data, Manipulation Data e GGPLOT2	COURSERA – Introdução ao Marketing Analítico – marketing, cluster, analysis, regressão, Excel e stata – muito bom	COURSERA – Programming with R	Introduction to Data Analysis using Excel – Bom curso de Excel	High-Dimensional Data Analysis – dimense reduction
1h	Programming in R for Data Science (Muito interessante) Reading Data from SQL	Introduction to Python for Data Science – Bom curso de Python	COURSERA – Usando banco de dados com Python com SQL – Muito bom	COURSERA – Regression Models	Predictive Analytics – Curso teórico de regressão múltipla – Logistic Regression E
1h	1 Aula de Programação	1 Aula de Programação	1 Aula de Programação	1 Aula de Programação	1 Aula de Programação
1h	1 Aula de SQL	1 Aula de SQL	1 Aula de SQL	1 Aula de SQL	1 Aula de SQL

Fonte: Conteúdo autoral.

Cursos da grade:

- COURSERA — Relational Database Support for Data Warehouses
- COURSERA — Conceitos, modelagem e integração de dados em Data Warehouse
- COURSERA — Database Management Essentials
- COURSERA — Business Metrics for Data-Driven Companies
- EDX — Introduction to Cloud Computing
- EDX — Explore Statistics with R
- COURSERA — Getting and Cleaning Data
- COURSERA — Big Data com SQL
- EDX — Data Analysis: Visualization and Dashboard Design
- EDX — Introduction to Programming Using Python
- EDX — Working with Data, Data Manipulation Data e Ggplot2
- COURSERA — Introdução ao Marketing Analítico
- COURSERA — Programing with R
- EDX — Introduction to Data Analysis using Excel
- EDX — High-Dimensional Data Analysis — dimense reduction
- EDX — Programming in R for Data Science — Reading data from SQL
- Introduction to Python for Data Science
- COURSERA — Usando banco de dados com Python com SQL
- COURSERA — Regression Models
- EDX — Predictive Analytics

Quadro 2: Grade para estudos de ciência de dados

SEGUNDA
Database Management Essentials
Conceitos, modelagem e integração de dados em Data Warehouse
BIG DATA COM SQL — MANAGING BI DATA WITH SQL
Introduction to Programming Using Python — Introdução a Python
1 Aula de Programação
1 Aula de SQL
Introduction to Programming Using Python — Introdução a Python 2
Programming for Everybody (Getting Started with Python) 1

TERÇA
Relational Database Support for Data Warehouses
Getting and Cleaning Data
Conceitos, modelagem e integração de dados em Data Warehouse
Introduction to Python for Data Science — Bom curso de Python
1 AULA DE PROGRAMAÇÃO

QUARTA
Explore Statistics with R — Interessante a parte de importar dados e limpar dados
Programming in R for Data Science (muito interessante) — Reading data from SQL
Usando banco de dados com Python com SQL, muito bom
Data Analysis: Visualization and Dashboard Design — Excel muito bom
1 AULA DE PROGRAMAÇÃO

QUINTA
Explore Statistics with R — Interessante a parte de importar dados e limpar os dados
Programming with R

Usando banco de dados com Python com SQL, muito bom
Business Metrics for Data-Driven Companies
1 AULA DE PROGRAMAÇÃO

SEXTA
Introduction to Cloud Computing — Introdutório
Predictive Analytics — Curso teórico de regressão múltipla, Logistic Regression E
Hig-Dimensional Data Analysis — dimense reduction
Introdução ao Marketing Analítico — marketing, cluster analysis, regressão, Excel e stata, muito bom!
1 AULA DE PROGRAMAÇÃO
1 AULA DE SQL

Quadro 3 – Grade para estudos da estatística e consultoria

SEGUNDA	TERÇA	QUARTA	QUINTA	SEXTA
Estatística Descritiva	Modelagem	Português	Cálculo das Probabilidades	Análise Multivariada
Inferência Estatística	Amostragem	Estatística Descritiva	Modelagem	Português
Cálculo das Probabilidades	Análise Multivariada	Inferência Estatística Clássica	Amostragem	Português
CONSULT	CONSULT	CONSULT	CONSULT	CONSULT
CONSULT	CONSULT	CONSULT	CONSULT	CONSULT
CONSULT	CONSULT	CONSULT	CONSULT	CONSULT
JAVA	JAVA	JAVA	JAVA	JAVA

- Estatística descritiva

- Inferência estatística

- Cálculo das Probabilidades

- Modelagem

- Amostragem
- Análise multivariada
- Métodos numéricos
- Pesquisa operacional
- Controle estatístico da qualidade
- Cálculos com geometria analítica
- Análise matemática
- Demografia
- Processos estocásticos
- Análise de séries temporais

Estude GRATUITAMENTE Estatística, Pesquisa Operacional, Marketing Analytics e Data Science com o EstaTiDados!

Nossas Playlists:

- Trilha EstaTiDados — Data Science (Estatística, Negócios, StoryTelling, Dashboards, Machine Learning, Raspagem, Análise de Sentimentos e Big Data): <https://bit.ly/2XVxqrc>
- Modelos não supervisionados: <https://bit.ly/2WilXAo>
- Modelagem Estatística: <https://bit.ly/3m4yrWh>
- Combo Machine Learning: <https://bit.ly/3CXC5bc>
- Tendências em IA, DS e Analytics: <https://bit.ly/3zNdZ11>
- Pesquisa Operacional é para todos! <https://bit.ly/3F0S4aj>
- Redes: <https://linktr.ee/estatidados>
- Site: <http://estatidados.com.br/>
- Apoie o projeto: <https://apoia.se/estatidados>

Agora, explicando um pouco como vocês usarão a estatística na ciência de dados.

A estatística, por si só, não é nada; contudo, aliada a uma área de conhecimento ou alguma ciência, torna-se uma ferramenta poderosíssima de tomada de decisões!

Amostragem, estatística descritiva e probabilidade

Você precisa aprender o básico, como coletar os dados, de forma que essa amostra seja representativa de sua população, como resumir os dados, como se estuda o comportamento deles, que distribuição de probabilidade esses dados são provenientes, para que você consiga elaborar hipóteses que serão confirmadas ou refutadas lá na frente, na chamada inferência estatística.

Inferência estatística

Você expandirá os resultados que obteve por meio de uma amostra; por isso, é importante que ela seja representativa da população, ou seja, resguarde em termos de proporções as características da população, que nada mais é que a coleção de dados, que possuem determinadas características, as quais você quer estudar.

Modelagem estatística

Você formulará modelos, que nada mais são que uma redução da realidade, os quais poderão estimar valores futuros (fazer predições), baseados no histórico de seus dados, observados alguns pressupostos.

Resumindo, você precisará de:

Estatística descritiva, amostragem, probabilidade, inferência estatística, modelos lineares, regressão logística, árvores de decisão, random forest, gradient boosting machine, entre outras técnicas.

Um ponto importante é casar a linguagem de programação com estatística. Siga estudando R ou Python, na minha opinião, até hoje, são as melhores e com maiores comunidades para usar em Data Science, aliada as soluções Spark e Hadoop.

Focar cursos de R, Python, SQL, NoSQL, Hive, Pig, Spark, Hadoop, sempre voltados à análise de dados.

Assim como se aprofundar em TI e estatística, é necessário, que o bom cientista de dados, seja um verdadeiro camaleão! Adaptar-se à área de negócios a qual ele está envolvido, de modo que ela pode variar constantemente, principalmente se você trabalha com consultoria, estudar as regras de negócio é fundamental! Não só isso, como se comunicar com profissionais de outras áreas, que sacam mais que você do negócio!

Grande parte do que vocês precisam, felizmente, também se encontra gratuitamente em meu canal de Estatística e Data Science, o EstaTiDados. Somos atualmente mais de 30 mil inscritos, um canal sem fins lucrativos e colaborativo, com mais de mil vídeos e mais de 600 professores colaboradores do Brasil e do mundo, recebemos feedbacks positivos, diariamente, e muitos dos professores colaboradores viraram professores em grandes universidades, MBA'S e até mesmo palestrantes no Brasil e fora. Espero também que você possa ser o próximo a dar o depoimento! Ou até mesmo o próximo a colaborar compartilhando seu conhecimento! Venha compartilhar conosco sua experiência! Expanda seus horizontes!

Bom, é isso galera! Espero que vocês tenham gostado e, agora, é montar uma grade de estudos top e meter bronca!

Aliás, esqueci um ingrediente aqui especial, sabem qual é? Muitas **HBC**. Professor? O que é? Horas Bunda Cadeira! Fundamental para aprender qualquer disciplina na vida!

Espero que tenham gostado das dicas. Desejo a todos bons estudos, sucesso e estudem com capricho. Segundo o grande filósofo e professor da USP, Mario Sergio Cortella, capricho "é fazer seu melhor, na condição que você tem, enquanto não tem condições melhores para fazer melhor ainda".

THIAGO MARQUES
(CEO Comunidade de Estatística/Criador do EstaTiDados)
www.comunidadedeestatistica.com.br
profestathimarques@gmail.com
https://linktr.ee/ComunidadeDeEstatistica

ESTATÍSTICO PELA FEDERAL DO IBGE, a ENCE (Escola Nacional de Ciências Estatísticas), entusiasta na disseminação da estatística e possui larga experiência na atuação em estatística no mercado, tendo passado por grandes centros universitários, multinacionais de consultoria, pelo IBRE/FGV (Instituto Brasileiro de Economia) e pelo IBGE (Instituto Brasileiro de Geografia e Estatística). Foi professor da pós de ciências de dados do SENAC-RJ e da UNISUAM e é o criador do maior canal de estatística, ciência de dados da América Latina! O chamado EstaTiDados ☻. Atualmente é Consultor em Análise Estatística no IBGE e professor na sua comunidade de estatística, professor de MBA em ciência de dados da UNIFOR, MBA em ciência de dados da Farias Brito e de MBA em Data Science e Analytics da USP, realiza palestras e treinamentos para capacitação em estatística, apoio à tomada de decisão, R e ciência de dados.

Criador da maior comunidade de estatística da América Latina, que surgiu da necessidade de adequar o ensino da estatística para as demandas atuais do mercado de trabalho de forma aplicada, colaborativa, com direcionamento e foco em soluções por meio de linguagens de programação e sem deixar de lado a teoria necessária para entender o porquê das análises.

COMENTÁRIOS DO AUTOR HEVERTON ANUNCIAÇÃO SOBRE ESTE ARTIGO

VOCÊ CONTRATARIA ou confiaria em um cientista de dados que segue o trio elétrico no carnaval? Meu olhar tendencioso acharia que não, mas com Thiago eu iria, sim, pois ele consegue conciliar um novo perfil de profissional das ciências exatas. Ter uma vida pessoal tão requintada de emoção como é a vida profissional requintada de números.

Os novos tempos mostram que o perfil do cientista de dados deve conciliar o lado técnico, o lado humano, o lado terapeuta etc. para criar pontes entre áreas corporativas e dados dessincronizados.

Esse novo cientista de dados atuará como um leitor de um tarô digital, em que não se adivinha o futuro a partir de cartas, mas a partir de tabelas, banco de dados e, quem sabe, até do SQL puro.

DICA

Estatística e ciência de dados com Thiago Marques. Disponível em: <https://www.youtube.com/watch?v=wxnTpk-bhVo>. Acesso em: jun. 2022.

CURIOSIDADE

Único prêmio brasileiro exclusivo para profissionais de dados. Seja reconhecido por todo o país pelo seu trabalho e torne-se uma referência nacional em tecnologia de ponta. Disponível em: <https://premiobrd.cognitivo.ai/>. Acesso em: jun. 2022.

SUGESTÃO DE LEITURA COMPLEMENTAR

O "Prêmio ABE" homenageia, durante cada edição do SINAPE, um(a) renomado(a) estatístico(a) brasileiro(a) que tenha contribuído de forma significativa para o desenvolvimento do ensino e da pesquisa em Estatística no Brasil. Disponível em: <www.redeabe.org.br>. Acesso em: jun. 2022.

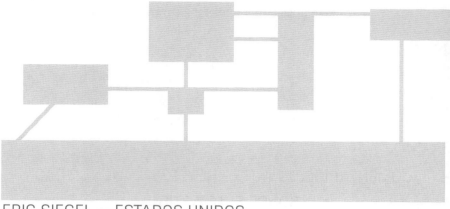

ERIC SIEGEL — ESTADOS UNIDOS

FALÁCIA DA EXATIDÃO: A COBERTURA DA IA PELA MÍDIA É FALSA

MANCHETES SOBRE aprendizado de máquina prometem poder preditivo semelhante ao de Deus. Aqui estão quatro exemplos:

> *Newsweek:* **"IA pode dizer se você é gay: Inteligência Artificial prevê sexualidade a partir de uma foto com precisão incrível."**
>
> *The Spectator:* **"A análise linguística pode prever com precisão a psicose."**
>
> *The Daily Mail:* **"As varreduras alimentadas por IA podem identificar pessoas em risco de um ataque cardíaco fatal quase uma década antes... com 90% de exatidão."**
>
> *The Next Web:* **"Esta IA assustadora aprendeu a escolher os criminosos por suas caras."**

Com artigos como estes, a imprensa fará com que você acredite que a aprendizagem de máquina pode prever, com segurança, se você é gay, se desenvolverá psicose, se terá um ataque cardíaco e se é um criminoso — assim como outras previsões ambiciosas, como quando você vai morrer e se seu livro não publicado será um best-seller.

É tudo uma mentira. O aprendizado de máquina não pode dizer tais coisas sobre cada indivíduo com confiança. Na maioria dos casos, essas coisas são simplesmente muito difíceis de prever com certeza.

Eis como funciona a mentira. Os pesquisadores relatam alta "exatidão", mas depois revelam — enterrados nos detalhes de um artigo técnico — que estavam usando mal a palavra "exatidão" para significar outra medida de desempenho relacionada à exatidão, mas na realidade não tão impressionante.

Mas a imprensa funciona com isso. Esse esquema consegue repetidamente enganar a mídia, uma fera que muitas vezes prospera na hipérbole. Essa tática honrada repetidamente gera flagrantes acrobacias publicitárias que enganam.

Agora, não me interpretem mal — a aprendizagem de máquina merece um grande elogio. A capacidade de prever melhor do que adivinhações aleatórias, mesmo que não com alta confiança na maioria dos casos, serve para melhorar todos os tipos de negócios e processos de saúde. Isso é sujeira salarial. E, em certas áreas limitadas, a aprendizagem de máquina pode ser altamente precisa, como para reconhecer objetos como semáforos em fotografias ou reconhecer a presença de certas doenças a partir de imagens médicas.

Mas muitos comportamentos humanos desafiam as previsões confiáveis. Prevê-los é como tentar prever o tempo com muitas semanas de antecedência. Não há como obter alta certeza. Não há nenhuma bola de cristal mágica.

O "Gaydar" de Stanford não tem desempenho com valor facial

Veja a propaganda em torno do famoso estudo "gaydar" da Universidade Stanford. Em seu resumo de abertura (o "resumo" — Abstract), o relatório da universidade de 2018 afirma que seu modelo preditivo atinge 91% de precisão, distinguindo os gays e os heterossexuais das imagens faciais. Eles relataram um desempenho inferior para as mulheres, mas eu estou me concentrando aqui em seu resultado mais destacado e frequentemente relatado. Também vou ignorar a afirmação problemática do pesquisador de que seus resultados apoiam uma teoria hormonal da sexualidade em vez de apenas refletir as tendências culturais na autoapresentação.

Figura 5 – Robô

Fonte: Freepik Company, 2022.[6]

Estímulo-resposta: essa reportagem de alta exatidão inspirou os jornalistas a transmitirem afirmações grosseiramente exageradas de desempenho preditivo. Um artigo da *Newsweek* começou com "IA pode agora dizer se você é gay ou heterossexual simplesmente analisando uma foto de seu rosto". Essa cobertura enganosa da mídia resultante é de se esperar. A alegação inicial dos pesquisadores de 91% de precisão tácita e inevitavelmente transmite — para leitores leigos, jornalistas não técnicos e até mesmo leitores técnicos casuais — que o sistema pode dizer quem é gay e quem não é e geralmente está correto sobre isso.

Mas essa afirmação é mais do que exagerada — é evidentemente falsa. O modelo não pode "contar" com confiança para uma determinada fotografia. Ao contrário, o que o modelo de Stanford pode realmente fazer 91% do tempo é muito menos notável: pode identificar qual dos dois homens é gay quando já foi estabelecido que um é e o outro não é.

Esse "teste de emparelhamento" conta uma boa história, mas é uma história enganosa. A princípio, pode parecer uma indicação razoável do desempenho de um modelo preditivo, em geral, já que o teste cria um

---

[6]. Disponível em: <https://br.freepik.com/fotos-gratis/3d-rendem-de-um-personagem-robo-witha--um-piloto-de-palma_958144.htm#query=robot&position=12&from_view=search>. Acesso em: 15 out. 2022.

campo de igualdade no qual cada caso tem uma probabilidade de 50/50. E, de fato, o resultado relatado confirma que o modelo tem um desempenho melhor que a adivinhação aleatória.

Entretanto, esse resultado se traduz em baixo desempenho fora do laboratório de pesquisa, onde não há nenhum cenário de artifício apresentando tais emparelhamentos. No mundo real, empregar o modelo exigiria um compromisso difícil. Por exemplo, você poderia afinar o modelo para identificar corretamente 2/3rds[7] de todos os indivíduos gays, mas isso vem com um preço: quando previa que alguém fosse gay, seria errado mais da metade do tempo — uma alta taxa de falso-positivo. E se você configurar suas configurações para que ele identifique corretamente até mais de 2/3rds, o modelo exibirá uma taxa ainda maior de falso-positivo.

A razão disso é que uma das duas categorias é pouco frequente — nesse caso, os indivíduos gays, que correspondem a cerca de 7% da população geral masculina (seguindo as estatísticas citadas pelo estudo de Stanford). Quando uma categoria está em minoria, isso torna intrinsecamente mais difícil de prever.

Além disso, a precisão não é uma referência útil aqui, em primeiro lugar. É inútil alcançar uma precisão de 93%: simplesmente classifique todos como heterossexuais. Ao fazer isso, você está correto 93% do tempo, mesmo que você não consiga distinguir corretamente qualquer pessoa da minoria, os 7% que são gays. Para melhorar isso e identificar corretamente, pelo menos, alguns dos casos de minoria, requer-se algumas contrapartidas, a saber: a adição de falsos positivos e menor precisão geral.

Agora, os pesquisadores de fato relataram uma medida viável de desempenho preditivo, chamada AUC — embora rotulada erroneamente em seu relatório como "exatidão". AUC (a.k.a., AUROC, Area Under the Receiver Operating Characteristic curve) é um valor único que indica ao pesquisador a extensão de *trade-offs* de desempenho de que seu modelo preditivo é capaz. Quanto maior a AUC, melhores as opções de *trade-offs* disponibilizadas pelo modelo preditivo.

Os pesquisadores enfrentam dois desafios publicitários: como você pode tornar algo tão técnico como a AUC, sexy e, ao mesmo tempo, vender o desempenho de seu modelo preditivo? Não há problema. Afinal,

---

7. Em 1997, foi proposto um método de amostragem probabilística para populações de difícil acesso denominado Respondent-Driven Sampling (RDS). O método é considerado uma variante da amostragem em cadeia e possibilita a estimação estatística dos parâmetros de interesse.

a AUC é matematicamente igual ao resultado que você obtém ao fazer o teste de emparelhamento. E assim, uma AUC de 91% pode ser explicada com uma história sobre distinção entre pares que soa para muitos jornalistas como "alta precisão" e, falsamente, chamando-a de "precisão". *Voilà!* Tanto os jornalistas quanto seus leitores acreditam que o modelo pode "dizer" se você é gay.

Notícias de última hora: As quebras psicóticas ainda são mais imprevisíveis

"Algoritmos de aprendizagem de máquina podem ajudar os psicólogos a prever, com 90% de precisão, o início da psicose, analisando as conversas de um paciente." Assim, abre um artigo no *The Register* (Reino Unido), cobrindo avidamente um relatório excessivamente zeloso das Universidades Emory e Harvard. Garantidos com a credibilidade de uma publicação na natureza, os pesquisadores têm a imprensa acreditando que seu modelo preditivo pode predizer com confiança quem desenvolverá a psicose e quem não o fará.

Nesse caso, os pesquisadores perpetuam uma variação no esquema de "falácia da precisão": eles relatam a precisão da classificação que você obteria se metade dos casos fossem positivos — ou seja, em um mundo em que 50% dos pacientes serão eventualmente diagnosticados com psicose. Há uma palavra para medir a exatidão dessa forma: trapaça. Matematicamente, isto geralmente inflaciona a "precisão" relatada um pouco menos do que o teste de emparelhamento, mas é uma manobra semelhante e exagera muito o desempenho da mesma forma.

O relatório Emory/Harvard é magnífico. Ele apresenta um tentador "90% de precisão" em seu resumo de abertura, omitindo duas outras qualificações-chave necessárias para estabelecer um contexto significativo. Primeiro, qual é a proporção esperada que desenvolverá a psicose? Ou seja, com que frequência se espera que o modelo preditivo apresente casos positivos em sua implantação planejada fora do laboratório? Esse fundamental não é revelado. Entretanto, ao tentar averiguar isso, um leitor persistente pode perseguir citações e, em última instância, inferir que o modelo é projetado não para a população em geral, mas apenas para pacientes que estão procurando ajuda e, portanto, presumivelmente, com um risco um pouco maior. Enquanto a população em geral apresenta apenas 3% de distúrbios psicóticos, uma das amostras incluídas nesse estudo (os dados de treinamento) apresentou uma taxa de 23%. Se esse é o padrão, ainda é uma boa distância dos 50% sobre os quais eles relatam o desempenho. Em segundo lugar, seu principal resultado de 90% de precisão foi estabelecido sobre um número notavelmente pequeno de casos: uma amostra de apenas 10 pacientes.

Infelizmente, a doença mental ainda é difícil de se prever e, não, a aprendizagem de máquina não está a caminho de resolver a psiquiatria, ao contrário da crença defendida por alguns psiquiatras de que a IA irá substituir seu trabalho. Esse modelo preditivo enfrenta as mesmas limitações e contrapartidas que aquele que prevê a orientação sexual. Ele não será capaz de prever os cenários psicóticos sem incorrer em muitos falsos positivos. E, como antes, a "precisão" não é nem mesmo uma referência pertinente para julgar o desempenho preditivo.

Precisão: Uma palavra tão frequentemente usada de forma imprecisa

A lista continua e continua, com muitos mais exemplos de reivindicações exageradas sobre a aprendizagem de máquina que perpetuam a "falácia da precisão".

Criminalidade. O *Global Times* (China) publicou a manchete, "Professor alega que a IA pode identificar criminosos vendo as fotos 90% do tempo". Também relatando esse trabalho, no qual um modelo prevê a criminalidade com base nas características faciais, *MIT Technology Review* e *The Telegraph* (Reino Unido) repetiram cada um a reivindicação de 90% de precisão. Mas as massas têm sido enganadas; ao longo de sua publicação original, os pesquisadores usam "exatidão" para significar AUC.

Morte. Uma manchete dizia: "Google AI prevê riscos de morte hospitalar com 95% de precisão." Os pesquisadores do Google publicaram esse resultado na *Nature*, levando a imprensa a errar ao deixar implícito no resumo que a AUC é uma forma de medir a exatidão.

Suicídio. A imprensa relatou um modelo "que previa o risco de suicídio, utilizando registros eletrônicos de saúde, com precisão de 84% a 92% em uma semana após um evento suicida". Os pesquisadores da Universidade Vanderbilt fizeram a mesma manobra que o Google, deixando implícito no resumo de sua publicação de pesquisa que a AUC é equivalente à exatidão.

Livros mais vendidos. Além de prever a saúde e o comportamento dos seres humanos, a aprendizagem de máquina prevê a venda de livros. E se os editores pudessem decidir se devem dar luz verde a cada manuscrito não publicado, sabendo de antemão se é muito provável que ele se torne um best-seller? *Spoiler*: eles não podem. No entanto, no livro *The Bestseller Code: Anatomy of the Blockbuster Novel*, os autores afirmam ter "escrito um algoritmo que pode dizer se um manuscrito chegará à lista de best-sellers do *New York Times* com 80% de precisão", como disse *The Guardian* (Reino Unido). *The Wall Street Journal* e *The Independent* (Reino Unido) também relataram esse nível de exatidão. Entretanto, os autores convenientemente estabeleceram esse nível de exatidão sobre um conjunto de livros de teste fabricados que foram meio best-sellers e meio não best-sellers. Como de fato, apenas 1 em cada 200 livros incluídos nesse estudo estava destinado a se tornar um best-seller, acontece que um manuscrito previsto pelo modelo como um "best-seller futuro", na realidade, tem menos de 2% de probabilidade de se tornar um.

E muito mais. A falácia da precisão permeia, com os pesquisadores perpetrando-a nos relatórios de detecção de questões legais em acordos de não divulgação, a alegação da IBM de que eles podem prever quais funcionários irão desistir com 95% de precisão, classificando quais manchetes de notícias são *clickbait*, detectando fraudes de perfil de namoro, detectando *cyberbullies*, prevendo a necessidade de primeiros socorros após um terremoto, detectando doenças em plantações de banana, distinguindo embriões de alta e baixa qualidade para fertilização in vitro, prevendo ataques cardíacos, problemas cardíacos por meio de exames oftalmológicos, detectando ansiedade e depressão em crianças, diagnosticando tumores cerebrais a partir de imagens médicas e com um novo exame de sangue, prevendo o desenvolvimento de Alzheimer e muito mais.

A falácia da precisão

Para um pesquisador de aprendizagem de máquina que busca publicidade, o esquema de falácia da precisão apresenta algumas vantagens reais: excitação das multidões e ainda, talvez, alguma negação plausível da intenção de enganar. Afinal de contas, se o processo de pesquisa for

FALÁCIA DA EXATIDÃO: A COBERTURA DA IA PELA MÍDIA É FALSA   49

finalmente claro para um especialista que leia o relatório técnico na íntegra, é improvável que esse especialista reclame que a palavra "exatidão" seja usada vagamente na primeira página, mas depois tecnicamente esclarecida em páginas posteriores — especialmente porque "exatidão" em contextos não técnicos pode denotar mais vagamente "grau de exatidão".

Mas esse uso incorreto e astuto da palavra "exatidão" não suporta. A negabilidade não é plausível. No campo da aprendizagem de máquina, precisão significa, inequivocamente, "quantas vezes o modelo preditivo está correto — a porcentagem de casos em que se acerta em seu uso pretendido no mundo real". Quando um pesquisador usa a palavra para significar qualquer outra coisa, ele está, na melhor das hipóteses, adotando a ignorância intencional e, na pior das hipóteses, colocando conscientemente uma armadilha para ludibriar a mídia. Francamente, as evidências apontam para este último veredicto. Os pesquisadores informam dramaticamente o público usando "exatidão" para significar AUC — ou, da mesma forma, relatando exatidão sobre um banco de provas artificialmente equilibrado que é meio exemplo positivo e meio negativo sem explicitar os limites severos dessa medida de desempenho logo de início.

A falácia da precisão desempenha um papel integral na *hiping* nociva da "IA", em geral. Ao transmitir níveis irrealistas de desempenho, os pesquisadores exploram — e simultaneamente alimentam — o medo da população de poderes fantásticos, porém fictícios, detidos pela aprendizagem mecânica (comumente chamada de inteligência artificial). Pior ainda, a aprendizagem de máquina é ainda mais supervendida porque a inteligência artificial é "supersublinhada" pelos proselitistas — eles a creditam com sua própria vontade e inteligência humana (graças a Eric King da "The Modeling Agency" por aquele trocadilho).

Algumas coisas são muito difíceis de prever de forma confiável. "Gaydar", como noção popular, refere-se a uma forma inatingível de clarividência humana (especialmente quando aplicada a imagens estáticas). Também não devemos esperar que a aprendizagem de máquina atinja habilidades sobrenaturais. Para problemas de classificação importantes e notáveis, modelos preditivos simplesmente não podem "dizer" com confiabilidade. Este desafio vai com o território, já que coisas importantes acontecem mais raramente e são mais difíceis de prever, incluindo livros best-sellers, criminalidade, psicose e morte.

A responsabilidade recai primeiramente sobre o pesquisador para se comunicar sem ambiguidade e sem enganos aos jornalistas e, em segundo lugar, sobre os jornalistas para garantir que eles entendam a proficiência preditiva sobre a qual eles estão relatando. Mas, ao invés disso, infelizmente os leitores em geral devem aperfeiçoar uma certa vigilância: desconfie das alegações de "alta precisão" no aprendizado de máquina. Se soa bom demais para ser verdade, provavelmente é.

ERIC SIEGEL, PHD
eric@predictionimpact.com
https://www.predictiveanalyticsworld.com/book/media.php

FUNDADOR DA SÉRIE DE conferências *Predictive Analytics World* e *Deep Learning World* e editor-executivo do *The Predictive Analytics Times* torna compreensível e cativante o como e o porquê da análise preditiva (*aka machine learning*). Ele é o autor do premiado livro *Predictive Analytics: The Power to Predict Who Will Click, Buy, Lie, or Die*, o apresentador da série web *The Dr. Data Show*, um ex-professor da Universidade de Columbia, e um renomado palestrante, educador e líder na área. Siga-o em @predictanalytic.

COMENTÁRIOS DO AUTOR HEVERTON ANUNCIAÇÃO SOBRE ESTE ARTIGO

AO LER o artigo do renomado Eric, lembrei-me do livro *Rápido e devagar, uma nova maneira de pensar*, de Daniel Kahneman.

Qual o motivo? No início da carreira ou até no meio, um cientista de dados pode facilmente se deixar induzir pelas mentiras ou dados falsos que lhe são apresentados.

No livro citado acima, Daniel destaca que a cada hora o nosso cérebro e os nossos pensamentos travam uma batalha para descobrir "a verdade" ou a melhor decisão.

Por exemplo, as pessoas sabem que o consumo do fumo mata milhões anualmente, mesmo assim, o vício cada vez aumenta.

E quanto a dados? Dados ruins também podem matar? Ou nos deixar em zona confortável? Seja de uma marca, de um produto etc.

DICA

Eric Siegel — Predictive Analytics. Disponível em: <https://www.youtube.com/watch?v=3rjXSiZPpWA>. Acesso em: jun. 2022.

CURIOSIDADE

Livros de Eric Siegel — Disponível em: <https://www.amazon.com/Eric-Siegel/e/B00BFQ3STS%3Fref=dbs_a_mng_rwt_scns_share>. Acesso em: jun. 2022.

SUGESTÃO DE LEITURA COMPLEMENTAR

Eric Siegel no Coursera — Disponível em: <https://www.coursera.org/instructor/eric-siegel>. Acesso em: jun. 2022.

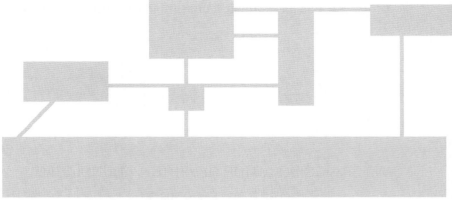

JIM STERNE — ESTADOS UNIDOS

DESCOBRINDO A DESCOBERTA

Abstrato

A descoberta de dados é a arte de ir além de responder a perguntas específicas. Dados os objetivos da organização e um conjunto de dados limpo e confiável, o "detetive de dados" está no seu melhor momento para formular perguntas intrigantes. Este artigo analisa uma variedade de maneiras de estimular o processo analítico criativo por meio do estudo de anomalias, do emprego da segmentação, do evitar preconceitos cognitivos e evitar a confusão entre correlação e causalidade. Com este conjunto de ferramentas em mãos, o analista deve então comunicar claramente suas ideias para se tornar um agente de mudança por meio de dados.

Uma bola de cristal é cheia de nada ou de fumaça e nuvens, hipnotizando os não iniciados, mas muito útil para o especialista em cristais. O místico da bola de cristal tem a tarefa de entreter mais do que comunicar visões genuínas. Criar algo do nada requer imaginação, criatividade e a capacidade de ler o próximo para determinar quais ficções podem ser consideradas valiosas. O médium que dirige uma sessão está em muito, em mesmo papel.

Os leitores de cartas de tarô estão um passo mais perto da praticidade. Eles usam suas cartas como iniciadores de conversas. "Você desenhou o Mágico que significa criação e individualidade ao lado dos Três de Copas que representam um grupo de pessoas trabalhando juntas. Você está trabalhando em um projeto com outros neste momento?" A conversa "mística" é toda sobre o assunto e, portanto, parece reveladora.

O analista digital também tem uma bola de cristal (The Database) e Cartas de Tarô (Correlações) com as quais seduzir e cativar o Buscador da Verdade. O banco de dados é um mistério para o suplicante e as correlações parecem quase mágicas.

O analista digital tem algo mais poderoso que visões e mais prático que a psicologia — embora ambas sejam necessárias para essa linha de trabalho. O analista tem dados: dados que podem ser validados e verificados. Dados que podem ser utilizados de forma confiável para responder a perguntas específicas.

O analista digital realmente brilha quando busca insight além das perguntas normais e previsíveis feitas diariamente. O analista pode se engajar na descoberta: a arte de descobrir verdades importantes que podem ser úteis ou mesmo transformadoras para aqueles que seriam movidos por dados...

Abordagem tradicional: Fazendo perguntas específicas

> Uma gerente de negócios quer conhecer os padrões de compra de seus clientes.
>
> Um gerente de expedição quer projetar o que o aumento das vendas significará para o pessoal.
>
> Um gerente de produção quer antecipar e ajustar adequadamente a cadeia de fornecimento.
>
> Um profissional de publicidade quer ver os resultados comparativos de uma meia dúzia de campanhas promocionais.

Cada um desses cenários exige que dados específicos sejam reunidos e tabulados para fornecer uma resposta específica. A coleta, limpeza e mistura adequadas dos dados são necessárias e podem ser codificadas se as mesmas perguntas forem feitas repetidamente. Assim, nascem os relatórios.

Os relatórios são valiosos e necessários... até que não o sejam. Então, eles são a fonte de estresse repetitivo, não agregando nenhum valor à organização. O antídoto é a descoberta.

Exploração de dados

Uma investigação é um esforço para obter dados que revelem o que se sabe. ("Onde você estava na noite do dia 27?") Mas a descoberta de dados é a arte de entrevistar dados para aprender coisas que você não necessariamente sabia que queria saber.

O talentoso explorador de dados é muito parecido com o *gazer* da bola de cristal e o leitor de tarô de várias maneiras:

> Ele tem um método para descobrir o que o cliente pagante quer saber.
>
> Tem um conhecimento suficientemente amplo sobre o assunto para reconhecer detalhes potencialmente interessantes.
>
> Tem a mente suficientemente aberta para ser receptivo a detalhes que possam ser relevantes.
>
> Mantém-se em estreita comunicação com o solicitante para orientar a conversa.
>
> Compreende bem os princípios subjacentes o suficiente para ultrapassar os limites.
>
> É curioso por natureza e gosta da caça intelectual.

A descoberta de dados é parte da leitura da mente, reconhecimento de padrões e resolução de quebra-cabeças. A leitura da mente do inquisidor é obrigatória para garantir que os resultados sejam de interesse para aqueles com controle do orçamento. O reconhecimento de padrões é uma habilidade especial que pode ser aperfeiçoada para ajudar a direcionar linhas de investigação e trens de pensamento. Uma aptidão para o trabalho de detetive é o talento mais importante do analista digital; essa capacidade de ponderar o significado de provas recém-descobertas.

A descoberta de dados é a arte de misturar uma tigela infinitamente grande de sopa de alfabeto e ser capaz de reconhecer a mensagem ocasional que flutua à superfície, em um sortimento de idiomas. Embora, com

Big Data adicionando mais variedade de dados à mistura, o analista digital também deve ser capaz de ler folhas de chá, traduzir o I Ching, gerar uma carta astrológica, interpretar sonhos, observar auras, falar em línguas e cantar com sirenes para transformar chumbo em ouro.

A descoberta de dados tem tudo a ver com a aplicação daquelas habilidades humanas com as quais os computadores têm uma dificuldade: raciocínio, criatividade, aprendizagem, intuição, aplicação de conhecimentos incongruentes etc. Os computadores são rápidos, mas burros, enquanto os humanos são lentos, mas inteligentes.

Isso não significa que a tecnologia não possa ser útil.

Ferramentas de descoberta de dados

A indústria de ferramentas de inteligência empresarial está girando o mais rápido que pode para oferecer ferramentas de descoberta de dados. Suas ofertas são descritas em termos floridos:

> Imagine uma ferramenta analítica tão intuitiva que qualquer pessoa em sua empresa poderia facilmente criar relatórios personalizados e painéis dinâmicos para explorar grandes quantidades de dados e encontrar insights significativos. (QLIK.COM, 2015)[1]

> O Tableau permite que as pessoas em toda organização — não apenas os analistas superstars — investiguem dados para encontrar nuances, tendências e aberrações em um piscar de olhos. (Sim, os superastros também se beneficiam.) Não mais limitados a um milhão de linhas de dados de planilhas ou um relatório mensal que apenas responde a algumas perguntas, as pessoas podem agora interagir e visualizar dados, fazendo — e respondendo — perguntas na velocidade do pensamento.

> Usar uma abordagem intuitiva de arrastar e soltar para a exploração de dados significa gastar tempo pensando no que seus dados estão lhe dizendo, não criando uma montanha de tabelas dinâmicas, ou preenchendo pedidos de relatórios... (TABLEAU, 2015)[2]

> Ajudamos as pessoas a tomar decisões comerciais melhores e mais rápidas, capacitando-as com ferramentas de autosserviço para explorar dados e compartilhar ideias em minutos... Ferramentas simples de arrastar e soltar são emparelhadas com visualizações intuitivas. Conecte-se a qualquer fonte de dados e compartilhe suas percepções em minutos... Ferramentas autônomas de descoberta de dados só o levarão até o momento. Entre na análise pronta para a empresa e garanta uma descoberta de dados segura e governada. (MICROSTRATEGY, 2015)[3]

Independentemente da velocidade e agilidade de uma ou outra tecnologia, tudo depende da pessoa que dirige o sistema para fazer perguntas realmente boas. Entretanto, se o sistema não tiver dados realmente bons, mesmo as melhores perguntas resultarão em percepções errôneas. Portanto, a higiene dos dados tem precedência sobre a capacidade superior de consulta.

Higienização dos dados

O lixo entra, o lixo sai. Tanta coisa vai para o Big Data, é muito difícil saber quais são os pedaços dignos de serem incluídos e quais precisam ser retificados. Para isso, é preciso um especialista no assunto e um especialista em dados.

Um especialista em matéria de dados tem conhecimento sobre um fluxo específico; como foi coletado, como foi limpo, amostrado, agregado e segmentado, e que transformação é necessária antes de misturá-lo com outros fluxos.

A higiene e a governança dos dados são fundamentais para assegurar que os cozinheiros analistas digitais estejam usando os melhores ingredientes para evitar arruinar uma receita comprovada pelo tempo.

Além disso, quando a saída de uma análise fornece a entrada para a próxima (criando um painel, por exemplo), a transformação, agregação e segmentação ajudam a ofuscar o verdadeiro sabor da matéria-prima até que se ultrapasse a capacidade de um cientista de dados forense de rastrear a causa de qualquer problema — supondo que alguém esteja ciente de que existe um problema.

No entanto, as agregações são tão importantes para a cadeia de fornecimento de insight quanto os ingredientes de alta qualidade são para o chef cinco estrelas:

> As agregações e resumos de dados continuam sendo críticos para apoiar relatórios e análises visuais, de modo que os usuários possam ver períodos específicos e enquadrar outras áreas de interesse sem serem sobrecarregados pelo dilúvio de dados. Além de fornecer acesso aos arquivos Hadoop, muitos relatórios visuais modernos e ferramentas de descoberta de dados permitem aos usuários criar agregações conforme a necessidade, em vez de ter que sofrer os atrasos de requisitá-los antes do tempo dos desenvolvedores de TI. Em várias ferramentas líderes, isso é conseguido por meio de um armazenamento de dados integrado na memória, onde as agregações são feitas na hora a partir de dados detalhados armazenados na memória.
>
> A TDWI Research descobre que os armazéns de dados corporativos, relatórios BI e cubos OLAP, planilhas e bancos de dados analíticos são as fontes de dados mais importantes para análise visual e descoberta de dados, conforme os entrevistados da pesquisa. (TDWI, 2015)[4]

O cuidado e a alimentação da matéria-prima utilizada no processo de descoberta de dados são ainda mais importantes à luz da falta de chefs cinco estrelas. À medida que os analistas se tornam mais aceitos, exigidos e democratizados, mais e mais analistas amadores tirarão conclusões a partir da matéria-prima em que confiam implicitamente, em vez de entenderem a fundo. A preparação para os exploradores analfabetos de dados requer ainda mais rigor do que o habitual para se protegerem de seu impulso de tirar conclusões erradas.

Fazendo boas perguntas

Nas mãos de um analista bem-informado, muitos dados e ferramentas analíticas de levantamento pesado são muito poderosos. Tirar o máximo proveito dessa combinação requer um pouco de criatividade.

Criatividade significa ampliar seu escopo mental. Ao invés de buscar uma resposta específica, abra-se a possibilidades. É como sintonizar com a visão periférica.

1. Aprecie as anomalias

> A frase mais emocionante que anuncia
> descobertas não é "Eureka!" (eu a encontrei),
> mas: "Hmmm, isso é engraçado."
> — Isaac Asimov

Se você usa ferramentas de visualização e pode "procurar" coisas que vão bater na noite, ou se você é hábil em escanear um mar de números e se pergunta por que ele parece desequilibrado, a habilidade de afiar é a arte de ver o fora do comum.

Outliers, espigões, canais — qualquer anomalia — são nossos amigos. Eles chamam nossa atenção para aquilo que não é como os outros e despertam o exercício intelectual de perguntar: "Por quê?"

O que tem este elemento que o faz apontar em uma direção diferente? Poderia ser algum erro na coleta ou transformação dos dados subjacentes? É uma função de como o relatório foi escrito ou de como a consulta foi estruturada? Ou representa algum novo comportamento/movimento de mercado/tendência do cliente?

É na busca da verdade sobre esses destaques que tropeçamos no componente de serendipidade que gera uma nova pergunta e outro mergulho na toca do coelho. O segredo é saber quando parar.

Pode-se facilmente perder-se em uma "sessão de pesquisa" de hiperligação e queimar horas por muito pouco para mostrar. Seguir o cheiro de significado é uma arte e uma arte que requer prática e disciplina. Muitos cientistas passam uma carreira buscando um resultado específico apenas para encontrá-lo desmentido. Outros param com pouco tempo de descoberta porque perderam o ânimo. A magia acontece entre esses dois pontos.

Ceda à tentação de cortar os dados mais uma vez ou de cruzar os resultados com apenas mais uma consulta, mas esteja atento para não desperdiçar ciclos valiosos em retornos decrescentes.

Se você não vê o que espera ver, esforce-se ao máximo para entender o porquê. Pode ser que você não tenha fatos suficientes. Pode ser que você já tenha, inconscientemente, chegado a uma conclusão ou formado uma teoria de estimação sem todos os fatos. Pode ser — e isto é o provável — que haja algo em pé que você ainda não tenha considerado.

Cave mais fundo. Pergunte: "Eu me pergunto... E seja conhecedor daquilo que é notório em sua ausência."

> Gregory (detetive da Scotland Yard): "Há algum outro ponto para o qual você gostaria de chamar minha atenção?"
>
> Holmes: "Para o curioso incidente do cão durante a noite."
>
> Gregory: "O cão não fez nada durante a noite."
>
> Holmes: "Esse foi o incidente curioso."
>
> Sir Arthur Conan Doyle, *Silver Blaze*

Como corolário, tenha cuidado também com os homólogos:

> 1. Exibindo um grau de correspondência ou similaridade.
>
> 2. Corresponder em estrutura e origem evolutiva, mas não necessariamente em função.
>
> Por exemplo, um braço humano, perna dianteira de cachorro, asa de pássaro e barbatana de baleia são homólogos.
>
> (A Word A Day[5])

Coisas anormalmente semelhantes também causam alarme como destaque. Se todos em sua coorte parecem iguais, há algo engraçado acontecendo e vale a pena uma investigação. Pode ser que a semelhança deles seja uma anomalia estatística.

2. Segmentação do sabor

As pessoas (graças a Deus!) são diferentes. Cometemos um grande erro quando as juntamos todas. Mas não podemos tratá-las como indivíduos — ainda. O futuro de Peppers e Rogers ainda não está sobre nós. No meio está a segmentação.

Quase não importa como você segmenta seus clientes (geograficamente, cronologicamente, pela cor do cabelo). Eventualmente, você encontrará traços que são úteis para encontrar um conjunto de comportamentos que podem ser aproveitados a seu favor.

> As pessoas que vêm ao nosso site pela manhã são mais propensas a X.
>
> As pessoas que reclamam de nós nas mídias sociais respondem melhor à mensagem Y.
>
> As pessoas que utilizam nosso aplicativo móvel mais de duas vezes por semana são mais propensas a Z.

Quando se trata de segmentar os clientes por comportamento, Bernard Berelson praticamente o pregou em seu *Human Behavior: Um Inventário de Achados Científicos*[6], no qual ele disse:

> Alguns o fazem e outros não.
>
> As diferenças não são tão grandes assim.
>
> É mais complicado do que isso.

Quando você está tentando obter a mensagem certa, na frente das pessoas certas, na hora certa e no dispositivo certo, a segmentação pode provavelmente ser a chave do mistério.

3. Não se iluda

Embora trabalhar com dados seja reconfortante — afinal, estamos lidando com fatos e não com opiniões — ainda somos humanos e ainda enfrentamos sérias deficiências mentais. Ser de mente aberta e objetivo são metas maravilhosas, mas não são absolutas.

Os preconceitos cognitivos são herdados, ensinados e captados por osmose em uma determinada cultura. Em resumo, sua mente pode pregar partidas em você. Embora este seja um assunto grande demais para ser tratado aqui em profundidade, alguns exemplos deixam claro o quão tênue pode ser sua relação com "os fatos".

> **Viés de familiaridade**
>
> Trabalhei em publicidade na televisão durante toda minha vida e posso dizer sem qualquer dúvida que é o meio de comunicação de marca mais poderoso que existe.

Retrospectiva ou tendência de resultados

Se eles tivessem me perguntado, eu lhes teria dito que o botão azul não se converteria tão bem quanto o vermelho. Era óbvio o tempo todo.

Viés de atribuição

Claro, eu deveria ter virado à esquerda naquele semáforo. Mas eu estava distraído com o sol nos olhos e o telefone tocando. Aquele outro cara perdeu a curva porque ele é um covarde.

Viés de representatividade

Todos os que clicam nesse link devem ser como todos os que clicaram nesse link no passado.

Viés de ancoragem

Isso é muito caro para pagar por este item. O próximo a ele é a metade do preço.

Viés de disponibilidade (o primeiro exemplo que me vem à mente)

Isso nunca funcionará — deixe-me contar o que aconteceu com meu cunhado...

Viés de Bandwagon

Devemos fazer uma campanha Snapchat porque todos os outros estão fazendo isso.

Viés de confirmação

Eu sou um conservador, por isso só assisto ao *Fox News*.

Sou liberal, então só assisto John Stewart, no *The Daily Show*.

Estive em publicidade toda minha vida, então conto com Nielsen, Hitwise e ComScore.

Comecei a grapear arquivos de log, então só confio em meus números Coremetrics/Omniture/Webtrends.

Viés de projeção

Eu nunca clicaria em uma demonstração de produto sem uma longa lista de depoimentos para podermos assumir que isso seja verdade para todos os outros.

Viés de expectativa

Seu relatório deve estar errado, porque não mostra os resultados que eu antecipei.

Viés de normalidade

Backups? Nunca tivemos um problema de perda de dados ainda, não vejo isso acontecendo neste trimestre, então não teremos que fazer um orçamento para isso.

Reflexo Semmelweis

Não me importa o que dizem seus números, sempre tivemos melhores conversões de busca do que as mídias sociais, então não vamos mudar nosso investimento.

Se algum dos itens mencionados lhe soou familiar, parabéns — você tem prestado atenção. A parte difícil é convencer os outros de que pode haver um problema cognitivo.

4. Correlação versus causa

Embora mencionado com frequência, nunca é demais ressaltar que só porque os afogamentos sobem quando as vendas de sorvete sobem, um não causou o outro.

Mais recentemente, um estudo sueco (*Allergy in Children in Hand Versus Machine Dishwashing*)[7] concluiu, "Em famílias que usam a lavagem de louça à mão, doenças alérgicas em crianças são menos comuns do que em crianças de famílias que usam a lavagem de louça à máquina" e, especulou que, "um método de lavagem de louça menos eficiente pode induzir tolerância por meio do aumento da exposição microbiana".

Embora o estudo tenha feito muitas perguntas sobre os tipos de alimentos que eles consomem, preparação de alimentos, fumo dos pais etc., há simplesmente muitas outras variáveis em jogo para que essa causa seja a única responsável por esse efeito. Quantas outras semelhanças existem entre as famílias que têm máquinas de lavar louça e aquelas que não têm?

As correlações são uma pista maravilhosa, mas elas devem ser tratadas como pistas e não como resultados. As correlações são o estímulo para buscar uma causa, não o fim da história...

5. Comunicando com cuidado

Apresentar uma correlação fascinante e provar uma relação causal pode ser excitante. A emoção da perseguição, a decepção de um erro de cálculo e a redenção da correção fazem com que a carreira seja revigorante, mas, como sua última rodada de golfe, não necessariamente uma grande história na mesa de jantar. E certamente não na mesa da sala de conferência do outro lado da mesa de um executivo que está tentando tomar uma decisão publicitária multimilionária.

Esse é o momento de ficar com o que você sabe, não como você chegou lá.

A parte mais importante de seu desempenho ao fornecer insights baseados em dados é evitar qualquer bravata da certeza. Você não foi solicitado a auditar os livros e chegar a uma conclusão. Você não foi incumbido de somar uma fila de números e entregar "A Resposta". Em vez disso, você foi solicitado a examinar os dados para ver se há algo que possa ser direcional.

Para assegurar a todos os outros que você entende sua responsabilidade e para enquadrar adequadamente suas descobertas em termos que o levarão a uma conversa valiosa e a uma decisão comercial, monitore cuidadosamente seu idioma.

> Os dados sugerem...
>
> Parece mais provável...
>
> Poder-se-ia concluir...
>
> Com base nos dados, parece que...
>
> Se eu estivesse fazendo apostas depois de ver isto...

Lembre-se de que você está olhando para uma bola de cristal que é um mistério completo para o lado comercial da casa e você está lhes contando coisas sobre um assunto que eles conhecem muito bem, mas não através dessa lente. Eles conhecem a publicidade e o marketing por dentro e por fora e ficarão incrédulos se você fizer pronunciamentos que sejam contrários à experiência, à intuição e ao bom senso deles.

O especialista em domínio pode olhar para uma revelação estatística cuidadosamente examinada e revirar seus olhos.

"Claro que os filmes que começam com a letra A são mais populares — nós os listamos por ordem alfabética."

"É claro que as vendas online deram um salto na semana naquela região — houve uma nevasca de cinco dias."

"É claro que naquele dia vendemos mais notebooks de baixo custo — o site de nosso concorrente estava em baixa."

Não deixe de soar mais como o prognosticador do tempo que fala de uma chance de chuveiros. Use o vernáculo ou o jogador que está correndo as chances. Pense em termos de uma Linha de Probabilidade (Figura 6) e escolha suas palavras de acordo.

Figura 6 – Linha de probabilidade

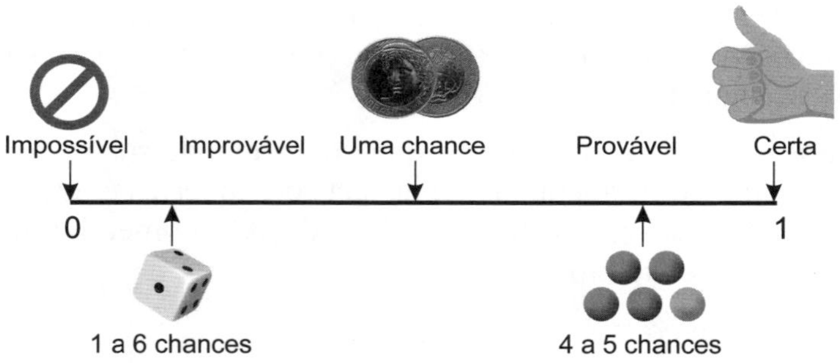

Fonte: Mathsisfun.com.[8]

Siga o exemplo dos médicos que falam sobre os riscos relativos à saúde. E depois, atraí-los para o processo de suposição.

Isso não parece lógico?

Isso atende ou desafia seus pensamentos?

Você acha que significa isto ou aquilo?

Não deve demorar muito para que eles o vejam como um conselheiro e não como um redator de relatórios.

---

8. MATHSISFUN.COM: Probability Line. [*S. l.*], 2020. Disponível em: <https://www.mathsisfun.com/probability_line.html>. Acesso em: 15 out. 2022.

6. Torne-se um agente de mudança

A melhor maneira de conquistar os corações e mentes daqueles que mais podem se beneficiar com seu talento para a descoberta de dados é educá-los.

Quanto mais pessoas em sua organização entenderem as formas e os meios de exploração de dados, bem como os riscos e recompensas associados, mais elas virão até você para obter respostas, incluir suas sessões de planejamento iônico e apoiar suas chamadas para mais dados, pessoas e ferramentas.

Comece convidando-as para almoçar. Peça-lhes que tragam suas melhores perguntas sobre os dados. Encoraje aqueles que preferem não ser vistos como mal-informados a apresentar suas perguntas com antecedência. Prepare um punhado de perguntas que você gostaria que eles fizessem.

Responda suas perguntas. Mostre-lhes exemplos de ganhos rápidos desfrutados por outros projetos em outros departamentos. Compartilhe estudos de caso de fornecedores sobre sucessos em outras empresas.

Envolva seu público na emoção da perseguição com um conjunto de dados simples e um desafio comum. Se você puder ensiná-los a fazer grandes perguntas pelo exemplo e pelo exercício, então você pode mudar como eles abordam os dados — para vê-los como uma ferramenta ao invés de uma acusação.

E não deixe de alimentá-los. Este é um caso em que um almoço gratuito pagará muito bem.

Seu trabalho como tradutor

Você conhece seus dados por dentro e por fora, mas os consumidores de suas percepções, que devem depender de suas recomendações, não os conhecem. Para eles, seus dados são tão legíveis quanto uma bola de cristal ou uma sequência de cartas de tarô. Isso significa que eles estão depositando sua confiança em você.

Portanto, sua responsabilidade é informar sem confundir, encorajar sem mistificar e tranquilizar sem recorrer a truques de magia. Atraia e encante seus buscadores da verdade com os dados e as correlações, mas certifique-se de que seus níveis de confiança sejam altos e esteja preparado para mostrar seu trabalho.

Conclusão

A descoberta de dados de sucesso requer boas ferramentas (tecnologia) e matéria-prima confiável (dados limpos), mas depende da criatividade do detetive de dados. O melhor analista pode manipular os dados de várias maneiras para provocar percepções relevantes. Com os objetivos da organização firmemente em mente, os melhores analistas envolvem os dados em uma conversa de variações hipotéticas, resultando em percepções tangíveis que podem ser usadas para tomar decisões por parte dos responsáveis. O analista, como um detetive consultor, torna-se indispensável.

JIM STERNE
Rising Media
211 E. Victoria, Suite E — Santa Barbara, CA 93101
jsterne@targeting.com
@jimsterne
linkedin.com/in/jimsterne

JIM STERNE é um consultor internacional que se concentra em medir o valor da Web como um meio para criar e fortalecer as relações com os clientes. Sterne escreveu oito livros sobre o uso da internet para marketing, é o presidente fundador e presidente do Conselho Emérito da Digital Analytics Association, e produtor do Marketing Analytics Summit.

COMENTÁRIOS DO AUTOR HEVERTON ANUNCIAÇÃO SOBRE ESTE ARTIGO

VOCÊ ASSISTIU à série na Netflix chamada *Abstract*? Após você assistir a alguns episódios, eu espero que você chegue a mesma conclusão que eu: a maioria daqueles grandes artistas do design foram crianças que seus pais as incentivaram a continuar com o uso intensivo de sua imaginação, de nunca pararem de perguntar, e irem atrás de seus sonhos.

O artigo do Jim toca exatamente nesse ponto: o cientista de dados deve fugir sempre de uma forma padrão de descoberta. Para problemas diferentes deve-se pensar: será que eu estou com a ferramenta ou o raciocínio correto para esse problema?

Qual o motivo dessa característica? É que o cientista de dados deve ter cuidado de ver todo problema como um prego, caso contrário, sempre achará que a solução é um martelo.

DICA

Machine Learning in Marketing — Jim Sterne @ Digital Analytics Forum 2018. Disponível em: <https://www.youtube.com/watch?v=mPrcAjcaKko>. Acesso em: jun. 2022.

CURIOSIDADE

Hall of Analytics. Disponível em: <https://analyticshalloffame.com/judges/jim-sterne/>. Acesso em: jun. 2022.

> **SUGESTÃO DE LEITURA COMPLEMENTAR**
>
> 1. Self-service Data Discovery and Visualization Application, Sense BI Tool | Qlik. Disponível em: <http://www.qlik.com/us/explore/products/sense>. Acesso em: 13 mar. 2015.
>
> 2. Data Discovery | Tableau Software. Disponível em: <http://www.tableau.com/solutions/data-discovery>. Acesso em: 13 mar. 2015.
>
> 3. Features of the Analytics Platform | MicroStrategy. Disponível em: <http://www.microstrategy.com/us/analytics/features>. Acesso em: 13 mar. 2015.
>
> 4. Data Visualization and Discovery for Better Business Decisions. Disponível em: <http://www.adaptiveinsights.com/uploads/news/id421/tdwi_data_visualization_discovery_better_business_decisions_adaptive_insights.pdf>. Acesso em: 13 mar. 2015.
>
> 5. A.Word.A.Day — homologous. Disponível em: <http://wordsmith.org/words/homologous.html>. Acesso em: 13 mar. 2015.
>
> 6. Human Behavior: An Inventory of Scientific Findings. Disponível em: <http://home.uchicago.edu/aabbott/barbpapers/barbhuman.pdf>. Acesso em: 13 mar. 2015.
>
> 7. Allergy in Children in Hand Versus Machine Dishwashing. Disponível em: <http://pediatrics.aappublications.org/content/early/2015/02/17/peds.2014-2968.full.pdf>. Acesso em: 13 mar. 2015.

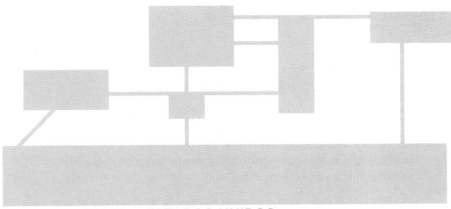

DR. KIRK BORNE — ESTADOS UNIDOS

CONDUÇÃO SEGURA NA EMPRESA DE AUTOCONDUÇÃO

A EXPLOSÃO de interesse em Inteligência Artificial (IA), Aprendizagem de Máquina (AM) e Inteligência de Máquina (IM) desencadeou o projeto e desenvolvimento de todos os tipos de sistemas autônomos, incluindo marketing digital e campanhas publicitárias, carros autodirigidos, drones, sistemas autocura (autônomos), fabricação autônoma, sondas de exploração de espaço profundo e muito mais. Em todos esses sistemas, segurança e mitigação de riscos são primordiais. Apresentamos aqui um modelo para "condução segura" nesses sistemas autônomos.

Então, o que é um sistema autônomo? Um relatório sobre "Fabricação Autônoma" oferece essas definições e características:

- Os sistemas autônomos podem aprender, adaptar-se e tomar decisões.

- Os sistemas autônomos são aqueles que podem obter informações sobre seu ambiente, adaptar-se e tomar decisões sem a necessidade de intervenção humana. Tais sistemas podem levar à tomada de decisões que reduzem o desperdício e o risco, ao mesmo tempo que aumentam a produtividade e a repetibilidade.

- Autônomos podem se referir ao controle de uma tarefa ou processo em particular, ou de um sistema inteiro.

- Os sistemas autônomos podem substituir, aumentar ou complementar a atividade humana. Eles têm o potencial de trabalhar em colaboração com humanos, máquinas ou outros sistemas autônomos e avançar significativamente tanto as capacidades físicas quanto as inteligentes.

- Um sistema autônomo inclui o hardware, software, sensores e tecnologia de comunicação que suportam o raciocínio, planejamento e tomada de decisão necessários para atingir objetivos estratégicos autodirigidos.

- As características de um sistema autônomo incluem: colaboração, aprendizagem, tomada de decisões, sensoriamento e integração de sensores (isto é, fusão de dados).

Aplicamos esses conceitos a um conjunto mais amplo de sistemas autônomos, tomando emprestado liberalmente do conceito de autocondução: a organização da autocondução, a empresa autoconduzida e a cidade autoconduzida (por exemplo, Cidades Inteligentes). Examinamos especificamente cinco características que definem a empresa de autocondução, suas implicações analíticas e seu posicionamento organizacional relacionado. Concluímos então com cinco regras para "condução segura".

Antes de examinarmos a condução segura na empresa de autocondução, analisamos algumas características mais importantes de um sistema de autocondução (autônomo):

- Seguro — o hardware, software, comunicações e fluxos de dados em um sistema autônomo operacional devem ser protegidos e protegidos contra intrusão, adulteração, roubo ou outras formas de sequestro.

- Conformidade — o sistema deve obedecer a todas as regras e regulamentos que regem, assim como seguir princípios éticos de ação, inação, coleta, uso e divulgação de dados.

- Estadual — o sistema deve acompanhar seu estado de interação, para aprender com ações anteriores, bem como para sustentar e melhorar a segurança, eficiência (rapidez na decisão) e eficácia (precisão na decisão) de suas operações autônomas.

(Nota: o oposto de *stateful* é *stateless*. Apátridas significa que não há registro de interações anteriores, e cada pedido de interação deve ser tratado com base inteiramente em qualquer informação que venha com o pedido.)

- Incorporado — o sistema normalmente não é autônomo, mas deve operar dentro de um ambiente maior ou sob um conjunto mais amplo de restrições exógenas (incluindo objetivos e estratégias comerciais que não são necessariamente parte dos componentes operacionais do sistema, mas fazem parte de um propósito maior). Tipicamente, um sistema autônomo específico pode estar embutido em um ambiente com sistemas relacionados (por exemplo, um automóvel autônomo é um sistema autônomo, mas deve operar em um ambiente com outros veículos, nem todos os quais são autônomos).

As cinco características que definem o empreendimento de autocondução (incluindo carros autoconduzidos) são:

1. Sensoriamento, streaming — recepção de sinais (entradas) de numerosos sensores, com dados fluindo continuamente a partir desses sensores.

2. Responsivo — tomar medidas em resposta aos sinais de entrada.

3. Aprendizagem ágil — constrói conhecimento (porque é um sistema de estado) a partir de ações passadas, presentes e observadas (estas últimas podem vir de outros sistemas no ambiente incorporado) para ver o que está por vir e tomar as ações apropriadas a tempo (ou seja, em modo online, em tempo real, não em modo de lote offline).

4. Contextual, otimização — leva em conta fontes de dados adicionais (externos) sobre o contexto de suas ações para construir percepções sobre a tomada de decisão ótima. Sensores onipresentes na Internet das Coisas (IoT) podem fornecer uma rica fonte de informações contextuais e insights.

5. Decidir, agir utiliza todas as entradas (as 360 visões da situação) para construir uma compreensão do ambiente para tomar

uma decisão e tomar uma ação, com risco mínimo e resultados ótimos (consistente, com regras comerciais embutidas e lógica de decisão apropriada).

Cada uma destas cinco características está associada a um dos cinco diferentes níveis de maturidade analítica na empresa autodidata (autônoma):

1. Sensoriamento, streaming — Análise descritiva: observa, registra e acompanha os eventos que têm acontecido (retrospectiva).

2. Responsivo — Diagnostic Analytics: toma medidas baseadas em eventos que estão acontecendo atualmente, em tempo real (supervisão).

3. Aprendizagem, ágil — Análise preditiva: vai além do simples "relato" de eventos passados ou de reagir a eventos presentes, para prever o que provavelmente ocorrerá em seguida, com base nesses eventos passados e atuais — ou seja — dados de treinamento (previsão).

4. Contextual, otimização — Análise prescritiva: vai além dos modelos preditivos, para saber como os objetos se comportam sob várias condições, para entender objetivamente sob quais condições um determinado objeto no ambiente incorporado agirá (ou reagirá) de certa forma e, então, procurando estabelecer aquelas condições e/ou comportamentos que produzirão resultados ótimos (insight).

5. Decidir, agir — Análise cognitiva: fazer sentido a partir de todos os dados de entrada, conhecimento, insights e compreensão, para decidir sobre a NBA (*Next-Best Action*), e então tomar a ação certa, no momento certo, no lugar certo, no contexto certo. Isto também pode incluir a sondagem de novos cenários, mas seguros, "e se" para explorar se existe uma NBA melhor (visão correta).

Em seguida, cada uma das cinco características definidoras e níveis de maturidade analítica corresponde a um posicionamento específico da empresa que se autodirige (autônoma):

1. Sensoriamento, streaming — Análise descritiva = Passiva.

2. Responsivo — Analítica diagnóstica = Reativa.

3. Aprendizagem, ágil — Analítica preditiva = Proativa.

4. Contextual, otimização — Analítica prescritiva = Reativa.

5. Decidir, agir — Analítica cognitiva = Sense-making for NBA.

À medida que nossa empresa (organização, cidade, carro, drone, cadeia de suprimentos, processo de fabricação ou sonda de exploração do espaço profundo) se movimenta por meio de seus processos operacionais, aplicam-se algoritmos de aprendizagem de máquina:

- Aprendizagem supervisionada — procurar, identificar, classificar e responder a eventos, objetos ou ações com atributos e propriedades conhecidas.

- Aprendizagem não supervisionada — descobrir novas categorias de itens (eventos, objetos ou ações) no ambiente; descobrir itens anômalos; descobrir associações incomuns de itens e/ou propriedades de itens; descobrir tendências emergentes, padrões ou novas direções (novas pistas) para avaliar e/ou seguir.

Esses algoritmos de aprendizagem podem ser aplicados com prudência em qualquer um dos cinco níveis de maturidade analítica: desde descritivo até diagnóstico, preditivo, prescritivo ou cognitivo.

Portanto, dada essa estrutura para uma empresa autônoma, estamos agora prontos para introduzir as cinco regras de condução segura na empresa que dirige por conta própria. Essas regras são derivadas intencional e explicitamente de um conjunto testado e validado de regras de condução segura que são ensinadas aos estudantes e motoristas profissionais das escolas de condução: elas são as cinco regras do Sistema Smith de Condução Segura. Aprendi essas regras em minha classe de condução na escola secundária há muito tempo, e ainda me lembro de aplicá-las quando dirijo agora, muitos anos depois.

Cada uma das cinco regras do Sistema Smith de Condução Segura tem aplicações paralelas em sistemas autônomos (a empresa de autodireção) e tem características que mapeiam (mais ou menos) para alguns dos cinco níveis de maturidade analítica. Aqui elas são:

1. "Apontar alto na direção" = Ver o caminho à frente como um todo, a partir de uma perspectiva mais longa, e não apenas alguns passos adiante. Olhe para onde você quer ir, não apenas para onde você está ou esteve (o princípio Gretzky: "Patinar para onde o disco estará, não para onde ele esteve") = Diagnóstico, Preditivo, Cognitivo.

2. "Get the big picture" = Fique sempre atento ao seu ambiente (contexto). Observe como os outros estão se comportando. Reconheça que novas situações apresentarão novas oportunidades. Seja contextual (o princípio Yogi Berra: "Você pode ver muito só de olhar") = Descritivo, Prescritivo, Cognitivo.

3. "Keep your eyes moving" = Fique atento à evolução das condições futuras. Descarte rapidamente as distrações oculares (ou seja, itens interessantes, mas sem importância que se apresentam no ambiente) = Diagnóstico (que contribui para a geração de Alerta de Eventos, baseado em regras de negócios e algoritmos de aprendizagem de máquina).

4. "Deixe você mesmo de fora" = Antecipe as escolhas que os outros farão. Esteja preparado para o inesperado. Deixe espaço para uma nova decisão, rápida e segura. Otimize sua reação aos eventos = Prescritivo.

5. "Certifique-se de que eles o vejam" = Reduza o risco eliminando suposições sobre os comportamentos esperados dos outros. Conectar-se, comunicar, colaborar, compartilhar, confiar e mostrar empatia com os outros. Faça de sua NBA a ação correta = Prescritiva, Cognitiva.

Então, é isso: nossas cinco regras para uma condução segura no empreendimento de autocondução! Os sistemas autônomos estão se tornando mais comuns e, talvez, até a norma em alguns ambientes operacionais (sem mencionar nossas futuras cidades e rodovias).

Consequentemente, algum bom senso, análises inteligentes, comportamentos de mitigação de riscos e regras para uma direção segura podem contribuir muito para tornar esses sistemas adaptáveis, eficientes, eficazes e produtivos para todos, incluindo sua empresa.

Para facilitar o projeto, desenvolvimento e implantação de seus próprios sistemas autônomos (preditivos, prescritivos e cognitivos), você deve verificar as plataformas de dados, ferramentas e serviços MapR que estão disponíveis para numerosas indústrias, aplicações e casos de uso, incluindo saúde, energia, telecomunicações, finanças, IoT e muito mais. Além disso, explore a rica coleção de recursos na Comunidade MapR para ajudá-lo a navegar pelos produtos e soluções que podem ajudá-lo a alcançar o sucesso em todas as suas atividades impulsionadas por dados.

DR. KIRK BORNE
kirk.borne@gmail.com

KIRK BORNE é nomeado como cientista de dados principal na Booz Allen Hamilton. Ele não só é um cientista de dados, mas também é um astrofísico e cientista espacial. Ele é nomeado como o Grande Herói de Dados e Analítica da IBM de 2014. Ele também foi apresentado em um *Ted Talk* chamado *Big Data, Small World*. Além da Booz Allen, ele está associado a muitas empresas como membro do conselho consultivo delas. Kirk é PhD em Astronomia pelo Instituto de Tecnologia da Califórnia.

COMENTÁRIOS DO AUTOR HEVERTON ANUNCIAÇÃO SOBRE ESTE ARTIGO

QUANDO VAMOS até uma autoescola para aprender a dirigir um carro ou moto, o instrutor nos passa algumas regras básicas de autocondução do meio de transporte escolhido: aceleração, freio, direção defensiva, primeiros socorros, segurança etc.

Será que algumas dessas regras básicas também não se encaixariam para a atividade diária de um cientista de dados?

Lógico que nem sempre seguimos a regra para chegar mais rapidamente entre um ponto A até o ponto X. Qual o preço do risco que corremos? O artigo do Kirk diz para nunca esquecermos o bom senso.

DICA

Big Data, Small World: Kirk Borne at TEDxGeorgeMasonU. Disponível em: <https://www.youtube.com/watch?v=ZrO2fMBfuRA>. Acesso em: jun. 2022.

CURIOSIDADE

Data Science in 30 Minutes: Kirk Borne — A Fortuitous Career in Data Science. Disponível em: <https://www.youtube.com/watch?v=W19sGuvX7lw>. Acesso em: jun. 2022.

SUGESTÃO DE LEITURA COMPLEMENTAR

The Future of Data Science — with Dr. Kirk Borne. Disponível em: <https://www.youtube.com/watch?v=mT6CDPjEbjA>. Acesso em: jun. 2022.

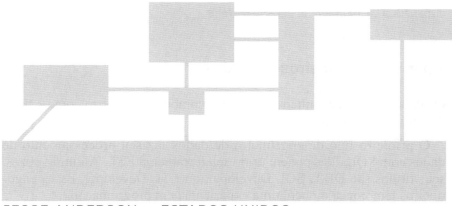

JESSE ANDERSON — ESTADOS UNIDOS

OS DOIS TIPOS DE ENGENHARIA DE DADOS

HÁ DOIS tipos diferentes de engenharia de dados. Há dois tipos diferentes de trabalho com o título de engenheiro de dados. Isto é especialmente confuso para organizações e indivíduos que estão começando a aprender sobre engenharia de dados. Essa confusão leva ao fracasso de muitos projetos de grandes dados de equipes.

Tipos de engenharia de dados

O primeiro tipo de engenharia de dados é centrado em SQL. O trabalho e o armazenamento primário dos dados estão em bancos de dados relacionais. Todo o processamento de dados é feito com SQL ou com uma linguagem baseada em SQL. Às vezes, esse processamento de dados é feito com uma ferramenta ETL.

O segundo tipo de engenharia de dados é a engenharia de dados Big Data-focused. O trabalho e o armazenamento primário dos dados estão nas tecnologias Big Data como Hadoop, Cassandra e HBase. Todo o processamento de dados é feito em grandes estruturas de dados como MapReduce, Spark e Flink. Enquanto o SQL é usado, o processamento primário é feito com linguagens de programação como Java, Scala e Python.

Tipos de engenheiros de dados

Os dois tipos de engenheiros de dados combinam de perto com os tipos de equipes de engenharia de dados.

O primeiro tipo de engenheiro de dados faz seu processamento de dados com SQL. Eles podem usar uma ferramenta ETL. Algumas vezes, seus títulos são DBA, SQL Developer, ou ETL Developer. Esses engenheiros têm pouca ou nenhuma experiência em programação.

O segundo tipo de engenheiro de dados é um engenheiro de software que se especializou em Big Data. Eles têm extensas habilidades de programação como também podem escrever consultas SQL. A maior diferença é que os engenheiros de dados têm a habilidade de programação e SQL para escolher entre os dois.

Em meu site e em minha redação, estou sempre me referindo à definição de Big Data de engenharia de dados e de engenharia de dados.

Por que essas diferenças são importantes para você?

Os gerentes devem conhecer as diferenças entre estes dois tipos de equipes. Às vezes, as organizações terão sua equipe de engenharia de dados com foco em SQL tentando um projeto de grandes dados. Estes tipos de esforços raramente são bem-sucedidos. Para projetos Big Data, você precisará do segundo tipo de engenheiro de dados e de uma equipe de engenharia de dados que seja focada em Big Data.

Eu escrevi um livro inteiro chamado *Equipes de Engenharia de Dados*. Recomendo altamente a todos os gerentes e líderes que leiam esse livro antes de começar um projeto de Big Data. Ele cobre as habilidades essenciais necessárias para uma equipe de engenharia de dados focada em grandes dados.

Para os indivíduos, é importante entender as habilidades iniciais necessárias para Big Data. Embora existam interfaces SQL para Big Data, você precisará de habilidades de programação para colocar os dados em um estado questionável. Eu escrevi um livro para indivíduos que querem mudar de carreira para Big Data. Nele, dou conselhos específicos para pessoas com habilidades focadas em SQL para se tornarem um engenheiro de dados com foco em Big Data.

Somente conhecendo e compreendendo essas duas definições você pode ter sucesso com projetos de Big Data. Você precisa ter as pessoas certas para o trabalho.

JESSE ANDERSON
Diretor Administrativo, Big Data Institute
eljefe6a@gmail.com

JESSE ANDERSON é engenheiro de dados, engenheiro criativo e diretor administrativo do Big Data Institute. Jesse treina funcionários em grandes dados — incluindo tecnologia de ponta, como Apache Kafka, Apache Hadoop e Apache Spark. Ele já ensinou a milhares de estudantes em empresas que vão de startups a empresas da *Fortune 100* as habilidades para se tornarem engenheiros de dados. Ele é amplamente considerado um especialista na área e reconhecido por suas novas práticas de ensino. Jesse é publicado pela O'Reilly e Pragmatic Programmers e tem sido coberto em veículos de mídia de prestígio como o *Wall Street Journal, CNN, BBC, NPR, Engadget* e *Wired*. Você pode saber mais sobre Jesse em <www.Jesse-Anderson.com>.

COMENTÁRIOS DO AUTOR HEVERTON ANUNCIAÇÃO SOBRE ESTE ARTIGO

QUANDO VAMOS a uma lanchonete e decidimos por um lanche, a garçonete nos pergunta: "você deseja o básico, combo, para agora ou para viagem?"

Jesse nos coloca em uma encruzilhada, pois teríamos que optar ou não em qual tipo de cientista de dados seremos? Perigoso isso, pois se depararmos com um anúncio de vaga de emprego para cientista de dados encontraremos dezenas de requisitos que poderíamos elencar em dezenas de tipos de cientistas de dados.

Eu acredito que o principal ponto que o artigo de Jesse nos leva a considerar é nunca ser uma constante, ou seja, uma variável estática que não muda. Mude o conhecimento, ferramenta, técnicas, mas não mude seu valor.

DICA
High-Performing Data Teams w/ Jesse Anderson. Disponível em: <https://www.youtube.com/watch?v=1ZcO_EP4m2w>. Acesso em: jun. 2022.

CURIOSIDADE
How to Build a Dream Team Around Data. Disponível em: <https://sodadata.medium.com/how-to-build-a-dream-team-around-data-41b1fc8921a0>. Acesso em: jun. 2022.

SUGESTÃO DE LEITURA COMPLEMENTAR
YOW! Data 2021 — Jesse Anderson — Foundations of Data Teams. Disponível em: <https://www.youtube.com/watch?v=qVPlYTVVTjk>. Acesso em: jun. 2022.

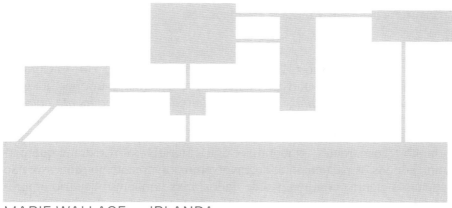

MARIE WALLACE — IRLANDA

CIENTISTAS DE DADOS E PROFISSIONAIS DE ANÁLISE: SOMOS MAIS FORTES JUNTOS

PARA QUALQUER um de nós que vem construindo soluções sociais e de colaboração nos últimos anos, às vezes parece que estamos empurrando água para cima. Todos nós sabemos intuitivamente que — para usar o slogan da Convenção Democrática — "somos mais fortes juntos". Sabemos que ajudar a reunir as pessoas, ajudá-las a compartilhar conhecimentos, insights ou opiniões, ajudá-las a trabalhar juntas como uma equipe ao invés de indivíduos, traz valor para o negócio.

Entretanto, fomos desafiados a medir esse valor de uma forma quantificável. Um dos grandes desafios, na minha opinião, é que os sistemas sociais e de colaboração não foram adequadamente integrados no ato real de fazer negócios, o que dificultou para nós a quantificação confiável das mudanças no engajamento com as mudanças nos resultados comerciais. Felizmente, isso agora está mudando, e uma das áreas que está começando a "entrar na onda da colaboração" é minha própria área: a da análise e da ciência de dados.

Tim Vincent (nosso CTO IBM Analytics Group) e Bill O'Connell (Engenheiro Distinto da IBM) lançaram recentemente um post no blog (*Insight Ops: O caminho para um modelo de autoatendimento colaborativo*) que começa a pintar um quadro de um novo mundo de análise no qual o ato de fazer ciência de dados não é mais um ato solitário, mas um ato transparente, colaborativo, ágil e iterativo; um sistema que permite a todos os participantes se envolverem ativamente no processo; não apenas o cientista ou analista de dados, mas também o usuário empresarial, o executivo, o arquiteto da informação, o desenvolvedor e o especialista no assunto. E não há razão para imaginar que isso não poderia incluir também o consumidor ou o cidadão no futuro.

Esta mistura de social e colaboração com análises e ciência de dados é particularmente empolgante para mim, porque acredito que, finalmente, fará com que a comunidade de análise se envolva e se entusiasme com os potenciais insights que eles podem derivar da colaboração e dos dados sociais gerados dentro da experiência da ciência de dados. É da natureza humana que nos preocupemos com as coisas que nos afetam, e uma vez que os sistemas analíticos se tornam sociais e colaborativos, garanto que cada cientista de dados começará a pensar em maneiras de maximizar o valor desses dados para si mesmo e para seus projetos.

Já estamos vendo isso acontecer dentro da IBM, como descrito no post do blog *Insight Ops*, que fala sobre "capturar e capitalizar o conhecimento", aproveitar a inteligência coletiva da comunidade analítica, e usar a análise para nos ajudar a encontrar essa "agulha no palheiro".

Estou entusiasmado por fazer parte deste novo movimento dentro da IBM e antecipar muitas inovações excitantes que transformarão completamente a forma como a ciência de dados acontece. Reunir o que antes eram duas comunidades separadas dentro da IBM, as pessoas de dados grandes e os caras sociais, já está gerando novas ideias e perspectivas que acredito que tornarão a ciência de dados mais inclusiva, colaborativa, ágil, transparente e, por fim, mais bem-sucedida. Somos definitivamente "mais fortes juntos".

A análise colaborativa é a próxima fronteira para os sistemas sociais e de colaboração?

A sobrecarga de informação nos consumiu por mais de uma década, gerando uma geração de soluções sociais, de colaboração, de busca e de análise para ajudar o trabalhador do conhecimento a consumir o conteúdo de forma mais eficaz. Ao entrarmos na Era Cognitiva, a sobrecarga de dados é o novo desafio, e o trabalhador do conhecimento agora precisa de ajuda para consumir (e obter insights a partir de) dados. Apesar de termos ferramentas analíticas cada vez mais poderosas, o volume de dados combinado com habilidades analíticas limitadas está impactando nossa capacidade de ser bem-sucedido. A descoberta da visão requer colaboração e envolvimento ativo de toda a empresa; do desenvolvedor ao arquiteto de dados, do analista ao cientista de dados, do executivo ao usuário empresarial. Precisamos ter formas personalizadas e contextualizadas de encontrar dados, compartilhar insight e expertise, construir e sustentar comunidades de prática e aplicar os dados de forma mais eficaz aos problemas comerciais.

A análise colaborativa é a próxima fronteira para sistemas sociais e de colaboração? Acredito que a resposta é Sim, e neste post do blog, gostaria de explicar o porquê. Gostaria de compartilhar com vocês meu pensamento atual sobre este tópico, e não muito surpreendente para aqueles que me conhecem, estou olhando especificamente para a colaboração como uma forma de capturar o pão ralado digital que compõe o processo analítico. Estou interessada no conceito mais amplo de "dados de interação" e em como podemos usar essas migalhas de interação para obter uma maior percepção do processo analítico e, em última análise, fornecer uma experiência mais cognitiva, contextualizada e personalizada da ciência de dados. Esta nova experiência cognitiva traria valor a todos os participantes no ciclo de vida da análise (cientista de dados, analista comercial, executivo, usuário comercial...) ao racionalizar e criar maior transparência em torno do processo analítico desde a criação dos dados até o consumo, geração de insight até a tomada de decisões, e tudo o que estiver entre eles.

Hoje o Data Scientist está isolado, o que não é uma coisa boa nem para o cientista de dados, nem para o negócio, nem para qualquer outra pessoa que possa estar envolvida no processo analítico, diretamente ou não. Para um projeto analítico bem-sucedido, pessoas com muitos antecedentes diferentes precisam colaborar: para ter discussões em grupo no contexto. Elas precisam ser capazes de ver o que seus colegas estão fazendo, de serem capazes de encontrar os dados que precisam, quando precisam (no contexto) e às vezes, o que precisam encontrar são pessoas, não dados.

Figura 7 – Ciclo de vida de análise

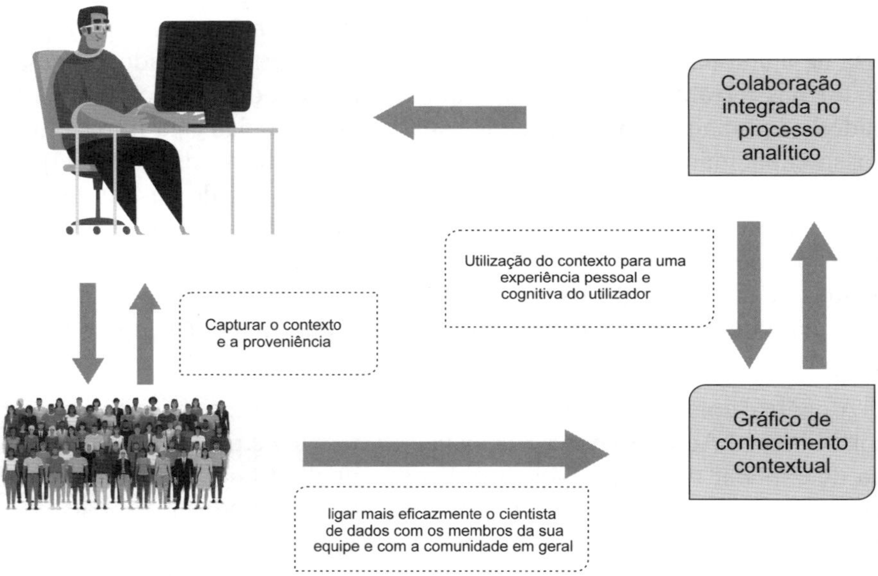

Fonte: Conteúdo autoral.

Para enfrentar esse desafio de isolamento, que, por sua vez, cria um desafio em torno da transparência, proveniência e governança potencial, precisamos incorporar a colaboração no processo analítico para conectar o cientista de dados com os membros de sua equipe e com a comunidade analítica mais ampla para uma partilha mais eficaz de habilidades e conhecimentos. Esse compartilhamento toca em todo o ciclo de vida dos dados, desde a semântica de dados de *crowdsourcing* até o compartilhamento de informações sobre consumo de dados, qualidade, transformação, insights derivados e, em última instância, eficácia.

A colaboração liga todos os participantes no ciclo de vida analítico

Figura 8: Ciclo de vida analítico

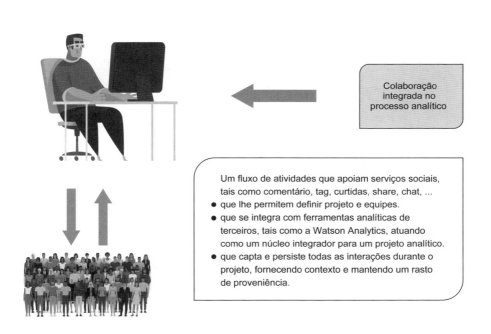

Fonte: Conteúdo autoral.

Esta experiência de colaboração pode vir em muitas formas, no entanto, vejo o fluxo de atividades como sendo um componente-chave. O fluxo permite que você tenha uma visão única do projeto e apoia serviços sociais, tais como comentário, tag, curtidas, compartilhar, chat... Ele permite definir projetos e equipes e se integrar com ferramentas analíticas de terceiros, como a Watson Analytics, onde pode se tornar um centro de integração para o projeto analítico e a equipe. Ele captura e persiste em todas as interações durante o projeto, fornecendo contexto e mantendo uma trilha de proveniência.

Agora, esta é a parte divertida ;-)

Todas as interações são modeladas no Gráfico de Conhecimento Contextual; humano-humano (colaboração), humano-dados (consumo/interação), data-dados (transformação). Uma vez capturados e modelados, esses dados nos permitem aplicar uma análise que nos proporcionará uma experiência cognitiva personalizada e contextualizada do usuário.

Figura 9 – O gráfico de conhecimento contextual impulsiona uma maior produtividade

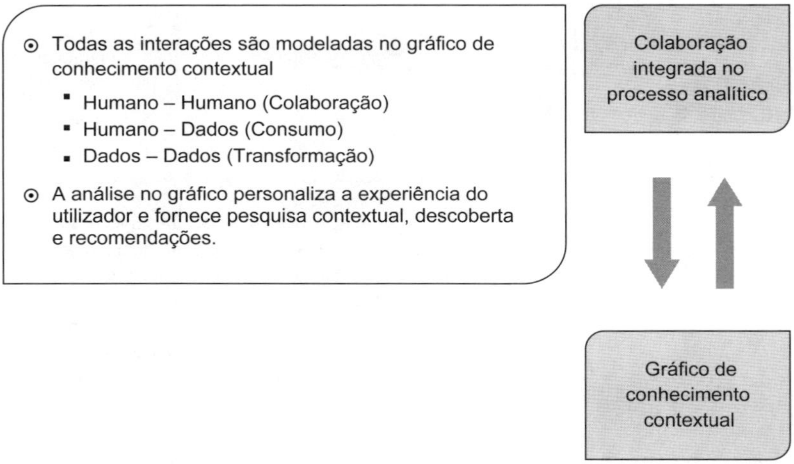

Fonte: Conteúdo autoral.

Voltando à pergunta original: "Será a análise colaborativa a próxima fronteira para os sistemas sociais e de colaboração?" Espero ter conseguido convencê-lo de que a resposta é de fato um retumbante Sim! Se você ainda não está convencido, então aqui estão algumas perguntas a serem respondidas...

- Você tem uma comunidade analítica distribuída?

- Você está procurando aproveitar dados, habilidades e insights em silos comerciais?

- A atualização analítica é uma prioridade e um desafio para seus negócios?

- A proveniência da analítica é importante para você?
- Você está procurando por maior transparência e compreensão de seus projetos analíticos?
- Você tem uma cultura de colaboração dentro de sua empresa em geral? Uma cultura que tornaria possível a colaboração analítica?

Se você responder Sim a qualquer uma dessas perguntas, então é provável que a análise colaborativa esteja em seu roteiro analítico.

A cadeia de fornecimento de dados se tornará o maior capacitador ou inibidor de um mundo cognitivo

> Água em toda parte e
> nem uma gota para beber.
> — Samuel Taylor Coleridge
> (Rime of the Ancient Mariner, 1834).

Enquanto Coleridge se referia ao trauma de uma longa viagem marítima, esta é uma boa analogia para o trauma de um projeto analítico. Todos nos dizem que estamos nos afogando em dados e, ainda assim, nunca conseguimos encontrar os dados de que precisamos; ou não estão sendo coletados ou estão sendo coletados, mas não são consumíveis, não temos acesso, estão faltando coisas, ou simplesmente não conseguimos encontrá-los. O resultado final é o mesmo... inanição de dados.

Este desafio de conectar dados à análise, a proverbial agência de datação de dados, trouxe-me de volta à famosa citação do presidente e CEO da IBM Ginni Rometty: "Os dados serão o recurso natural do século XXI" e algumas de suas implicações.

- Como qualquer recurso natural, seu valor depende totalmente de nossa capacidade de colher, processar e, em última instância, distribuí-lo de forma rentável. Não faz sentido ter o recurso mais valioso do mundo se você não consegue tirá-lo do chão e para as pessoas que precisam dele. A cadeia de fornecimento de dados se tornará o maior capacitador ou inibidor de um mundo cognitivo.

- À medida que a cadeia de fornecimento de dados melhora e é mais fácil para as empresas participarem, eu prevejo que mais e mais empresas começarão a apreciar o valor inerente em seus dados e quererão explorar maneiras de efetivamente monetizarem esse valor. Você não precisa ser uma empresa de dados para ter dados (ou insight) que possam ser valiosos para uma variedade de aplicações; por que cada empresa não deveria ser capaz de aproveitar seu próprio recurso natural de dados para obter o máximo valor? Para perceber isso, a cadeia de fornecimento de dados precisaria identificar a demanda (que analisadores de dados estão procurando ou que algoritmos de análise estão faltando), a oferta (quem poderia potencialmente ter dados para atender à demanda) e o suporte à transação (compra/venda/empréstimo/acesso/...).

- À medida que mais e mais de nossas vidas são capturadas em digital, os dados do usuário que são gerados estão se tornando cada vez mais valiosos e, em muitos casos, estão se tornando uma moeda eficaz. "Se você não está pagando pelo produto, então você é o produto." Prevejo que, com o tempo, os indivíduos vão querer um maior controle de seu próprio recurso natural, um movimento que está recebendo apoio de muitos líderes globais do pensamento, como Tim Berners-Lee e seu projeto Solid. Os indivíduos, e não apenas as corporações, se tornarão participantes ativos na cadeia de fornecimento de dados. Agora, isso pode ser um desejo de minha parte, mas, se as Nações Unidas podem declarar que "o acesso à internet é um direito humano básico", então eu argumentaria que, em uma economia do conhecimento, a análise também é um direito humano básico e não apenas um direito que as empresas têm; particularmente porque se tornará cada vez mais a lente por meio da qual consumimos informações.

- Nos últimos anos, temos visto o surgimento da "economia compartilhada", um ecossistema socioeconômico construído em torno do compartilhamento de recursos humanos, físicos e intelectuais, mudando fundamentalmente nossa definição de transação econômica. Também mudou a participação econômica de um indivíduo; agora podemos comercializar recursos que nunca fomos capazes de comercializar antes. E não é nossa pegada digital, nossos dados de usuário, não é apenas mais um recurso que devemos ser capazes de comercializar se quisermos. Prevejo que veremos surgir plataformas de dados e análises que permitam o compartilhamento sem atritos e a monetização dos recursos de dados para indivíduos e não apenas para empresas.

– E, finalmente, não se pode escrever um post no blog de tecnologia hoje em dia sem mencionar a cadeia de bloqueio. Se tivéssemos uma cadeia global de fornecimento de dados na qual qualquer pessoa pudesse participar, indivíduo, corporação ou governo, basta imaginar a escala e a complexidade das transações. Se eu olhar apenas para meu telefone celular sozinho, estou negociando meus dados com dezenas de empresas por meio de uma variedade de acordos diferentes; empresas que, por sua vez, podem estar compartilhando meus dados com outras empresas. A cadeia de bloqueio poderia ajudar a fornecer o tipo de transparência, rastreabilidade, controle, conformidade e auditoria necessários para realizar uma cadeia global de fornecimento de dados?

Trazendo-me de volta à Terra, o ponto que eu estava tentando fazer, embora em circuito, é que a Cadeia de Fornecimento de Dados se tornará o maior capacitador ou inibidor de um mundo cognitivo e, no centro disso, estará o intercâmbio ou mercado de dados que permitirá que os dados encontrem análise e análise para encontrar o problema comercial, e vice-versa.

MARIE WALLACE
Estrategista de dados, identidade descentralizada,
IBM Watson Health, na IBM.
marie.wallace@gmail.com

MARIE WALLACE é uma estrategista analítica e arquiteta de soluções para a IBM, tendo passado mais de uma década construindo tecnologias analíticas que hoje sustentam soluções como a IBM Watson. Nos últimos anos, o foco principal de Marie Wallace tem sido a análise de dados humanos para fornecer soluções mais inteligentes, personalizadas e contextualizadas para indivíduos e organizações. Marie é uma líder de pensamento reconhecida mundialmente, com uma presença ativa na mídia social e blog popular, AllThingsAnalytics.com.

COMENTÁRIOS DO AUTOR HEVERTON ANUNCIAÇÃO SOBRE ESTE ARTIGO

EU ESTOU muito feliz em ter várias mulheres convidadas para este meu livro de cientistas de dados. A Irlanda, que admiro tanto pela origem da banda de rock *U2,* brinda-nos também não somente com uma excelente cerveja, mas com o conhecimento da Marie Wallace.

Desde que eu comecei a fazer essa série de livros trazendo dicas de profissionais renomados, um de meus objetivos é este, que é proposto pela Marie: unindo-nos, tornamo-nos mais fortes.

Temos que entender que o cientista de dados tem várias características de administrador de dados, de analista de sistemas, de analista de negócios, terapeuta etc.

Toda empresa poderá pagar ou ter um cientista de dados? Talvez não, mas o conhecimento de um profissional como esse pode ser contratado por poucas horas ou dias. E, se a contratação for bem-feita, o cientista de dados poderá dar dicas preciosas que muitas horas poderão ser economizadas dos demais perfis de profissionais. Logo, o profissional da ciência de dados não é quantidade de horas contratadas, mas a qualidade produzida.

> **DICA**
>
> Marie Wallace: The ethics of collecting data. Disponível em: <https://www.youtube.com/watch?v=8JLzs_xVKxY>. Acesso em: jun. 2022.

> **CURIOSIDADE**
>
> Maria Wallace IBM: Privacy by Design #openup2015. Disponível em: <https://www.youtube.com/watch?v=MwPcKJODpNg>. Acesso em: jun. 2022.

> **SUGESTÃO DE LEITURA COMPLEMENTAR**
>
> An Interview with IBM's Marie Wallace. Disponível em: <https://www.socialmediatoday.com/content/interview-ibms-marie-wallace>. Acesso em: jun. 2022.

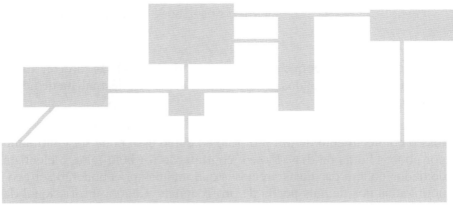

KRISTEN KEHRER — ESTADOS UNIDOS

INGREDIENTES-CHAVE PARA SER ORIENTADO POR DADOS

AS EMPRESAS adoram exclamar "nós somos movidos por dados". Há benefícios óbvios em ser uma organização voltada para os dados, e todos, hoje em dia, têm mais dados do que suas capacidades de gerenciá-los. Mas por que exatamente uma organização precisa ser "acionada por dados"?

Só porque você tem uma tonelada de dados, e contratou pessoas para analisá-los ou construir modelos, isso faz de você uma organização "voltada para dados"? Não. Isso não é suficiente.

Embora pensemos muito em dados e em como usá-los, ser orientado por dados requer uma prioridade no nível executivo e a se tornar parte da cultura da organização; mais do que simplesmente ter uma equipe com as capacidades necessárias.

Aqui estão as qualidades básicas que eu acredito serem necessárias para ser eficaz em seu *data driven-ness*. Agora estou inventando palavras.

A ser orientado por dados

- O projeto e a análise dos testes são de propriedade das equipes de análise/ciência de dados.

- Já existem painéis de controle que dão às partes interessadas acesso a métricas-chave. (Caso contrário, você terá pedidos ad hoc de baixo valor para puxar essas métricas, e será um afundamento de tempo.)

- Equipes de analíticos/Data Science colaboram com a empresa para entender o problema e elaborar uma metodologia apropriada.

- Governança de dados e uso consistente das definições de dados entre departamentos da organização.

- Você tem uma estratégia de dados.

Você notará que há uma falta de *buzzwords* chiques acima. Você não precisa estar "alavancando IA" ou chamando as coisas de IA que, na verdade, são testes de hipóteses, lógica empresarial ou simples regressão.

Eu não acredito que modelos extravagantes sejam necessários para se considerar orientado por dados. Alguns dos pontos listados acima são referências às atitudes da organização e como eles fazem parcerias e colaboram com as equipes de análise e ciência de dados. Eu adoro construir modelos tanto quanto o próximo cientista de dados, mas não se pode construir inteligência de nível superior sobre uma base inexistente.

Para esclarecer, não estou dizendo que todas as decisões na organização precisam ser impulsionadas e conduzidas por dados. Em particular, se você vai tomar uma decisão estratégica, independentemente dos resultados de um teste ou análise, então você deve pular a realização desse teste. Eu sou uma grande defensora de apenas alocar os recursos para um projeto se você for utilizar os resultados para informar a decisão.

Vamos dar uma olhada nos pontos de cima.

O projeto e a análise dos testes são de propriedade das equipes de análise/ciência de dados

Embora as equipes de análise e ciência de dados muitas vezes apresentem ideias fantásticas para testes, muitas ideias saem de um departamento que não está na área de análise. Por exemplo, no *eCommerce*, a equipe de marketing terá muitas ideias para novas ofertas. A equipe do site pode querer testar uma mudança para a IU. Isso, às vezes, é comunicado às equipes de dados como "gostaríamos de testar esta coisa, desta forma". E embora essas equipes não analíticas tenham tremenda habilidade em marketing e design do site, e entendam o poder de um teste A/B, elas frequentemente não entendem os diferentes *trade-offs* entre tamanho do efeito, tamanho da amostra, design sólido do teste etc.

Já estive na situação mais de uma vez em mais de uma empresa em que me disseram: "Nós entendemos suas preocupações, mas vamos fazer do nosso jeito de qualquer maneira." E este é o chamado deles para fazer sentido nesses casos em que esses departamentos têm um projeto de teste tecnicamente "próprio". No entanto, os dados resultantes desses testes muitas vezes não podem ser analisados. Portanto, embora o tenhamos feito à maneira deles, o resultado final não respondeu a nenhuma pergunta. O tempo foi desperdiçado.

O painel de instrumentos está no lugar

Este é um verdadeiro passo fundacional. Tanto tempo é desperdiçado se você tiver analistas puxando os mesmos números todos os meses manualmente, ou em uma base ad hoc. Essas informações podem ser automatizadas, as partes interessadas podem fazer um tour pelos painéis e, então, você não receberá perguntas, como: "De que modo é o atrito mês após mês por canal de aquisição." Está no painel de controle e as partes interessadas podem olhar elas mesmas para ele. O tempo economizado pode ser alocado para mergulhar fundo em perguntas muito mais interessantes e instigantes ao invés de puxar simples KPIs.

Figura 10 – PSA: se você ainda estiver mostrando
dados em gráficos de torta, pare

Fonte: Pixabay, 2015.[9]

As equipes de análise/ciência de dados colaboram com a empresa na definição dos problemas

Esta relação requer trabalho porque é uma relação. Os líderes seniores precisam deixar claro que uma abordagem baseada em dados é uma prioridade para que funcione. Além disso, os analistas frequentemente precisam se convidar para reuniões para as quais eles não foram originalmente convidados. Os analistas precisam fazer as perguntas certas e orientar a análise na direção certa para ganhar este assento à mesa. Nenhum relacionamento se constrói da noite para o dia, mas isto é um ganho para todos. Nada é mais frustrante do que puxar os dados quando não se tem certeza do problema que o negócio está tentando resolver. É uma Caixa de Pandora. Você puxa os dados que eles pediram, não responde à pergunta, então a empresa pede que você puxe mais dados. Pare. Sente-se, discuta o problema e deixe a empresa saber que você está aqui para ajudar.

Governança de dados e uso consistente das definições de dados entre departamentos/organização

Esta pode exigir uma enorme revisão de como as coisas estão sendo calculadas atualmente. A equipe do canal, a equipe do produto, a equipe do site, outras equipes, podem estar calculando as coisas de forma diferente

---

9. Disponível em: <https://pixabay.com/pt/illustrations/gráfico-gráficos-a-medida-métricas-990380>. Acesso em: out. 2015.

se o negócio não tiver comunicado uma definição aceita. Estas definições não são necessariamente determinadas pelos próprios analistas, elas são concordadas. Para um negócio estabelecido que tem feito muito crescimento, mas não tanto, a governança pode sentir a dor de tentar convencer todos a usar definições consistentes. Mas, se duas pessoas tentarem fazer a mesma análise e chegarem a números diferentes, você terá problemas. Esta é novamente uma base necessária para que você possa avançar e trabalhar em projetos de maior valor, mas não pode se você estiver passando seu tempo reconciliando números entre equipes.

Você tem uma estratégia de dados

Esta estratégia de dados será impulsionada pela estratégia comercial. A estratégia terá objetivos e será mensurável. As análises que você planeja terá um forte argumento de uso. As pessoas não saem da madeira apenas pedindo análises que não se alinham com as prioridades maiores do negócio. Coisas como "otimizamos nossos gastos com anúncios ou tentamos resolver nosso problema de retenção primeiro?" se resumem aos dólares esperados para o negócio. Os analistas não se deixam enganar respondendo a perguntas de menor valor quando deveriam estar trabalhando nos problemas que pouparão mais dinheiro para o negócio.

Em resumo

Espero que você tenha achado este artigo útil. Ser orientado por dados o ajudará a fazer melhor uso de seus dados. No entanto, tornar-se orientado por dados envolve colocar em prática processos e ter um acordo sobre quem possui o quê em nível executivo. Vale a pena, mas isso não acontece da noite para o dia. Se você ainda não é orientado por dados, desejo-lhe sorte em sua jornada para chegar lá. Seus analistas e cientistas de dados lhe agradecerão.

Se você tiver sugestões sobre o que mais é necessário para ser orientado por dados, por favor, me informe sobre seus pensamentos!

Fazendo grandes perguntas como um cientista de dados

Fazer perguntas às vezes pode parecer assustador. Ninguém quer parecer "bobo". Mas eu lhes asseguro:

1. Você não é bobo.

2. É muito mais assustador se você não estiver fazendo perguntas.

Data Science é uma colaboração constante com a empresa e uma série de perguntas e respostas que permitem entregar a análise/modelo/produto de dados que a empresa tem em sua cabeça.

As perguntas são necessárias para entender completamente o que a empresa quer e não se encontrar fazendo suposições sobre o que os outros estão pensando.

> Fazer as perguntas certas, como aquelas que você identificou aqui, é o que separa os cientistas de dados que sabem o "porquê" das pessoas que só sabem o quê (ferramentas e tecnologias).
> — Kayode Ayankoya

Vamos responder às seguintes perguntas:

1. Onde fazemos as perguntas?

2. Quais são as grandes perguntas?

Eu havia postado recentemente no LinkedIn sobre fazer grandes perguntas na ciência de dados e recebi uma tonelada de comentários provocadores de pensamento. Vou acrescentar alguns de meus comentários/citações favoritas ao longo deste artigo.

Onde fazemos perguntas?

Cada pedaço da tubulação pode ser expresso como uma pergunta (Figura 11).

Figura 11 – Questões de ciência de dados

Fonte: Conteúdo autoral.

E cada uma dessas questões poderia envolver uma infinidade de perguntas de acompanhamento.

Para tocar a ponta do iceberg, Kate Strachnyi postou uma grande variedade de perguntas que normalmente fazemos (ou queremos considerar) quando fazemos uma análise de escopo.

> Poucas perguntas a fazer a si mesmo:
>
> - Como os resultados serão utilizados? (Tomar uma decisão comercial, investir em uma categoria de produto, trabalhar com um fornecedor, identificar riscos etc.)
>
> - Que perguntas o público terá sobre nossa análise? (Capacidade de filtrar segmentos-chave, olhar os dados ao longo do tempo para identificar tendências, drill-down em detalhes etc.)

- Como as perguntas devem ser priorizadas para obter o maior valor?

- Quem deve ter acesso às informações? Pense em questões de confidencialidade/segurança.

- Eu tenho as permissões ou credenciais necessárias para acessar os dados necessários para análise?

- Quais são as diferentes fontes de dados, quais variáveis eu preciso e quantos dados eu precisarei obter de cada uma delas?

- Preciso de todos os dados para uma análise mais granular, ou preciso de um subconjunto para garantir um desempenho mais rápido?

— Kate Strachnyi

As perguntas de Kate abrangiam as duas:

- Perguntas que você faria às partes interessadas/diferentes departamentos.

- Perguntas que você faria internamente sobre a equipe de ciência/análise de dados.

Qualquer uma das perguntas anteriores poderia dar uma variedade de respostas, portanto você deve estar fazendo perguntas. Só porque você tem algo em sua mente que é uma ideia fantástica para abordar o problema, não significa que outras pessoas não tenham ideias fantásticas semelhantes que precisem ser ouvidas e discutidas. No final do dia, a ciência de dados normalmente funciona como uma função de apoio a outras áreas do negócio. O que significa que não podemos simplesmente ir, desonestos.

Além de obter esclarecimentos e fazer perguntas aos participantes do projeto, você também vai querer colaborar e fazer perguntas àqueles que fazem parte de sua equipe de ciência de dados.

Mesmo o cientista de dados mais experiente ainda se encontrará criando uma metodologia ou solução que não está em sua área de especialização ou é um caso de uso único de um algoritmo que se beneficiaria das ideias de outros especialistas no assunto de dados. Muitas vezes, a pessoa que ouve sua metodologia proposta lhe dará apenas os polegares para cima, mas quando você está olhando para seu computador há horas, há também uma chance de que você não tenha considerado uma das suposições subjacentes de seu modelo ou que você esteja introduzindo preconceitos em algum lugar. Alguém com novos olhos pode dar uma nova perspectiva e evitar que você perceba seu erro depois de ter apresentado seus resultados.

Manter sua metodologia em segredo até que você apresente os resultados não lhe fará nenhum favor. Se alguma coisa compartilhar seus pensamentos antecipadamente e pedir feedback, ajudará a garantir um resultado bem-sucedido.

O que são grandes perguntas?

As grandes perguntas são as que são feitas. No entanto, há uma arte e uma ciência para fazer boas perguntas e também um processo de aprendizagem envolvido. Especialmente quando você está começando em um novo emprego, pergunte tudo. Mesmo que seja algo que você acredite que já deve saber, é melhor perguntar e corrigir o curso, do que não perguntar. Você pode potencialmente perder horas de trabalho em uma análise e então fazer com que seu chefe lhe diga que você entendeu mal o pedido.

É útil também fazer perguntas de uma forma que exija mais do que uma resposta de «sim ou não», para que você possa abrir um diálogo e receber mais contexto e informações.

Figura 12 – Como formular perguntas

Fonte: Pixabay (2015).[10]

---

10. Disponível em: <https://pixabay.com/pt/illustrations/perguntar-responder-1014060>. Acesso em: 15 out. 2022.

> A forma como formulamos as perguntas
> também é muito importante. Muitas vezes,
> descobri que as pessoas se sentem julgadas
> por minhas perguntas. Tenho que assegurar
> a elas que tudo o que quero é entender como
> funcionam e quais são suas necessidades
> e que minha intenção não é julgá-las
> ou criticá-las.
> — Karlo Jimenez

Eu mesmo já vivenciei o que Karlo mencionou. Ser direto às vezes pode sair como julgamento. Precisamos colocar nossos chapéus de "perspicácia comercial" da melhor forma possível para nos depararmos com alguém que está genuinamente tentando entender e atender às suas necessidades. Descobri que se posso colocar a questão como "procurando seu valioso feedback", é um ganho para todos os envolvidos.

À medida que você constrói relacionamentos com sua equipe e partes interessadas, este cenário é muito menos provável que ocorra. Quando todos perceberem sua personalidade e construírem um relacionamento, as pessoas esperarão sua linha de questionamento.

> As questões de acompanhamento, em suas
> diversas formas, são críticas. A sondagem
> permite parafrasear a pergunta e obter
> consenso antes de seguir em frente.
> — Toby Baker

Perguntas de acompanhamento são bem-vindas. Quando uma pergunta suscita outra pergunta, você se sente como se estivesse chegando a algum lugar. Descascando outra camada da cebola, se você quiser. Você está colaborando, você está ouvindo, você está na zona.

Em resumo

A principal conclusão aqui é que há uma tonelada de perguntas que você precisa fazer para produzir efetivamente algo que o negócio deseja. Uma vez que você comece a fazer perguntas, isso se tornará uma segunda natureza e você verá imediatamente o valor e se encontrará fazendo ainda mais perguntas à medida que você ganha mais experiência.

O questionamento tem sido fundamental em minha carreira. Um benefício adicional é que eu encontrei minha "voz" ao longo dos anos. Eu me sinto ouvida em reuniões e minha opinião é valorizada. Muito deste crescimento veio do conforto em fazer perguntas e eu também aprendi muito sobre um determinado negócio/indústria ao fazer essas perguntas.

Aprendi muito sobre a diversidade de pontos de vista e que as pessoas expressam informações de diferentes maneiras. Isto se enquadra na "perspicácia empresarial" da ciência de dados que não nos é ensinada com frequência na escola. Mas espero que você possa ir adiante e sem medo fazer um monte de perguntas.

KRISTEN KEHRER
Fundadora — Data Moves Me | Data Science Instructor @ UC Berkeley
info@datamovesme.com

#8 GLOBAL LINKEDIN TOP VOICE in Data Science & Analytics. Kristen tem 10 anos de experiência em ciência de dados, fornecendo soluções inovadoras e acionáveis de aprendizagem de máquina nas indústrias de comércio eletrônico, saúde e serviços públicos. Kristen é atualmente instrutora na UC Berkeley Extension, ensinando Practical Data Science em colaboração com o Emeritus Institute of Management possui um MS em Estatística Aplicada do Worcester Polytechnic Institute e um BS em Matemática. <http://datamovesme.com>

COMENTÁRIOS DO AUTOR HEVERTON ANUNCIAÇÃO SOBRE ESTE ARTIGO

VOCÊS LEMBRAM do filme Karatê Kid? Em que um mestre do Karatê ensina um jovem a se preparar para lutar essa arte marcial? No começo, o aluno não entende a finalidade das dicas, pois não via resultado prático usar um pincel e fazer gestos de cima para baixo com as mãos etc.

A Kristen, neste seu maravilhoso artigo, toca em um tema bastante importante: todo gerente de projeto brasileiro sabe que há culturas que são mais fiéis a métodos enquanto outras culturas preferem a prática.

Qual o custo dessa tentativa e erro em projeto? O profissional de ciência de dados deve também ter essa visão holística do impacto do "todo" que será alcançado e de seu contratante. É que não adianta todo um projeto milionário de ciência de dados ser construído com os melhores e mais caros ingredientes e, no final do projeto, o projeto ou o bolo murchar e não dar resultado.

DICA

How to Get Your First Data Science Job w/ Kristen Kehrer @DataMovesHer (Episode 1). Disponível em: <https://www.youtube.com/watch?v=qyY3M6e8SHY>. Acesso em: jun. 2022.

CURIOSIDADE

Interview with Kristen Kehrer, Founder, Data Moves Me. — Interview with Kristen Kehrer, Founder, Data Moves Me. Acesso em: jun. 2022.

SUGESTÃO DE LEITURA COMPLEMENTAR

Getting into Data Science webinar 1. Disponível em: <https://www.youtube.com/watch?v=psTOSDC_onk>. Acesso em: jun. 2022.

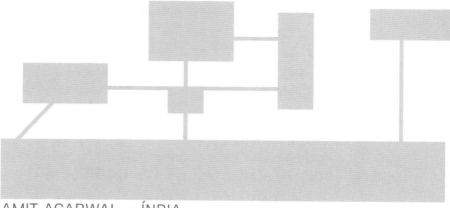

AMIT AGARWAL — ÍNDIA

ESTRUTURA ANALÍTICA DE AUTOATENDIMENTO

Definição

Como por Gartner:

"Self-Service Analytics é uma forma de inteligência empresarial (BI — Business Intelligence) na qual profissionais da linha de negócios são habilitados e encorajados a realizar consultas e gerar relatórios por conta própria, com suporte nominal de TI."

Introdução

Tradicionalmente, o BI costumava ser algo impulsionado e de propriedade da TI, que projetará o armazém de dados e decidirá quais dados entrarão ali e a frequência deles. O negócio chegará à TI, a TI gera um relatório, e a empresa olha para ele e depois faz outra pergunta à TI, e a TI dá outro relatório, e o ciclo continua. Nesse processo, às vezes, perde-se tanto tempo que, quando as empresas chegam à percepção final, o problema já está fora de controle ou automaticamente resolvido e, em ambos os casos, os dados se tornam obsoletos ou redundantes para as empresas, e elas começam a criar a impressão de que a TI não pode dar-lhes o que precisam em tempo.

ESTRUTURA ANALÍTICA DE AUTOATENDIMENTO 105

Figura 13 – Típico cenário de relatórios

Fonte: Conteúdo autoral.

Evolução da Business Intelligence de autoatendimento

Para contornar este problema e obter as informações em tempo hábil, as empresas decidiram construir os relatórios elas mesmas, de modo que solicitarão à TI que compartilhe todos os dados e então terão pessoas em sua equipe para construir os relatórios. Enquanto isso, melhorou a capacidade da empresa de obter os relatórios a tempo e reduziu a ida e volta com a TI, mas criou outro problema de armazenamento paralelo de dados, pois uma empresa solicitará "todos os dados" à medida que estes forem despejados da TI e então os armazenará em seu próprio banco de dados e/ou em Excel. Então, agora tínhamos dados redundantes e nenhuma única fonte de verdade, pois cada empresa tinha seu próprio repositório de dados e eles podiam potencialmente mudar números com base em seu entendimento. Portanto, isso criou não apenas mais trabalho para uma empresa, pois eles tinham agora que gerenciar o armazenamento e repositório de dados, mas também criou desconfiança nos dados e a TI foi culpada por isso, pois a TI estava compartilhando esses dados, mas a principal razão era que não havia nenhum processo de governança e regulamentação para o armazenamento e relatório de dados e não havia definições comuns para as métricas. Portanto, o marketing pode ter uma resposta diferente para "quantos clientes temos" em relação à equipe financeira ou de vendas, ou de suporte.

Para implementar o autosserviço adequadamente, precisamos entender os blocos de construção do autosserviço e entender o que será necessário para construí-lo.

BI personas

Autosserviço significa coisas diferentes para diferentes tipos de pessoas, então devemos entender que tipo de pessoas de BI temos na empresa e sua distribuição para criar o tipo certo de estratégia de autosserviço.

Em geral, existem os seguintes tipos de personas de usuários:

1. Usuários casuais — Estas são as pessoas que consomem o BI ou o conteúdo analítico que é construído por outros, pois o self-service é poder acessar o conteúdo quando eles querem e poder interagir com ele em vez de depender de outros para responder a cada pergunta. Estas pessoas devem ser capazes de encontrar o conteúdo facilmente e devem ser capazes de entender o significado/definição das métricas e KPIs. Todos os executivos seniores se enquadram nesta categoria e, até certo ponto, as pessoas que lidam com as operações do dia a dia, por exemplo, no chão de fábrica, se enquadrarão nesta categoria. Em uma empresa, normalmente cerca de 60% das pessoas se enquadrarão nesta categoria.

2. Usuários — Essas pessoas construirão seu próprio conteúdo para fins de análise e consumo de usuários casuais, pois o autosserviço está sendo construir seu conteúdo e compartilhá-lo com pessoas, mas sobre os dados que existem no sistema e às vezes fundindo-os com dados em seus sistemas. A maioria das empresas confia neles para seus relatórios e conteúdo. Elas representam cerca de 25% da comunidade total de usuários.

3. Analistas de dados/Cientistas de dados — Estas pessoas compreendem o fluxo de dados e os modelos de dados em suas áreas temáticas, e podem ingerir dados além de serem capazes de construir o conteúdo analítico. O autosserviço está sendo capaz de alavancar a plataforma de dados construída pela TI e

ESTRUTURA ANALÍTICA DE AUTOATENDIMENTO

aprimorar/enriquecer isso de acordo com suas necessidades para construir modelos analíticos e conteúdo. Cerca de 15% dos usuários da empresa se enquadrarão nesta categoria, dos quais cerca de 10% seriam analistas de dados e 5%, cientistas.

Figura 14 – Analistas de dados

Fonte: Conteúdo autoral.

Catalogação de dados

Um dos pré-requisitos mais importantes para que uma empresa possa dizer que está pronta para o autosserviço ou a caminho desse objetivo é ter um catálogo dos dados disponíveis, do conteúdo analítico disponível e da definição comercial e técnica dos dados utilizados ou calculados no conteúdo.

De acordo com Gartner: "Um catálogo de dados cria e mantém um inventário de ativos de dados por meio da descoberta, descrição e organização de conjuntos de dados distribuídos. O catálogo de dados fornece contexto para permitir que os administradores de dados, analistas de dados/negócios, engenheiros de dados, cientistas de dados e outra linha de negócios (LOB) e consumidores de dados encontrem e compreendam conjuntos de dados relevantes para extrair valor comercial."

Historicamente, os catálogos de dados costumavam ser dicionários de dados do que existe no Data Warehouse, principalmente da perspectiva de mapeamentos técnicos e definições; enquanto isso, era útil para apoiar o Data Warehouse e, em alguns casos, para os analistas de dados entenderem a implementação técnica de fórmulas complexas, mas os usuários comerciais não conseguiam anexar definições comerciais aos dados e, por isso, era difícil encontrar os dados que eles estavam procurando.

Outro desafio era que esses catálogos estavam conectados ao armazém e não aos dados de origem; portanto, não era possível entender e encontrar quais dados adicionais estavam disponíveis nos sistemas de origem e onde, portanto, muitos dados estavam sendo inexplorados ou muito tempo desperdiçado para encontrá-los.

A atualização desses dicionários era um desafio constante.

Para contornar esses problemas, as empresas devem agora olhar as ferramentas de catalogação de dados baseadas em ML/IA que podem ser conectadas a todas as fontes de dados da empresa; tais ferramentas podem atualizar os catálogos por si mesmas e ter a capacidade de ML/IA de encontrar relações e sugerir às empresas o que elas podem estar procurando.

Figura 15 – Evolução do catálogo de dados — do tradicional ao aprendizado de máquina aumentada

Fonte: Conteúdo autoral.

Estes catálogos se tornam ainda mais poderosos quando são ampliados para armazenar o conteúdo analítico, sendo criado e publicado na empresa. Isso ajuda a reduzir a duplicação de trabalho e aumentar a padronização das definições e conteúdos entre as diferentes unidades de negócios e departamentos. Embora existam muitas ferramentas de metadados disponíveis no mercado que leem o conteúdo técnico dos diferentes sistemas de BI *front* e *back-end*, infelizmente não há muitas (na verdade, nenhuma) opções disponíveis para costurar o conteúdo *front-end* com o *back-end* e até mesmo etiquetar o conteúdo *front-end* com as definições comerciais e padrões de uso.

A melhor maneira de lidar com isso na empresa, o que eu vi, é criar um processo no qual todo o conteúdo publicado/curado é devidamente etiquetado com palavras-chave e descrições e, em seguida, um utilitário é usado para ler essas palavras-chave e descrições para criar as definições comerciais e possíveis cenários de uso para o conteúdo comercial.

Embora os catálogos de dados sejam uma engrenagem importante na roda do BI self-service, pois ajudam os analistas e cientistas de dados a entender quais dados já estão disponíveis e quais dados podem ser potencialmente utilizados. A implementação do self-service se torna mais eficaz quando esses catálogos de dados são integrados com o processo geral de gerenciamento de metadados, que inclui:

1. Linhagem de dados

2. Análise de impacto

3. Gestão de regras

4. Medição da qualidade dos dados

Governança de dados

O autoatendimento pode se tornar caótico e gratuito para todos, muito em breve, se não houver controles para administrá-lo e, ao mesmo tempo, se os controles forem muito apertados, podem afastar os usuários do uso das plataformas e processos de autoatendimento criados na empresa.

Historicamente, devido à exigência das leis de conformidade e à necessidade das empresas de se protegerem a si mesmas, os usuários das empresas erram por precaução e criam um processo rigoroso para acessar dados e construir conteúdo que foi um grande obstáculo para o mantra do autosserviço, de modo que pela maior parte do tempo foi considerado que autosserviço e governança são duas coisas que não podem coexistir.

Mas com o tempo, as coisas mudaram e as pessoas (incluindo TI) perceberam que a governança não deve e não pode impedir as pessoas de fazerem seu trabalho ou impedir as pessoas certas de acessarem os dados corretos, mas, ao mesmo tempo, deve ter verificações e equilíbrios suficientes para garantir que as pessoas não devem ter acesso a alguns dados e informações que são restritas e controladas.

Como fazemos isso?

1. O primeiro passo neste processo é garantir que as empresas confiem nos dados que lhes são disponibilizados na infraestrutura e plataforma de TI. Isso significa que a qualidade dos dados e os processos de auditoria ou certificação de dados devem estar em vigor e que os resultados destes devem ser acessíveis também aos negócios e aos analistas de dados. Mas, além disso, deve haver um lugar onde os usuários empresariais possam colocar os dados não certificados também para sua análise ad hoc. O processo de certificação de dados deve ser gerenciado por uma equipe de "centro de análise de excelência", que deve ter pessoas de TI e de empresas e deve haver uma lista de verificação para certificar os dados.

2. Devido a tantas exigências de conformidade de dados e preocupações internas com a segurança dos dados, é muito importante definir uma estrutura e um processo para garantir que todos os dados que estão entrando nos sistemas, seja por meio de processos de TI ou mesmo por uma empresa, sejam etiquetados e marcados apropriadamente para conformidade de acesso, e há uma maneira de os proprietários dos dados e auditores verem quem tem acesso aos dados e quem os acessou.

3. Uma das áreas frequentemente identificadas no processo de governança é o processo para governar o conteúdo que é construído, usando diferentes ferramentas de BI. Para que a governança esteja devidamente implementada, é imperativo que o conteúdo do BI também seja seguro e governado e que siga o mesmo processo/tagging de conteúdo certificado que está disponível para todos os usuários elegíveis em toda a empresa e conteúdo não certificado que é restrito aos criadores e, provavelmente, às pessoas do mesmo departamento ou grupo.

Treinamento e apoio

Para que o autosserviço tenha sucesso, outra peça importante no quebra-cabeça é que a TI se comporte como um programa abrangente de treinamento e suporte no local. E este programa irá ajudar:

1. Os usuários empresariais a entenderem o catálogo de dados, a governança de dados e as políticas de criação de conteúdo de TI.

2. A entender as ferramentas que a empresa possui e como elas podem ser usadas.

3. A TI a fazer parcerias com as empresas e consultá-las sobre as melhores práticas.

Conclusão

Segundo Gartner, em 2020, os usuários comerciais produzirão mais conteúdo analítico do que o pessoal de TI. Portanto, torna-se imperativo ter um processo de autosserviço que seja sustentável, aceitável e seguro.

Figura 16 – Cadeia de valor analítica

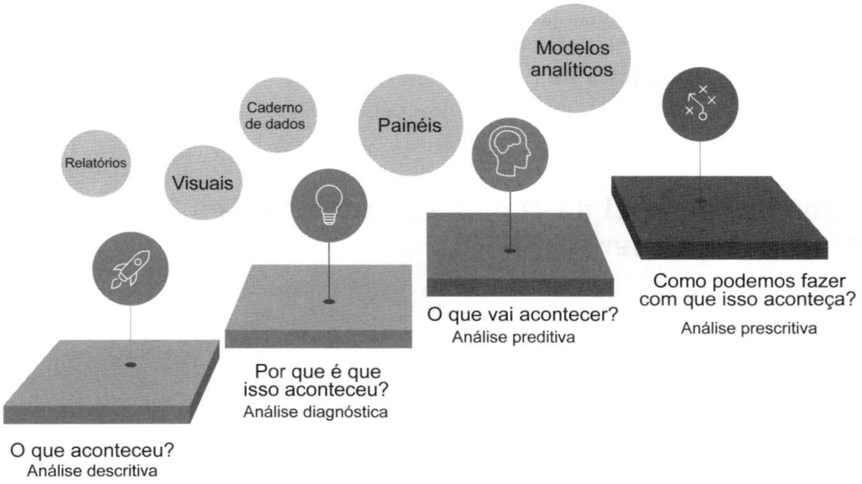

Fonte: Conteúdo autoral.

As coisas mais importantes de se ter em mente para implementar uma análise de autoatendimento bem-sucedida:

1. Deve ser criado um centro de análise de excelência que deve ter representação tanto de empresas como de TI. O centro de excelência terá as seguintes responsabilidades:

    a. Criar as melhores práticas e normas.
    b. Construir a arquitetura geral da empresa e decidir sobre ferramentas e tecnologias.
    c. Construir e supervisionar os processos de governança.
    d. Criar um programa e uma estrutura de treinamento e suporte.

2. Deve haver um entendimento claro do time de Business Intelligence na empresa e dos processos criados para apoiar as diferentes necessidades de autoatendimento dos usuários. Catálogo de dados — de acordo com última pesquisa do Gartner, as organizações que oferecem um catálogo curador de dados internos e externos a diversos usuários perceberão o dobro do valor comercial de seus investimentos em dados e análises do que aquelas que não o fazem.

3. Portanto, o catálogo de dados será um grande pré-requisito para uma implementação bem-sucedida do autosserviço.

4. Governança de dados — um processo leve, fácil de implementar e de auditoria de governança deve ser implementado não apenas para os dados, mas também para o conteúdo construído.

Mudando o papel da TI nas implementações da Análise Moderna (BI)

Introdução

No mundo de hoje, a mudança é o novo normal e está acontecendo em todos os aspectos da tecnologia, mas é ainda mais relevante e prevalecente no espaço BI e Analítico, devido à quantidade de dados, tipo de dados e às constantes mudanças (leitura em evolução) das necessidades e habilidades dos usuários. Uma coisa que não mudou é a necessidade de que os usuários possam ter acesso aos dados quando quiserem e onde quiserem para sua tomada de decisão. Em alguns casos, os usuários também querem ter a capacidade de construir seu próprio conteúdo ou os dados devem ser capazes de fornecer-lhes uma visão e previsão sobre as ações que eles devem tomar.

Papel da TI (historicamente)

Em tempos não tão recentes, o grupo de BI em TI costumava ser o condutor, proprietário e desenvolvedor de BI e análises (incluindo relatórios, métricas etc.) na organização. A principal razão citada foi que os negócios geralmente não sabem o que querem (a partir de dados). Ironicamente, isto (IT driving BI) também foi citado (pela maioria dos estudos) como uma das principais razões para que as implementações de BI falhassem.

O que mudou

Com a quantidade de dados aumentando até quase um dilúvio, e a conscientização dos usuários empresariais sobre a importância do acesso aos dados, as coisas mudaram e os usuários começaram a construir seu próprio conteúdo, o que às vezes inclui até mesmo fazer sua própria integração de dados. Embora as novas ferramentas de "autosserviço" tenham ajudado, algumas pessoas têm se destacado por ele. Uma das razões para as empresas assumirem o controle foi que as equipes de TI eram chamadas de lentas e burocráticas demais e não entendiam o que as empresas estavam procurando. Essa abordagem ajudou a aumentar o uso de dados para a tomada de decisões e aumentou a agilidade e, durante algum tempo, sentiu que essa poderia ser a forma de implementar BI e análises. Mas logo as pessoas começaram a perceber que ela criou as ilhas semelhantes de BI que existiam antes do advento do DW, pois os usuários empresariais estavam construindo seu próprio conteúdo, resultando em redundância, e a maior parte do tempo empresarial foi gasto agora na obtenção e construção de dados (isso também para suas próprias áreas temáticas). Nesses cenários, esperava-se que a TI apenas gerenciasse os bancos de dados (se houvesse) para armazenamento e as ferramentas que estavam sendo utilizadas por uma empresa. Mas como não havia estrutura sobre como as pessoas deveriam usar as ferramentas, nenhum processo para governar o conteúdo criado ou os dados usados, as ferramentas de autosserviço, que deveriam ser rápidas e ágeis, começaram a se tornar lentas e desajeitadas e começaram a se colidir com os usuários muito parecido com o que os usuários vivenciavam nos velhos tempos. Além disso, como os dados não estavam sendo modelados, toda a lógica estava sendo feita no *front-end* e os usuários rapidamente descobriram que eles estavam atingindo os "limites" das ferramentas.

Novo papel da TI

As questões anteriores e a questão da duplicação/redundância de dados (fonte única de verdade) podem ser abordadas (em minha opinião) em grande parte se a TI abraçar e seguir seu novo papel de facilitador e custodiante e, em alguns casos, de consultor do negócio. Vejamos como esse papel estaria evoluindo.

Ninguém argumentaria que os dados são a espinha dorsal de qualquer implementação de BI ou análises e é um pré-requisito também, pois, sem os dados corretos, as análises serão o que chamamos de "Lixo que entra, lixo que sai". É aqui que a TI precisa se apoiar fortemente nos negócios, pois uma empresa entende os dados em sua área muito melhor do que a TI jamais entenderá, mas a TI, com sua experiência e por causa de suas interações com outras empresas, pode ajudar a empresa a olhar para o panorama geral para coletar dados corretos e, em seguida, ajudar ainda mais os negócios, armazenando-os e modelando-os da forma que possam ser facilmente consumidos em todas as empresas.

A TI também pode ajudar as empresas a tornar mais fácil para os usuários encontrar os dados que eles estão procurando e, ao mesmo tempo, também pode lhes dizer qual é a definição (comercial e técnica) dos elementos de dados e a fonte deles, reduzindo a redundância e aumentando a reutilização do conteúdo. É claro que há ferramentas disponíveis para fazer isso, mas um processo precisa ser defendido pela TI, em que eles podem ser donos do catálogo geral de dados e convencer as empresas a criar administradores de dados para uma melhor governança dos dados. Com o catálogo em vigor, será mais fácil para as empresas compreender os dados, mas, além disso, haveria necessidade de um processo de certificação de dados para que a qualidade dos dados possa ser confiável para as empresas e possa ser compartilhada sem qualquer preocupação de ambiguidade. Aqui, novamente, a TI pode assumir a liderança na criação de uma estrutura para a qualidade e certificação dos dados e criar verificações e equilíbrios que ajudarão as empresas a aumentar a confiança nos dados.

Por último (mas não menos importante), a TI pode ajudar a construir uma estrutura de autosserviço para relatórios e análises que dê controle às empresas para construir suas coisas, mas com alguns limites para que os sistemas sejam bem gerenciados e o acesso aos dados e à segurança também estejam em vigor.

Sumário

Se eu criasse um RACI[11] para o mencionado anteriormente, seria assim que ele poderia parecer:

Usuário / Atividade	Dados	Armazenamento de dados	Qualidade dos dados	Catálogo dos dados	Modelo de autoatendimento	Criação de conteúdo
Business	A	C	A	A	I,C	A,R
TI	R,C	A,R	R,C	R,C	A,R	C

Como você pode ver, é muito claro que na nova análise de pedidos e BI só pode ter sucesso se os parceiros de TI forem vistos e atuarem como parceiros estratégicos do negócio.

AMIT AGARWAL
India & Asia Pacific BI Head, Nvidia
amitag007@gmail.com

AMIT AGARWAL é um gerente sênior da Nvidia, e também é o chefe de BI da empresa para a Índia e região Ásia-Pacífico. Com mais de 22 anos de experiência, Amit Agarwal tem liderado atualmente o espaço de inteligência comercial da Nvidia. Ele tem profunda experiência em arquitetura de BI, mineração de dados, análise preditiva, extração de informações, bem como análise de dados. Agarwal fez seu bacharelado em

---

11. RACI é uma ferramenta utilizada para otimizar a gestão de projetos, que torna mais claras as atividades e indivíduos envolvidos. R = Responsável; A = Autoridade; C = Consultado; I = Informado.

engenharia mecânica pela Universidade Vikram e concluiu sua engenharia e gestão industrial na Devi Ahilya Vishwavidyalaya. Antes da Nvidia, Agarwal foi associado a várias empresas como Tech Mahindra, GrayMatter Software Services, Cisco, BMC Software etc., e foi responsável pela criação das melhores soluções em linha para os negócios.

COMENTÁRIOS DO AUTOR HEVERTON ANUNCIAÇÃO SOBRE ESTE ARTIGO

O AMIT DESEJOU com este artigo nos levar para um novo cenário: poderíamos ter projetos de dados personalizados e de autoatendimento, e não mais no modelo à la carte no qual alguém ou alguma empresa prepararia e traria o resultado para nós?

A Índia produz hoje grandes matemáticos, bem mais do que o Brasil. Será que a Ásia irá deter o título de maior escola e formação de cientistas de dados do mundo? É muito cedo dizer, pois o mercado sempre buscará o retorno do investimento calibrando qualidade × custo.

No caso do Brasil, nas décadas de 1990 e 2000 perdemos muito tempo no baixo investimento em exatas e, agora, como todos podem ver, nós estamos correndo do atraso.

DICA

Top 5 Data Science Mentors In India. Disponível em: <https://analyticsindiamag.com/top-5-data-science-mentors-in-india/>. Acesso em: jun. 2022.

SUGESTÃO DE LEITURA COMPLEMENTAR

Data Science Scope in India (2022). Disponível em: <https://intellipaat.com/blog/data-science-scope-in-india/>. Acesso em: jun. 2022.

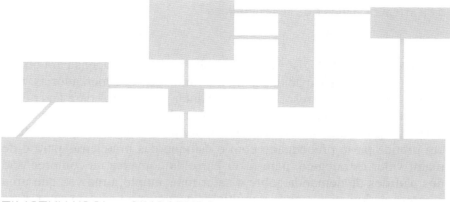

TIMOTHY KOOI — SINGAPURA

A CIÊNCIA DE DADOS REQUER UM CONJUNTO DIFERENTE DE MENTALIDADES EMPRESARIAIS

VINDO DA indústria de logística, tive a oportunidade de testemunhar e fazer parte de uma mudança de paradigma significativa que varreu o setor nos últimos anos. Sendo a força vital da economia global, a indústria impulsiona o fluxo de bens e materiais em todo o mundo para permitir que a manufatura se concentre nos locais mais eficientes e com melhor custo-benefício. Ao mesmo tempo, ela garante que os produtos biofarmacêuticos, sensíveis à temperatura e ao tempo, cheguem aos pacientes necessitados e que se faça a administração diária do leite necessária para estocar os supermercados. Com a tendência de digitalização, a rápida adoção dos dispositivos da Internet das Coisas (IoT), digitalização e automatização dos fluxos de trabalho têm dado origem a um interesse crescente em explorar os dados que estão sendo gerados.

Com isso, só se pode imaginar a quantidade surpreendente de dados que é gerada a cada dia e os potenciais que estão dentro. Além de permitir que as empresas de logística identifiquem novas abordagens para otimizar suas principais capacidades de movimentação de mercadorias, tem havido um interesse crescente em aproveitar esses dados para fazer evoluir as conversas com os clientes. Por exemplo, com marcas de consumidores, progredindo de um relacionamento que é em grande parte tático, em grande parte preocupado com o estoque das prateleiras para o de maior valor estratégico, para fazer parte da conversa na compreensão dos padrões de demanda sobre o setor mais amplo, uma vez que uma empresa de logística atende a múltiplos negócios no mesmo setor, para entender como as oportunidades de vendas poderiam ser maximizadas com a crescente tendência de comércio eletrônico, e como poderiam ser construídas cadeias de fornecimento mais resilientes por meio de simulações baseadas em dados.

Essa mudança da mera função *back-end* para uma função mais entrelaçada com o *core business* de uma empresa exigiu, portanto, que as equipes de ciência de dados também evoluíssem na forma como interagem com suas partes interessadas empresariais para coinovar e gerar novo valor.

Isto é, no entanto, mais desafiador do que parece, pois a lacuna de conhecimento tecnológico entre os líderes empresariais e as equipes de ciência de dados é muitas vezes grande. Além disso, as frequentes manchetes que enfatizam as conquistas de mudança de jogo que a inteligência artificial (IA) pode alcançar sem o contexto que a acompanha, apenas levaram a uma romantização da tecnologia. Muitos cientistas de dados podem certamente atestar pedidos frequentes e, às vezes, bastante absurdos de IA para determinar eventos, tais como "a próxima erupção vulcânica que interromperia o tráfego aéreo" ou "quando terminaria a epidemia de coronavírus". Alternativamente, uma "previsão 100% precisa, de outra forma, não seria suficientemente boa para o cliente". A busca de dados científicos requer uma mudança fundamental na mentalidade dos métodos bem-estabelecidos de gerenciamento de projetos em cascata para um que seja mais ágil e iterativo. Além disso, o entendimento de que o resultado desejado pode não ser alcançado apenas porque as horas foram colocadas em prática. As equipes de ciência de dados, especialmente aquelas que são mais diretamente clientes ou de natureza mais centrada em negócios, portanto, precisam assumir a responsabilidade adicional de serem agentes de mudança.

Como há muitas melhores práticas sobre os aspectos técnicos da ciência de dados na internet, aqui estão alguns aprendizados-chave sobre as habilidades mais macias[12] que adquiri ao ter tido uma fila de frente nessa jornada. Estes são principalmente sobre comunicação e a importância de ter "tradutores de dados ou de análises" como parte de equipes de ciência de dados cujo papel, em um sentido simplista, é fazer a ponte entre o mundo técnico dos cientistas de dados e o das necessidades do domínio empresarial.

1. As perseguições devem começar com uma clara compreensão do "Porquê"

É comum que as partes interessadas em negócios ofereçam às equipes de ciência de dados uma grande quantidade de dados com um simples pedido de insights — às vezes por causa disso. A desconexão fundamental é que o que pode ser considerado valioso para as partes interessadas das empresas pode não ser o que um cientista de dados percebe. Como tal, é crucial dar um passo atrás para entender o quadro geral, os objetivos estratégicos e até mesmo o valor em dólar potencial para o negócio. Mesmo que estas fossem meras hipóteses, isto proporcionaria às equipes de ciência de dados um ponto de partida e uma direção para o futuro. O valor agregado é que isso também ajuda a priorizar a utilização dos escassos recursos da ciência de dados. Achei particularmente útil o uso de metodologias de pensamento de projeto por meio de workshops conjuntos com partes interessadas empresariais e equipes de ciência de dados para ajudar a construir esta clareza e, até mesmo, empurrar a conversa ainda mais para a concepção de soluções sustentáveis de valor agregado.

2. Construa e conte uma história primeiro antes de fornecer um painel de visualização

Os painéis de visualização interativos são, na maioria das vezes, um resultado esperado da maioria dos projetos de ciência de

---

12. As habilidades soft (macias) são comportamentais. São as que cada um possui e variam de uma pessoa para outra.

dados. Chamem-no de novidade, mas é a manifestação física do trabalho que os usuários empresariais podem compreender, capacitar-se para aprofundar os dados e usá-los para impressionar suas partes interessadas; duvido que muito poucos estariam interessados em mostrar um monte de códigos ou a lógica matemática a um cliente.

No entanto, o desafio de iniciar uma conversa sobre insights com um painel de visualização é que é provável que ele se distraia dos pontos que estão sendo feitos. Além disso, isso às vezes leva a perguntas difíceis de responder sobre os dados que não tinham sido um foco do trabalho. Como tal, construir uma história e concentrar-se em contá-la primeiro, às vezes confiando no *deck* tradicional do PowerPoint, pode permitir que você lembre eficiente e efetivamente o público dos objetivos estratégicos do projeto enquanto mantém sua atenção nas percepções e no valor descoberto. Com esse quadro em mente, as interações do público com o painel podem ser melhor direcionadas e, até mesmo antecipadas, o que contribuirá para o processo de design.

3. Comece procurando por dentro primeiro

Outro pedido comum em projetos de ciência de dados pelas partes interessadas empresariais é canalizar muita atenção na análise de dados externos (isto é, fatores ambientais, clima, férias) contra os da empresa. Muitas vezes, é útil aconselhar a empresa a fazer uma pausa e entender primeiro os potenciais e insights que estão dentro de seus dados comerciais; que esses dados poderiam, por si só, fornecer muito valor que também poderia ajudar o usuário empresarial a afirmar suas hipóteses sobre as influências de determinadas fontes de dados externos. As percepções incrementais que os dados externos trazem podem ser marginais em comparação ao custo e esforço necessários para identificar fontes relevantes e coletá-las em uma base sustentável. Além disso, suas influências já poderiam ser bem capturadas dentro dos dados comerciais. Simplisticamente, a análise anual dos dados de demanda provavelmente mostrará os picos e os canais que poderiam ser devidos a eventos sazonais, tais como feriados ou eventos especiais. Alimentar esses dados em um modelo baseado na aprendizagem de máquina provavelmente lhe daria previsões que considerassem essas influências sazonais sem muito esforço.

TIMOTHY KOOI
Fundador/Chefe da DHL Applied Analytics
timkjw@gmail.com

TIMOTHY É ATUALMENTE um líder em inovação no Centro de Inovação da DHL, onde é responsável pela pesquisa de tendências e pela conversão de novas tendências em provas de conceito. Ele também é o chefe de análise de dados para a BU Soluções ao Cliente e Inovação para a região, responsável por aprofundar o uso da análise de dados para gerar novas oportunidades de valor agregado e crescimento dos negócios. Antes da DHL, ele foi o chefe de desenvolvimento e lucratividade da marca Burger King para a região da Ásia-Pacífico. Ele também esteve com EDBI, o braço de investimento estratégico do Conselho de Desenvolvimento Econômico de Singapura (EDB) por vários anos, focado em investimentos baseados em Singapura. Ele começou sua carreira com a EDB com seu grupo de desenvolvimento da indústria logística.

COMENTÁRIOS DO AUTOR HEVERTON ANUNCIAÇÃO SOBRE ESTE ARTIGO

O TIMOTHY nos traz uma característica muito importante para o cientista de dados: o contador de história.

Quando criança, nós estávamos acostumados a ouvir nossos pais a começarem assim uma narração de um conto de fadas "... era uma vez num reino distante..."

E agora, com a ciência de dados no mundo corporativo? Como um cientista de dados deve convencer que sua análise é real, não é ficção e que ele ou ela tem realmente como comprovar que não é fantasia?

Sim, o profissional de ciência de dados poderá não ter sucesso se não investir tempo e técnicas de transformar todo seu projeto na arte de contar história. Afinal, o convencimento será feito por meio de até onde os números irão nos levar.

DICA

Forbes — The 7 Habits Of Good Data Scientists. Disponível em: <https://www-forbes-com.cdn.ampproject.org/c/s/www.forbes.com/sites/adrianbridgwater/2020/05/01/the-7-habits-of-good-data-scientists/amp/>. Acesso em: jun. 2022.

CURIOSIDADE

Wired — Se a IA é tão inteligente, por que ela não consegue entender causa e efeito? Disponível em: <https://www-wired-com.cdn.ampproject.org/c/s/www.wired.com/story/ai-smart-cant-grasp-cause-effect/amp>. Acesso em: jun. 2022.

SUGESTÃO DE LEITURA COMPLEMENTAR

DHL — Digitalização — Hiperpersonalização explicada: O que você precisa saber. Disponível em: <https://www.dhl.com/global-en/delivered/digitalization/hyper-personalization-explained.html>. Acesso em: jun. 2022.

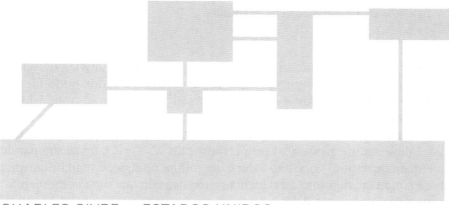

CHARLES GIVRE — ESTADOS UNIDOS

INICIANDO UMA CARREIRA NA CIÊNCIA DE DADOS

MUITAS VEZES, as pessoas me fazem perguntas sobre como começar uma carreira na ciência de dados ou para obter conselhos sobre quais habilidades técnicas devem adquirir. Quando me fazem essa pergunta, eu tento conversar com a pessoa para ver quais são seus objetivos e aspirações, pois não há nenhum conselho que eu possa dar que seja universal. Aqui estão cinco dicas que eu diria que são geralmente úteis para qualquer pessoa que esteja iniciando uma carreira na ciência de dados ou na análise de dados.

**Dica 1: A ciência de dados é um grande campo:
Você não pode saber tudo sobre tudo**

Quando você começa a entrar na ciência de dados, a amplitude do campo pode ser avassaladora. Parece que você necessita ser um especialista em grandes sistemas de dados, bancos de dados relacionais, ciências da computação, álgebra linear, estatística, aprendizado de máquina, visualização de dados, engenharia de dados, SQL, Docker, Kubernetes e muito mais. Para não dizer nada sobre o assunto, é preciso ser um especialista. Um dos grandes mal-entendidos que vejo é a percepção de que você precisa ser um especialista em todas essas áreas para conseguir seu primeiro emprego.

A primeira coisa que digo a muitos aspirantes a cientistas de dados é que a coisa mais importante que um cientista de dados pode fazer é extrair valor dos dados. Faça com que seu mantra deixe-o guiá-lo no desenvolvimento de suas habilidades. Se sua empresa é um grande usuário da ferramenta X, então aprenda a ferramenta X. Mas não sinta que você deve ser um especialista em ferramentas X, Y e Z para se chamar de cientista de dados. Você não acha e, na minha opinião, é melhor ter uma base sólida em algumas ferramentas e técnicas do que uma compreensão superficial de muitas delas.

Há algumas exceções. Eu acredito que qualquer um que queira uma carreira como cientista de dados deve ter uma sólida compreensão de SQL, alguns algoritmos básicos de aprendizagem de máquina e uma das linguagens de *scripting* comumente usadas na ciência de dados como Python ou R. No entanto, como eu disse anteriormente, a ciência de dados tem a ver com a obtenção de valor dos dados, e o que é mais importante do que tudo isso é a capacidade de entender um problema de negócios e aplicar técnicas de ciência de dados para resolver esse problema.

Dica 2: Resolva para eficiência

As habilidades e ferramentas em que você deve se concentrar são as que lhe permitem resolver problemas comerciais da maneira mais rápida e eficiente possível. Tome como exemplo o aprendizado automático de máquina. Se você não está familiarizado com AutoML, eu o encorajaria a dar uma olhada no TPOT, que é uma biblioteca AutoML de código aberto. Uma vez que você tenha extraído suas características, o TPOT usa programação genética para encontrar o melhor pipeline de aprendizado de máquina e até mesmo gera código python para este pipeline.

O importante aqui é que o TPOT e ofertas comerciais similares estão facilitando a construção de modelos de aprendizagem de máquina. O que isto significa para os aspirantes a cientistas de dados é que, a menos que você esteja interessado em trabalhar no desenvolvimento de algoritmos, essa é uma área na qual você provavelmente não deveria gastar muito tempo, pois é muito provável que seja automatizada em um futuro próximo. Suspeito que muitos cientistas de dados percebem isto e talvez estejam um pouco assustados com esta realidade. Enquanto o TPOT e outras soluções automatizadas nem sempre lhe darão o melhor modelo, elas chegarão muito perto e a questão se torna se é um bom uso do tempo para ir atrás da melhoria de 0,02% no desempenho do modelo.

A ingestão de dados, limpeza e ETL, em geral, é um grande dreno no tempo da maioria dos cientistas de dados. Por muito tempo, tenho sido um grande fã do projeto Apache Drill que permite que você consulte dados autodescritivos usando SQL. Como existe um módulo python para o qual é possível consultar o Drill e importar os dados sem problemas para uma estrutura de dados pandas, torna-se de repente trivial (e eficiente em termos de tempo) consultar dados arbitrários e colocá-los em uma estrutura de dados vetorizada. Além disso, você pode acoplar isso com bibliotecas de autossumarização, como a de perfil de pandas, e passar de dados brutos para resumos exploratórios em cerca de 2-3 linhas de código. Combine isso com as ferramentas de aprendizagem automática anteriormente mencionadas e você pode estar construindo modelos em muito menos tempo do que se você estivesse fazendo tudo isso manualmente.

Dica 3: Os dados nunca são limpos: Lidar com eles

Tenho testemunhado muitos cientistas de dados, cunhados recentemente, iniciarem um projeto apenas para descobrir com horror que os dados estão corrompidos, incompletos, de difícil acesso ou requerem um esforço considerável para serem usados, muito mais do que um conjunto de dados Kaggle ou os usados nos campos de chute de ciência de dados.

O estado impuro dos dados foi e será sempre um dos maiores desafios da ciência de dados, e por isso meu conselho aos aspirantes a cientistas de dados é que sejam bons em lidar com dados imperfeitos. Para mim, o que quero dizer é que à medida que você desenvolve suas habilidades, concentre algum esforço em ferramentas e técnicas que lhe permitam trabalhar com conjuntos de dados difíceis. Eu sou um grande fã do Apache Drill, porque ele me permite acessar e consultar grandes quantidades de dados difíceis rapidamente sem ter que escrever código. Certamente existem outras ferramentas por aí, mas conforme você desenvolve suas habilidades, faça-o com o objetivo de encontrar as formas mais eficientes de acesso e manipulação de dados de todas as variedades.

Dica 4: A ciência de dados é mais do que aprendizado de máquina

Muitas vezes, quando você olha para os currículos de ciências de dados nas universidades ou nos campos de treinamento, você vê que há um grande foco no aprendizado de máquina. A aprendizagem de máquina é um componente-chave da ciência de dados, mas a ciência de dados é muito mais do que isso. Trata-se de identificar a técnica correta para obter valor a partir dos dados. Às vezes, essa solução é uma estatística bastante simples, outras vezes envolve uma máquina complexa, um modelo de aprendizagem. A questão é que, como cientista de dados, você precisa prescrever a solução correta para suas partes interessadas.

Uma história pessoal foi que eu estava trabalhando para um cliente e descobri que uma das análises mais valiosas que construí para ele basicamente pegou dois conjuntos de dados e os uniu. Não posso discutir os detalhes, e a mecânica era complexa, mas essa simples política analítica impulsionava e envolvia o aprendizado zero de máquina.

Dica 5: Não me diga seu valor, prove-o!

Falei com muitas pessoas depois de terminar um Bootcamp ou outro programa de treinamento em ciência de dados e suas perguntas geralmente giram em torno de como conseguir aquele primeiro emprego. Se você não tem muita experiência profissional, minha sugestão é encontrar um projeto de paixão que possa ser compartilhado! Use suas habilidades recém-adquiridas em algo em que você esteja genuinamente interessado. Eu já vi projetos sobre análise esportiva, dados de restaurantes etc. De qualquer forma, documente sua jornada no Github e/ou em um blog. Não importa qual é o problema, mas trabalhe sobre ele e use-o quando for fazer entrevistas.

Como empregador, isto me mostra algumas coisas. Em primeiro lugar, que você é capaz de resolver problemas não roteirizados. Isto é importante, pois os problemas do mundo real não vêm com um roteiro a ser seguido. Também mostra que você é capaz de conceber um projeto de ponta a ponta para criar valor real para uma parte interessada. Mais uma vez, isso é importante, pois é isso que os cientistas de dados devem fazer. Finalmente, você pode mostrar suas habilidades técnicas de uma maneira significativa.

Dica de bônus: Seja gentil e ajude os outros

Uma das infelizes desvantagens da profissão de ciência de dados é que há muitas pessoas arrogantes nela. Ter uma compreensão da aprendizagem de máquina não faz com que você seja superior a ninguém. Portanto, minha última dica agora é que você entrou para o clube de dados, em vez de olhar para pessoas que não são especialistas em dados, aproveite a oportunidade para ajudá-las e educá-las. Não de uma perspectiva de superioridade, mas uma perspectiva de compartilhamento de conhecimento. Sou mentor de tantas pessoas quanto meu tempo permite e me vejo como um embaixador da procissão. Acredito que esta é uma boa prática a ser adotada pelos cientistas de dados, pois muitos não estão familiarizados com nossa disciplina, e você não quer deixá-los com a impressão de que os cientistas de dados são idiotas arrogantes.

CHARLES GIVRE
Vice-presidente, chefe do produto: Data & Analytics,
Cybersecurity Technology and Controls — JPMorgan Chase & Co.
cgivre@apache.org
cgivre@gmail.com

CHARLES GIVRE juntou-se recentemente ao JPMorgan Chase e trabalha como cientista de dados e gerente técnico de produtos no grupo de segurança cibernética e controles de tecnologia. Antes de se juntar ao JPMorgan, o Sr. Givre trabalhou como um cientista de dados líder para o Deutsche Bank, como cientista de dados sênior para a Booz Allen Hamilton por sete anos, onde trabalhou na interseção de segurança cibernética e ciência de dados. Na Booz Allen, o Sr. Givre trabalhou em um dos maiores programas analíticos, no qual liderou os esforços de ciência de dados e trabalhou para expandir o papel da ciência de dados no programa. O Sr. Givre é apaixonado por ensinar ciência de dados e habilidades analíticas a outras pessoas e já deu aulas de ciência de dados em todo o mundo em conferências, universidades e para clientes. O Sr. Givre lecionou aulas de ciência de dados na BlackHat, na O'Reilly Security Conference, no Center for Research in Applied Cryptography e Cyber Security na Bar Ilan University. Ele é um orador procurado e fez apresentações nas principais conferências da indústria, como Strata-Hadoop World, Open Data Science Conference e outras. Um dos interesses de pesquisa do Sr. Givre é aumentar a produtividade das equipes de análise e ciência de dados e, para isso, ele tem trabalhado extensivamente para promover o uso do Apache Drill em aplicações de segurança e é um comprometido e membro do PMC para o projeto Drill. O Sr. Givre dá aulas online para a O'Reilly sobre Drill e ciência de dados de segurança e é coautor do livro *Learning Apache Drill da O'Reilly*. Antes de se juntar à Booz Allen, o Sr. Givre trabalhou como analista de contraterrorismo na Agência Central de Inteligência por cinco anos. O Sr. Givre é mestre em Estudos do Oriente Médio pela Universidade Brandeis, bem como bacharel em Ciência da Computação e bacharel em Música, ambos pela Universidade do Arizona. Ele fala francês razoavelmente bem, toca trombone, vive em Baltimore com sua família e em seu tempo livre inexistente, está restaurando um clássico carro esportivo britânico. Blogs do Sr. Givre no thedataist.com e tweets @cgivre.

COMENTÁRIOS DO AUTOR HEVERTON ANUNCIAÇÃO SOBRE ESTE ARTIGO

IMAGINE-SE UM "virgem" em ciência de dados? Por onde começaríamos? Por onde seria a preliminar?

Neste excelente artigo do Charles, ele traz sua visão de curto e longo prazo como recompensar-se nessa carreira tão desafiadora, mas compensadora.

Há algum cientista de dados hoje que não esteja ganhando bem? Não, não há. Entretanto, alguns podem ter visto isso como moda e depois, se não gostarem de ser um profissional provocador, com certeza, irão abandonar a carreira. O problema é que um profissional medíocre pode destruir um setor ou um projeto.

Calma! Eu não estou dizendo que todos já nascem sabendo, mas o profissional deve ser humilde para assumir quando sabe ou não sabe fazer algo.

DICA

Rapid Data Analysis With Apache Drill — Charles Givre — BH21 #1. Disponível em: <https://www.youtube.com/watch?v=SLraR63arIA>. Acesso em: jun. 2022.

CURIOSIDADE

Let's break down the data science hiring process! Disponível em: <https://emhub.io/podcasts/lets-break-down-the-data-science-hiring-process>. Acesso em: jun. 2022.

SUGESTÃO DE LEITURA COMPLEMENTAR

Charles Givre on Data Science & Machine Learning's Lasting Effects on Enterprise|Pandio Podcast. Disponível em: <https://www.youtube.com/watch?v=fQU3rLrlnIQ>. Acesso em: jun. 2022.

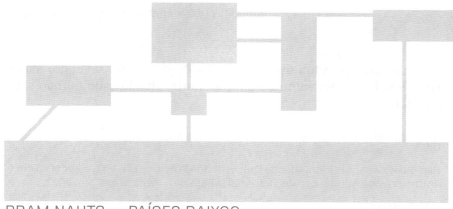

BRAM NAUTS — PAÍSES BAIXOS

A HABILIDADE DO FUTURO — IDEIAS-CHAVE PARA MELHORAR A SUA

DEIXEM-ME LEVÁ-LOS de volta a uma manhã de sexta-feira quente e ensolarada algures em Amsterdã.

Um amigo meu e eu pegamos em um expresso acabado de fazer e começamos a rabiscar os nossos pensamentos em um quadro branco. Passado algum tempo, demos um passo atrás para ver o quadro. De repente, um som sempre crescente de "sim" começou a aparecer acompanhado de dedos apontados um para o outro. Estávamos em cima de algo. Ambos nos sentimos animados, começamos a jogar o jogo "e se"; sem fronteiras, apenas sonhando e construindo sobre os pensamentos que escrevemos com uma mentalidade de crescimento 10X.

Novas ideias começaram a rolar como ondas durante um dia tempestuoso na praia. Será que o planeamos, não, mas nos sentimos surpreendidos? Estávamos balançando para as cercas, ligando os pontos e boom. Gerou tanta energia positiva, incomparável com tudo o que alguma vez experimentei. Criar ideias a partir do zero, do nada, apenas uau, nada é bem parecido.

Figura 17 – Ideia

Fonte: Freepik Company.[13]

Tudo começa com uma ideia.
— Earl Nightingale

O mundo de hoje está se tornando mais complexo, dinâmico, e será cada vez mais afetado pela mudança. Com isso em mente, acredito firmemente que a fluência da ideia se tornará uma das competências procuradas do futuro. Uma rápida pesquisa na internet confirmou minha suspeita, entre outras, o futuro da lista de emprego de competências indica que em 2030 sua capacidade de gerar muitas ideias será um fator diferenciador fundamental. Ainda mais à frente, acredito que sua capacidade de gerar ideias se tornará crítica para sua carreira. Max Tegmark, autor do excelente livro *Life 3.0: Ser Humano na Era da Inteligência Artificial* — uma descrição meticulosa de como a inteligência artificial (IA) pode ter impacto na vida, tal como a conhecemos — e as nossas capacidades criativas são cruciais. Ele usa uma ilustração de Hans Moravec descrevendo a paisagem da competência humana por meio de uma série de capacidades (mostradas a seguir), em que a elevação na paisagem representa a dificuldade da "água IA" de inundar. Essas capacidades à prova de futuro

---

13. Disponível em: <https://br.freepik.com/vetores-gratis/empresario-ter-uma-ideia_1091808.htm#-query=idea&position=4&from_view=search>. Acesso em: 15 out. 2022.

escondidas no alto das montanhas dependem, se me perguntarem, de uma habilidade fundamental a se ter: a geração de ideias complexas.

Figura 18 – Geração de ideias complexas

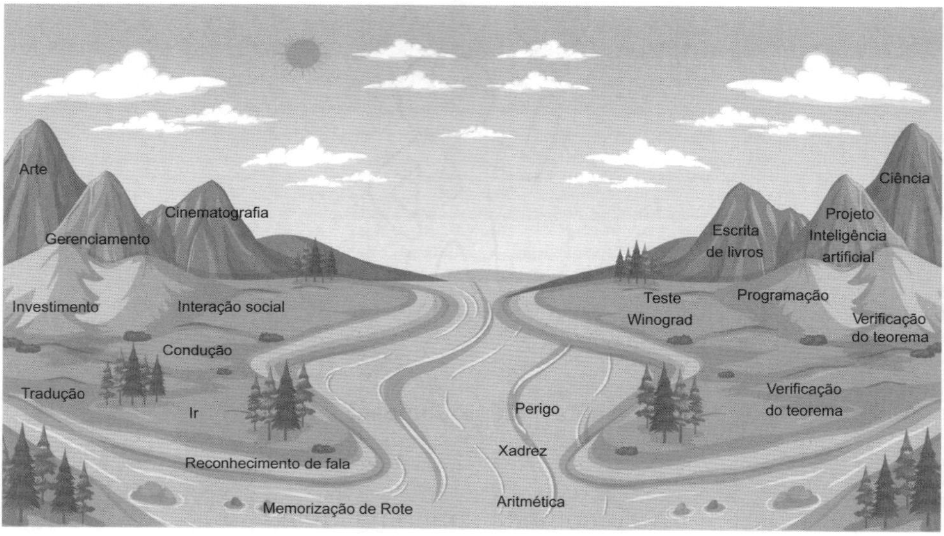

Fonte: Conteúdo autoral.

Quer balançar o mercado? Comece com uma ideia. Quer poupar dinheiro? Primeiro é preciso gerar ideias. Deseja ser mais eficiente? Deseja vencer a Skynet?... ideias! Da inovação à resolução de problemas complexos, o mercado precisa de pessoas que sejam propensas a ideias. Será uma habilidade de sobrevivência fundamental para as empresas — todas precisam de pessoas que se atrevam a desafiar o *status quo* e que surjam com uma onda de ideias.

Ouço demasiadas vezes as pessoas dizerem "tudo foi pensado" ou "eu não sou criativo". Por favor, não seja esse homem ou mulher... sabe quantas variedades existem para uma caneta? Uma caneta esferográfica, caneta de tinta permanente, caneta Rollerball, estiletes, caneta de escova, caneta de mergulho, pena, caneta de junco, Liner fino, caneta de gel, marcadores, marcadores permanentes e de quadro branco, canetas multicoloridas, canetas de tinta gel, canetas inteligentes, canetas técnicas... acredito que todos podem apresentar ideias utilizando as técnicas certas. Uma ideia nada mais é do que combinar elementos novos e antigos. Combinar ingredientes existentes que já se conhecem de uma nova forma. Desde aquele dia de verão em Amsterdã, tornei um de meus objetivos de desenvolvimento pessoal melhorar minha capacidade de gerar ideias. Quero partilhar sete ideias-chave que acenderão sua fluência de ideias:

Insight 1 — Seja interrogativo

Figura 19 – Se um cão usasse calças

Fonte: Conteúdo autoral.

Sua perspectiva mudará ao fazer um tipo diferente de perguntas — reformulando a declaração do problema poderá ser suficiente para libertar uma faísca para acender uma ideia. Como Henry Ford quando inventou a linha de montagem — forçando-se a encontrar uma resposta: "Como levamos o povo ao trabalho" e "como levamos o trabalho ao povo". Ou no tempo em que os merceeiros tentavam fazer chegar às mercearias mais rapidamente aos seus clientes. Alguém surgiu com o conceito de um supermercado, desencadeado por encontrar uma resposta para: "Como posso deixar o cliente ir buscar as mercearias por mim?" É preciso fazer a pergunta certa para obter a resposta. Há tantas perguntas a fazer, abrir a mente, olhar para uma dada situação, e disparar. Seja interrogativo e atreva-se a continuar a fazer perguntas!

Insight 2 — Encontre seu parceiro no crime

Figura 20 – Parcerias

Fonte: Freepik Company.[14]

Encontre aquele pensador enérgico, fora da caixa, que o ajuda a entrar no fluxo criativo. É como Ray Dalio afirmou no seu livro *Principles*: "1 + 1 = 3". Duas pessoas que colaboram bem são cerca de três vezes mais eficazes do que uma pessoa. Podem alimentar-se uma da outra, têm experiências diferentes, pontos de referência diferentes, alavancam os pontos fortes e a energia uma da outra, ao mesmo tempo que se responsabilizam mutuamente para continuar a empurrar. Notei que a expansão de seu círculo durante a ideação irá contra-atacar. Irá dificultar sua capacidade de se libertar. Isso foi encontrado no *brainstorming* de grupo (alerta de *spoiler*: esta técnica não funciona), em que as pessoas tendem a se envolver em paixões sociais e têm medo sobre o que o grupo pode pensar sobre suas ideias e, como resultado, as pessoas frequentemente permanecem em silêncio. Por isso, mantenha o círculo pequeno — encontre um amigo!

---

14. Disponível em: <https://br.freepik.com/fotos-gratis/dois-parceiros-felizes-apertando-as-maos-no--cafe_1148212.htm#query=parceiro&position=15&from_view=search>. Acesso em: 15 out. 2022.

Insight 3 — Reinicialização da imprensa

Figura 21 – Imprensa

Fonte: Freepik Company.[15]

Estamos confinados por regras, valores, suposições, medo, história, educação... é só dizer. O nosso pensamento é inconscientemente inibido ao assumir que um problema tem certos limites, restrições, constrangimentos e limitações enquanto não há nenhum. A educação, em particular, fez com que muitos de nós, zumbis, assumíssemos a atitude de uma só resposta. Um mentor meu sempre desafiou esta mentalidade que parece estar sempre presente na nossa sociedade. Ele obrigou-me muitas vezes a jogar fora minha proposta e a inventar outra para provar que existem mais soluções para um problema. Durante a ideação, pergunte-se: que limitações estou colocando em mim mesmo e que suposições estou fazendo? Lembre-se de que a maioria dos avanços na história são feitos quebrando as regras: desde Vincent van Gogh quebrando as regras sobre como as flores pareciam até Sigmund Freud quebrando as regras sobre como tratar

---

15. Disponível em: <https://br.freepik.com/fotos-gratis/recarregar-atualizacao-de-tecnologia-de-redefinicao-digital_16438462.htm#query=reset&position=10&from_view=search>. Acesso em: 15 out. 2022.

a doença. As regras são para serem quebradas, por isso, prevalece reiniciar e soltar seus limites!

Insight 4 — Aumentar a produtividade

Figura 22

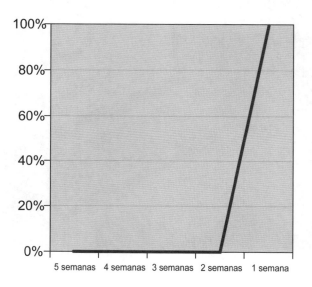

Fonte: Conteúdo autoral.

Nem todos os limites são maus, o estabelecimento de restrições explícitas pode ser extremamente útil para estimular a criatividade. Se operar com total liberdade, noto muitas vezes que se vai debater. Demasiada liberdade conduz ao caos, é preciso ter um quadro para trabalhar dentro dele. Mas não se esqueça, como descrito no Insight 3, ela deve guiá-lo e não o governar. A salada César é uma grande ilustração de como um constrangimento pode impulsionar a criatividade. Como diz a história, a salada foi simplesmente inventada pelo Chefe Cardini, porque ele foi obrigado a fazer um prato com os ingredientes que tinha à mão. Uma limitação dos ingredientes levou-o a um prato mundialmente famoso. A limitação mais estimulante que alguma vez encontrei foi o tempo. A fixação de prazos irá estimulá-lo a conseguir algo, mesmo que esteja gerando uma ideia, por isso, dê a si próprio uma!

Insight 5 — Pesquisa de analogias

Figura 23 – As analogias são como sanduíches, pode fazê-los a partir de qualquer coisa

Fonte: Pixabay.com.[16]

Inspirado por uma passagem no livro *Range: Why Generalists Triumph in a Specialized World*, de David Epstein, descobri que as analogias são uma ótima forma de gerar ideias. No século XVII, o mundo era fortemente influenciado pela religião e o conceito de gravidade ainda não existia. Mas Kepler foi o primeiro a reconhecer que os planetas imutáveis não podiam ser corretos. Como não havia provas anteriores para ele trabalhar, ele usou analogias. Kepler perguntou-se por que é que os planetas que estão mais distantes se movem mais lentamente? Para resolver isso, ele usou a analogia da analogia. Por exemplo, ele imaginava que os planetas eram como ímanes, com polos em cada extremidade. Utilizando várias analogias, moldou as leis do movimento planetário. Para citar Kepler: "Aprecio mais do que tudo as Analogias, meus mestres mais dignos de confiança. Eles conhecem todos os segredos da Natureza..." O pensamento analógico permite reconhecer semelhanças conceptuais entre domínios que, à primeira vista, podem ter pouco em comum — inspirando-o a apresentar ideias.

---

16. Disponível em: <https://pixabay.com/pt/vectors/hamburger-x-burguer-comida-r%C3%A1pida-31775/>. Acesso em: 15 out. 2022.

Insight 6 — Ligar os pontos

Figura 24 – Mapeamento de dispersão

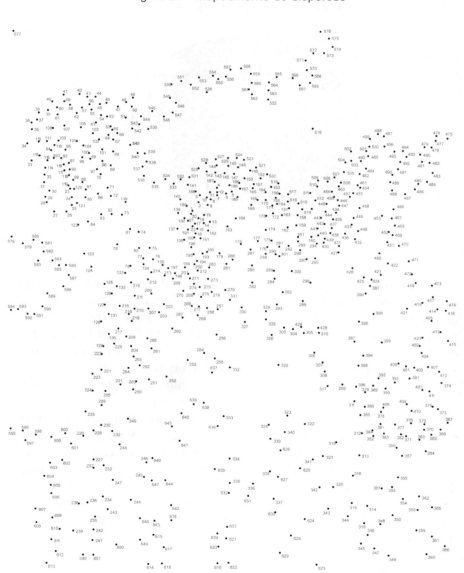

Fonte: Conteúdo autoral.

Vejo com demasiada frequência pessoas trabalharem em silos apenas contando com a informação à sua frente. É da maior importância explorar revistas de investigação, outras indústrias, falar com pessoas diferentes, ler muitos livros, ouvir diferentes tipos de música, viajar... É de extrema importância que, se seu corpo interno de conhecimentos crescer com informações e experiências diversas, é mais provável que surjam ideias. Melhorará sua capacidade de ligar os pontos e assim o ajudará a chegar a ideias às quais poderia não ter chegado de outra forma. E, por favor, não deixe que o dinheiro ou o tempo sejam uma limitação, como Gary Vaynerchuk afirmou: "Google é sua mãe" — a navegação na internet coloca novas informações na ponta de seus dedos. Há inúmeros exemplos de pessoas fora de um domínio que resolveram um problema complexo específico de um domínio ligando os pontos com fontes de conhecimento aparentemente irrelevantes. Expanda seu horizonte e conecte os pontos!

Insight 7 — Ficar selvagem

Figura 25 – Levante-se... levante-se

Fonte: Pixabay.com.[17]

Sentar-se atrás de sua secretária com EarPods não o deixará com um espírito criativo. Fique selvagem e DIVERTIDO! Levante-se, levante-se, corra pelo escritório, tire a pintura com os dedos, enlouqueça. Mudar de cenário, mudar sua rotina e pôr seu corpo em movimento irá ajudá-lo a

---

17. Disponível em: <https://pixabay.com/pt/photos/homem-macho-bravo-rosto-express%c3%a3o-921004/>. Acesso em: 15 out 2022.

ver as coisas de forma diferente, o que pode ser suficiente para acender a fluência de sua ideia. Pequenas coisas como caminhadas diárias à tarde ou reuniões a pé farão maravilhas — assegurando-lhe concentração e uma mente clara durante o dia.

Finalmente, seja sem medo

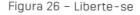

Figura 26 – Liberte-se

Fonte: Pixabay.com.[18]

As ideias são muito delicadas e facilmente destruídas por um simples franzir de sobrancelha, uma piada tola, ou mesmo o silêncio. Devemos estar muito vigilantes no comportamento desencorajador e fazer o nosso melhor para estimular ativamente a geração de ideias. Por conseguinte, é fundamental que as empresas tenham uma gestão avançada das ideias para promover estruturalmente a fluência das ideias. Muitas vezes, deparo-me com pessoas que parecem desprovidas de ideias — reparando que o medo da rejeição resulta em pessoas que permanecem em silêncio. As pessoas que deliberadamente optam por permanecer em silêncio quando têm ideias relevantes é uma questão de suma importância que requer a nossa atenção inabalável. Tem de ser abordada com uma ação implacável e maciça. Leia meu artigo sobre as cadeias do silêncio e descubra como estimular as pessoas a falar alto.

---

18. Disponível em: <https://pixabay.com/pt/illustrations/homem-braços-abertos-esperança-7223202/>. Acesso em: 15 out. 2022.

Leitura adicional

Alguns livros e artigos mostram métodos eficazes para estimular a fluência da ideia, outros eu já realcei ao longo deste artigo. Um, em particular, merece uma menção especial: *Como Obter Ideias*, por Jack Foster. Um manual de campo engraçado, facilmente legível e abrangente por alguém com uma experiência quase vitalícia no ramo da publicidade — os loucos da vida real. Recomendo vivamente a leitura desse livro para obter mais conhecimentos valiosos sobre técnicas de ideação.

BRAM NAUTS
contact@bramnauts.nl

BRAM NAUTS é escritor, palestrante público e consultor de dados empresariais (no ABN AMRO N.V.). Como conselheiro, está liderando a viagem de dados da empresa — capacitando a empresa a transformar rapidamente os dados em valor. Anteriormente, trabalhou como consultor de Gestão de Análise e Estratégia Empresarial na IBM Global Business Services, onde construiu um forte histórico na entrega de programas de transformação digital dentro da Indústria de Energia & Petroquímica e Serviços Financeiros. Sua principal competência é fornecer clareza, foco laser e inspirar uma ação massiva — cortando por meio da complexidade para alcançar o sucesso.

Falou em várias conferências globais de dados e partilha de conhecimentos para transferir seus conhecimentos e perícia sobre estratégia de dados, governação de dados e viagens de transformação. Seus artigos mais lidos são: *Seja Destemido — Quebre as Correntes do Silêncio, Um Quadro de Dados para Governá-los Todos, 9 Catalisadores para Acender a Sua Viagem de Dados*.

COMENTÁRIOS DO AUTOR HEVERTON ANUNCIAÇÃO SOBRE ESTE ARTIGO

O ARTIGO de Bram fez-me lembrar de uma história. Há uma história de que Deus não tem privilegiados, logo, toda noite, Ele coloca várias ideias ou as mesmas espalhadas pelos quatro cantos do mundo... Entretanto, somente quem realmente quer ir buscá-las durante o sonho e trazê-las para a Terra pode colocá-las em prática. Notemos que, às vezes, a mesma invenção surge em pontos diferentes do planeta, pois muitos pegarão a ideia, mas poucos poderão conseguir executá-la.

É isso que acontece também nas empresas? Há um "céu" de ideias, mas poucos podem ou vão lá realizar!

DICA

What Does it Take to Break the Silence in Teams: Authentic Leadership and/or Proactive Followership? Disponível em: <https://iaap-journals.onlinelibrary.wiley.com/doi/abs/10.1111/apps.12076>. Acesso em: jun. 2022.

SUGESTÃO DE LEITURA COMPLEMENTAR

Artigos. Disponível em: <https://bnauts.medium.com/>. Acesso em: jun. 2022.

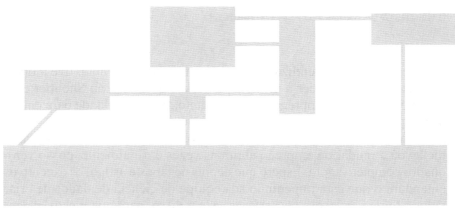

DR. RAJKUMAR BONDUGULA — ESTADOS UNIDOS

SUA EQUIPE DE CIÊNCIA DE DADOS ESTÁ PREPARADA PARA O SUCESSO?

O TRABALHO de Data Scientist foi apelidado de "o trabalho mais sexy do século XX" em 2012 (DAVENPORT; PATIL, 2012). Desde então, muitas grandes empresas conseguiram criar boas equipes de cientistas de dados. Então, não está na hora de ouvir sobre o valor criado por essas equipes? O valor criado é proporcional a toda a comoção que foi gerada sobre ciência de dados e cientistas de dados? Até mesmo os acadêmicos começaram a perceber que algo não estava certo na indústria (VEERAMACHANENI, 2016). Neste artigo, eu argumento que o processo de criação de uma equipe de ciência de dados, para valorizar a realização, é de pelo menos três anos, e contém muitos componentes. Em uma grande organização, para que uma equipe de ciência de dados se torne uma máquina de criação de valor, a maioria dos componentes necessita existir, e muitas condições devem ser verdadeiras. Neste artigo, eu examino esses componentes e condições.

Sou uma das primeiras vagas de pessoas a ser rotulada como "Cientista de dados" quando fui contratado pela Home Depot em 2012 para estabelecer sua prática de ciência de dados. Antes disso, eu estava fazendo um trabalho semelhante na Sears Holdings Corporation, mas fui chamado de

"Especialista em Aprendizagem de Máquina". Desde então, tive a oportunidade de estabelecer a prática da ciência de dados na Shoutlet e na Equifax (meu atual empregador). Entretanto, tive dificuldade para entender o que estava impedindo minha equipe de gerar valor muitas vezes sobre o que nossa equipe custou à empresa. A insatisfação resultante me levou a mudar de emprego algumas vezes e, finalmente, posso ver o quadro completo agora. Espero que depois de ler este artigo, os executivos entendam o que está impedindo sua equipe de ciência de dados de criar valor e tomem as ações necessárias. Além disso, para quem estiver pensando em começar uma nova equipe de ciência de dados, este artigo pode funcionar como uma lista de verificação para estabelecer uma equipe de ciência de dados bem-sucedida para rentabilizar seu investimento.

O que é uma equipe de ciência de dados?

Data Science é uma prática interdisciplinar de extração de conhecimento generalizável de dados (DHAR, 2013). Enquanto outras práticas de "descoberta de conhecimento a partir de dados (KDD)", tais como inteligência empresarial, mineração de dados, a análise estatística também tira insights dos dados, o propósito da prática, a natureza subjacente dos dados, a escala dos dados, as técnicas usadas, os métodos de desenvolvimento usados e, finalmente, os métodos de apresentação de insights distinguem a ciência de dados de outras práticas de KDD. O objetivo principal da prática da ciência de dados é responder a questões comerciais interessantes usando os dados em mãos e gerando percepções generalizáveis. Na prática da ciência de dados, grandes volumes de dados estruturados e não estruturados armazenados em depósitos de dados distribuídos, como o Hadoop Distributed File System (HDFS), e bancos de dados no SQL são frequentemente utilizados como ponto de partida. Estruturas de manipulação de dados em larga escala e de propósito geral, tais como Hadoop ou Spark, podem ser utilizadas além do SQL para o pré-processamento de dados. Técnicas de aprendizagem de máquina/inteligência artificial, além de estatísticas, são utilizadas para modelagem, análise e previsões. Tipicamente, visualizações dinâmicas criadas em Tableau, Spotfire, D3.js etc. são usadas para apresentar análises em vez de relatórios e planilhas estáticas.

O menor grupo de pessoas que coletivamente possui todas as habilidades necessárias para implementar um projeto de ciência de dados é chamado de equipe de ciência de dados. Uma equipe de ciência de dados em uma grande corporação pode ser composta de especialistas em aprendizagem de máquina, estatísticos, grandes engenheiros de dados, desenvolvedores Java/Spark, especialistas em visualização, scrum masters e pessoas responsáveis por garantir que a equipe esteja trabalhando em problemas importantes, que as soluções criadas pela equipe estejam sendo implementadas e que o valor esteja sendo gerado na organização.

Você precisa de uma equipe de ciência de dados?

A primeira pergunta que se deve responder é: O valor gerado pelos melhores cenários de casos justifica a adição de uma equipe de funcionários altamente remunerados à folha de pagamento da organização?

Já vi isso acontecer de maneira diferente em duas grandes corporações. No primeiro caso, a organização identificou uma lista de problemas de alto valor para os quais foram procuradas soluções por alguns anos e estava esperando por uma equipe que pudesse ajudar. A organização construiu uma equipe agressivamente, e a equipe produziu soluções para quase todos os problemas da lista no prazo de dois anos. Depois disso, não houve problemas de alto valor suficientes, de modo que a maioria dos membros lentamente deixou a equipe. No segundo cenário, a organização decidiu começar pequeno, mas havia apenas dois problemas de alto valor e o resto eram problemas de valor médio a baixo.

É muito importante verificar se sua organização tem problemas suficientes para manter a equipe ocupada por pelo menos dois anos. Além disso, cada membro da equipe tem pelo menos um projeto primário e um secundário (para avançar no projeto secundário enquanto os bloqueios no projeto primário estão sendo tratados) para trabalhar durante os próximos dois anos? Se sua organização só pode listar um ou dois problemas de alto valor, considere contratar uma empresa de consultoria em vez de construir sua própria equipe de ciência de dados.

Quem deve chefiar a equipe?

O melhor cenário é quando a organização tem clareza sobre o que está buscando e pode articular as exigências. Em tal cenário, qualquer pessoa hábil na execução do projeto pode liderar a equipe. A organização pode até mesmo escapar com tal pessoa mesmo que os requisitos exatos sejam vagos, mas a direção seja clara, ou seja, os requisitos podem ser descobertos conversando com diferentes pessoas da organização. Se a organização não tem clareza sobre os requisitos, mas sabe que precisa de novas ideias, inovações ou novas maneiras de direcionar a receita, mas não sabe onde procurar orientação, então um veterano da indústria é mais adequado, uma vez que é provável que essa pessoa esteja familiarizada com as necessidades não atendidas, não articuladas e futuras da indústria, e pode levar uma equipe de cientistas de dados a atender a essas necessidades.

Qual deve ser o tamanho e a composição da equipe?

Embora não haja uma resposta simples para o tamanho da equipe de ciência de dados, o número de problemas pendentes e a complexidade dos principais problemas (com base no valor comercial esperado) devem ser os fatores principais. Outra diretriz (já discutida) é ter pelo menos um projeto primário e meio por pessoa por pelo menos dois anos.

Um projeto típico de ciência de dados em uma grande organização requer habilidades de banco de dados, habilidades de desenvolvimento de software, habilidades de aprendizagem de máquina e/ou estatística, habilidades de visualização, habilidades científicas/analíticas, habilidades de colaboração e, finalmente, excelentes habilidades de comunicação. Embora seja impossível encontrar pessoas que tenham todas essas habilidades, o número mínimo de pessoas que coletivamente tragam todas essas habilidades para a equipe será mais benéfico. Por exemplo, são necessárias habilidades em bancos de dados, tais como experiência em vários sabores de SQL, SEM bancos de dados SQL como Hive, Impala, Cassandra, MongoDB para acessar dados de vários armazéns de dados empresariais. Habilidades de desenvolvimento de software necessárias para escrever programas Java/MapReduce, Scala/Spark, Python/Spark/H2O, e implantar APIs ou desenvolver POCs rápidos usando software de visualização como Tableau, Spotfire etc. Pessoas com formação científica incluindo formação em aprendizagem de máquina e estatísticas são necessárias para caracterizar a natureza da solução e projetar experimentos apropriados para desenvolver e validar soluções. Além disso, os membros da equipe devem ter excelentes habilidades de colaboração e comunicação, pois interagir com parceiros comerciais e clientes é fundamental para agregar valor. Hoje, há uma grande escassez de talentosos especialistas em aprendizagem de máquina, grandes engenheiros de dados e desenvolvedores Java (habilidosos para escrever código MapReduce ou escrever código Scala/Spark). Portanto, deve ser alocado tempo suficiente para construir a equipe com as habilidades corretas.

Grande infraestrutura de dados para a equipe

Se sua organização não possui uma infraestrutura de armazenamento e computação distribuída estabelecida, o investimento necessário para a compra de hardware, administração e custos de suporte operacional devem ser contabilizados, juntamente com os custos da equipe de ciência de dados. Também é preciso estar ciente do tempo necessário para colocar em funcionamento uma infraestrutura operacional e do tempo necessário para o pessoal de uma equipe de ciência de dados antes que qualquer valor real seja gerado. Com o advento da computação em nuvem, como a Amazon Web Services, a infraestrutura física não é mais necessária, e a decisão de se tornar nuvem ou metal nu é mais financeira, e não mais técnica. Entretanto, se sua organização tem grandes volumes de dados ou se você tem dados sensíveis ou questões regulatórias/governamentais, ir pelo metal nu é provavelmente uma abordagem mais pragmática.

Maturidade da equipe e do pessoal de apoio

Um dos maiores desafios ao trabalhar com problemas grandes e complexos usando software de última geração é que você frequentemente lida com software imaturo, com muitos bugs, peças em falta e carece de documentação completa. Uma maneira de lidar com esta situação é ter na equipe pessoas competentes que não só sejam capazes de compreender o software lendo o código-fonte, mas também sejam capazes de corrigir bugs e/ou fazer as mudanças necessárias no código. Será muito benéfico se os membros da equipe tiverem experiência em lidar com grandes bases de código e várias tecnologias de construção para fazer e implantar mudanças no código.

Outro desafio é que os administradores normalmente podem manter o cluster de computação estável, mas raramente têm experiência em instalar, configurar e suportar novos pacotes exóticos. Como resultado, os membros da equipe de ciência de dados precisam de treinamento razoável na instalação e gerenciamento de pacotes de software Linux para não dependerem dos administradores para as atividades do dia a dia. Normalmente, os administradores são relutantes em conceder acesso root/sudo aos usuários finais, devido a preocupações com a segurança e evitando danos à instalação Linux subjacente que suporta a organização em geral. Entretanto, experimentar diferentes algoritmos, muitas vezes implementados em diferentes softwares, é a própria essência da ciência de dados. Uma abordagem proposta é que os administradores do sistema trabalhem de perto com a equipe de ciência de dados para gerenciar o software adequadamente ou deixar os cientistas de dados brincarem em um ambiente de caixa de areia, permitindo a experimentação sem impedimentos.

Tecnologia em movimento à velocidade da luz

A rápida evolução da tecnologia é um sério desafio enfrentado pelas equipes e organizações de ciência de dados. O primeiro exemplo é quando o algoritmo que os cientistas de dados pensam ser a melhor solução só é implementado na última versão do pacote de software enquanto a organização maior ainda está usando uma versão mais antiga do pacote. Embora seja fácil instalar localmente a última versão e testá-la em um pequeno conjunto de dados, será difícil testar a solução em grande escala, pois todos os nós do cluster necessitam ser atualizados. Uma situação oposta ocorre quando o suporte para um algoritmo perfeitamente funcional é descartado em versões futuras do pacote de software. Em tais situações, uma solução é não atualizar o pacote e usar a versão obsoleta o máximo de tempo possível. Inevitavelmente, a organização maior passará para uma versão mais nova do algoritmo, forçando o cientista de dados a encontrar outra implementação.

Um segundo exemplo é quando os projetistas dos pacotes decidem mudar a arquitetura fundamental dos pacotes com um lançamento(s) futuro(s). A melhor ilustração desta situação são as bibliotecas de aprendizagem de máquina Spark. Em primeiro lugar, elas foram construídas desde cedo com base no conceito de RDDs (Resilient distributed dataet). Em seguida, foram introduzidos quadros de dados e, em seguida, foi introduzida a estrutura de dados de tabela e, como resultado, apareceram versões substancialmente diferentes dos algoritmos com novas versões dos pacotes. Um cientista de dados pode estar implementando uma solução obsoleta em dois ou três anos.

Um terceiro exemplo é o excesso de escolhas disponíveis e as escolhas populares que se desviam rapidamente do favor. Por exemplo, quando a Hadoop/Mahout saiu pela primeira vez, a combinação foi uma escolha de fato para o aprendizado de máquina em larga escala. Entretanto, com o advento da Spark, a preferência mudou rapidamente para Spark. O Apache Storm para streaming é outro exemplo, que rapidamente caiu a favor por causa da Spark Streaming e outras tecnologias de streaming. Há também uma questão de múltiplas ferramentas tentando competir umas com as outras como a Spark/ML/MLLib com H20.ai. Da mesma forma, no reino do aprendizado profundo, você tem TensorFlow, Microsoft CNTK, MxNet etc., todos competindo uns com os outros. Se você escolher um pacote, inevitavelmente encontrará uma pessoa que lhe pergunta por que você escolheu este pacote em oposição aos outros pacotes superiores. Uma abordagem pragmática seria escolher um pacote/plataforma e ficar fiel a ele até que haja um concorrente sério de propósito geral. Por exemplo, Spark pode agora ser considerado um concorrente sério para a estrutura MapReduce uma vez que a maioria das bibliotecas já está desenvolvida e o ecossistema subjacente está maduro.

Embora possa não valer a pena ficar obcecado com a última versão do pacote ou com o último novo pacote que todos estão entusiasmados, uma pequena parte do tempo da equipe de ciência de dados deve ser alocada para acompanhar os últimos desenvolvimentos no campo. Seguir os últimos desenvolvimentos e modificar o código para manter as soluções atualizadas não só aproveitará as últimas características, mas até mesmo poderá ser necessário para obter suporte contínuo para o pacote.

Onde os dados existem?

Talvez a maior peça que contribua para o sucesso da equipe seja a acessibilidade aos dados. Um extremo é uma situação em que os dados estão em silos. Cada um desses silos pertence a uma equipe diferente e, para piorar a situação em ambientes sensíveis, todos eles têm regras diferentes de governança de dados. Sob estas circunstâncias, é importante ser realista quanto ao tempo para entregar projetos que variam de algumas semanas a alguns meses, pois leva tempo para entender quais dados existem, onde existem, quem é o proprietário deles, como acessá-los, descobrir quem os entende e, finalmente, usá-los para criar valor a partir deles, respeitando as regras de governança de dados. O outro extremo é que todos os dados existem em um local centralizado, como um Hadoop Distributed File System (HDFS) em um cluster compartilhado e existe um processo padronizado para acessar os dados. Este é normalmente o caso em empresas que fizeram a transição para um grande ecossistema de dados há alguns anos, e os pipelines de dados e os processos necessários para o acesso aos dados foram trabalhados por algum tempo.

Onde está alojada a equipe Data Science?

Em um extremo, há uma equipe central de ciência de dados, com acesso a todos os dados, todas as ferramentas da organização e qualquer pessoa em toda a organização pode buscar a ajuda da equipe de ciência de dados. No modelo de equipe central, como qualquer departamento dentro da empresa pode buscar a ajuda da equipe, é improvável que a equipe fique sem problemas de alto valor. Tais equipes são tipicamente grandes e mais propensas a lidar com problemas grandes e complexos que necessitam de experiência variada. Além disso, grandes equipes podem se permitir uma redundância de habilidades para evitar um único ponto de falha da equipe devido ao atrito. A desvantagem deste modelo é que os membros da equipe não compreendem nenhuma parte do negócio em profundidade. O proprietário do problema colabora de perto com a equipe enquanto a solução está sendo implementada e é responsável por treinar rapidamente os cientistas de dados com um histórico comercial necessário para implementar a solução. O outro extremo é que vários departamentos (como gerenciamento de produtos, TI, marketing) têm sua "própria" equipe de ciência de dados (ou apenas uma pessoa). Este modelo tem demasiados inconvenientes. Primeiro, é improvável que uma pequena equipe tenha muitos problemas para justificar uma equipe permanente de ciência de dados. Segundo, o investimento necessário para múltiplas cópias de ferramentas comuns pode levar ao desperdício de investimentos. Em terceiro lugar, é improvável que equipes pequenas tenham colegas com conjuntos de habilidades muito diferentes para aproveitar a experiência uns dos outros, portanto, as soluções podem levar mais tempo para serem implementadas.

Muitas organizações ainda estão descobrindo o lugar perfeito para as equipes de ciência de dados. Dado o custo da infraestrutura, equipe e conjunto variado de habilidades necessárias para resolver os problemas mais complexos de hoje, uma equipe centralizada de ciência de dados é mais capaz de ter sucesso.

Quem irá alimentar o funil problemático?

O melhor cenário possível é que a empresa tem uma longa lista de problemas comerciais e tem um mecanismo para continuar acrescentando à lista de problemas. Além disso, um mecanismo de priorização que pesa, retornos financeiros, impacto potencial, avançando o entendimento fundamental do campo, potencial de ruptura, criando uma carteira de propriedade intelectual defensiva ou ofensiva, e recursos necessários para implementar os projetos. A equipe de ciência de dados trabalha nos principais problemas da lista. Um cenário igualmente melhor é quando a equipe de ciência de dados e a gerência do produto colaboram estreitamente para trabalhar nos itens do roteiro do produto. Os gerentes de produto normalmente são donos do roteiro que espelha os objetivos organizacionais. Esta colaboração é vantajosa para todos porque a empresa se beneficia dos algoritmos avançados aplicados aos itens priorizados do roteiro e o valor da equipe Data Science é aplicado aos projetos imediatos e priorizados. Além disso, as soluções de suporte aos itens do roteiro normalmente recebem todos os recursos e suporte necessários para colocar a solução em produção.

Um cenário melhor é ter uma lista restrita de problemas comerciais de alto valor e treinar a equipe nos negócios o suficiente para que eles entendam o negócio, reúnam ou apresentem uma lista de problemas, façam com que eles validem as declarações de problemas e continuem preenchendo a lista de problemas. Em tais casos, é melhor que um veterano da indústria dirija a equipe e seja responsável por trazer os problemas para a equipe, como também envolva os parceiros certos para implementar a solução e ganhar rapidamente valor.

O pior cenário é deixar a equipe de ciência de dados recém-contratada explorar e esperar que eles encontrem algo valioso para trabalhar. Há uma grande chance de que esta situação leve a criação de soluções à procura de problemas. Por exemplo, a equipe poderia ser tentada a trabalhar em implementações inteligentes de algoritmos de aprendizado profundo, sem uma aparente aplicação da implementação em mente. Outra possibilidade é focar primeiro as eficiências internas. É improvável que uma grande equipe de ciência de dados possa trabalhar exclusivamente na melhoria das eficiências internas por um longo período. A primeira razão é que nem sempre é fácil articular as economias. A segunda razão é que pode ser prudente visar grandes fluxos de receita ou adicionar novos fluxos de receita em vez de buscar economias relativamente pequenas.

Uma maneira possível de evitar ter uma equipe que não gere valor suficiente é financiar a equipe por três anos e depois estender o financiamento por mais três anos de cada vez, com base no valor cumulativo que a equipe criou e no pipeline de projetos que precisam da atenção da equipe de ciência de dados. Enquanto três anos é um número arbitrário, novas iniciativas em grandes corporações normalmente precisam de dois a três anos desde a concepção até a implementação completa e causar impacto. Além disso, o compromisso inicial com a equipe de ciência de dados deve ser longo o suficiente para que os cientistas de dados considerem até mesmo trabalhar para a organização.

A infraestrutura de validação existe?

Se forem construídas soluções, a infraestrutura existe para testar a solução? Ou como a organização sabe se as soluções são boas? Por exemplo, em um ambiente de comércio eletrônico, se a equipe de Data Science construiu um mecanismo de recomendação interno, infundindo conhecimento de domínio em um algoritmo de código aberto, existe uma maneira de testar se o novo algoritmo é superior ao existente? Muitas vezes, o valor do novo algoritmo é avaliado usando estruturas de teste A/B (também conhecidas como Champion/Challenger), ou seja, desviando uma pequena parte do tráfego ao vivo para experimentar o algoritmo interno e comparar seu desempenho com o do algoritmo existente. Entretanto, a realização de testes A/B nos principais componentes do comércio eletrônico, tais como classificação, busca, recomendações, páginas de check-out, necessita de infraestrutura complexa e suporte de TI envolvido. Se não existir tal infraestrutura, as organizações devem pensar em investir em tais capacidades, caso contrário, após algum tempo, haverá um conjunto de soluções que são "possivelmente" benéficas para uma empresa, mas não são uma maneira fácil de testá-las sem implantá-las na produção.

Quem é o cliente da Equipe Data Science?

Na ausência de um funil de problemas formalmente definido, ou de uma colaboração ativa com a equipe de gerenciamento do produto, as equipes de ciência de dados frequentemente resolvem problemas percebidos. Isto ocorre principalmente quando a equipe é chefiada por um especialista não domínio ou quando a equipe desenvolve soluções antes mesmo que o problema seja percebido pela organização maior. Embora estas soluções sejam ótimas de se ter, muitas vezes são ignoradas por usuários-alvo, pois estão ocupados com problemas atuais e não têm tempo para se preocupar com problemas cujo impacto ainda não foi sentido. Outra situação ocorre quando um entusiasta executivo sênior comissiona um cientista de dados inteligente para trabalhar em um problema, mas não consegue comunicar sua visão aos gerentes de nível inferior. Então, "vender" o problema que o cientista de dados mal entende, assim como vender a solução do problema aos gerentes de nível inferior, torna-se responsabilidade do cientista de dados. Pode ser prudente que as equipes de cientistas de dados trabalhem em problemas onde não tenham que gastar energia para vender os problemas. Melhor ainda é tentar resolver problemas, que foram tentados antes, mas não puderam resolver usando os conjuntos de habilidades, dados etc. existentes. Além disso, há uma situação em que a solução para um problema de alto valor é desenvolvida, mas não há nenhum cliente ativo que possa defender a solução.

Uma maneira de evitar fazer progressos em uma solução que não vai a lugar algum é trabalhar em uma estrutura ágil, na qual a equipe executa um trabalho em caixa de tempo e incremental, ao mesmo tempo que recolhe feedback cedo e com frequência. Esta é uma forma de avaliar se há interesse na solução que a equipe de ciência de dados está desenvolvendo, se os interessados estão dispostos a gastar tempo para dar feedback e ajudar a equipe a validar o valor que a solução cria. Uma abordagem mais pragmática é trabalhar em múltiplos problemas de alto valor e solicitações e, espera-se, que alguns deles possam ser resolvidos e a maioria das soluções implementadas proporcionará um benefício mensurável para a organização.

Na maioria das vezes, as equipes de Data Science geram provas de soluções conceituais (a menos que seja a solução pontual), e o desenvolvimento de uma solução completa e as vendas subsequentes das soluções (se for uma organização B2B) normalmente são responsabilidades de outras equipes. Obter recursos corporativos alocados para desenvolver um novo produto baseado na prova de conceito requer evangelizar ativamente a solução várias vezes e convencer a administração do programa e/ou os proprietários de negócios a financiar o desenvolvimento do produto. Tipicamente, isto está bastante envolvido e pode ser um processo longo. Por exemplo, em uma das organizações para as quais trabalhei, não havia uma maneira de testar algoritmos de alto risco — alta recompensa sem empurrá-los para a produção. Como resultado, levou quase dois anos até que a solução fosse priorizada e colocada em produção. Essa organização em particular investiu na equipe de ciência de dados, no entanto, foi muito lenta em investir no resto da infraestrutura necessária para tirar o máximo proveito da equipe de ciência de dados.

Para as empresas B2B, a decisão de financiar o desenvolvimento de produtos depende em grande parte da demanda percebida ou pesquisada pela solução. Portanto, as equipes de vendas (diretores de contas e engenheiros de vendas) devem percorrer a milha extra para avaliar o interesse do cliente por uma solução que ainda não está desenvolvida. Outras questões também são dignas de nota, por exemplo, são as equipes de vendas suficientemente sofisticadas para comunicar soluções de ponta aos clientes e se as equipes de vendas forem incentivadas a vender soluções em desenvolvimento, em vez de gastar tempo na venda de soluções existentes.

Conclusão

Estabelecer uma equipe de ciência de dados e gerar valor contínuo para a organização pode ser um período altamente estimulante e gratificante na carreira, no entanto, não é uma jornada fácil. Aspectos como, prontidão organizacional, equipe qualificada de ciência de dados, rápida adoção de tecnologia, mentalidade inovadora e iterativa de solução de problemas e, finalmente, a busca por "valor" acima de tudo, são peças muito importantes do quebra-cabeça que necessitam existir e sustentar por pelo menos três anos para uma equipe de ciência de dados bem-sucedida. Entretanto, como cada vez mais dados estão se tornando facilmente disponíveis e especialmente em múltiplas formas (estruturadas e não estruturadas), há uma expectativa dentro das organizações e dos clientes da organização de ser capaz de extrair rapidamente insights dos dados. Ter uma equipe de ciência de dados totalmente equipada com as ferramentas e processos adequados torna-se não apenas um diferenciador, mas gradualmente visto como uma aposta de tabela no cenário competitivo.

DR. RAJKUMAR BONDUGULA
Principal Data Scientist and Sr. Director, Equifax Inc.
rajkumar.bondugula@gmail.com
LinkedIn: <https://www.linkedin.com/in/rajkumarbondugula/>

RAJKUMAR BONDUGULA, PhD, é um cientista de dados principal e lidera iniciativas de Data Science e Machine Learning nos Laboratórios de Ciência de Dados da Equifax. Antes da Equifax, o Dr. Bondugula também estabeleceu a prática de Data Science no Home Depot e foi Especialista em Aprendizagem de Máquina na Sears Holdings Corporation. Em ambos os lugares, ele liderou vários projetos para melhorar a experiência do cliente, aplicações de web-intelligence para impulsionar o crescimento dos negócios etc. O Dr. Bondugula obteve um mestrado e um doutorado pela Universidade de Missouri-Columbia, ambos em Ciência da Computação com especialização em Aprendizagem de Máquina. Ele também é especialista em Computação Distribuída e Processamento de Linguagem Natural. Ele foi coautor de vinte publicações científicas revisadas por pares, um livro intitulado *Application of Fuzzy Logic In Bioinformatics*, dez pedidos de patente e seu trabalho já foi citado mais de 250 vezes.

COMENTÁRIOS DO AUTOR HEVERTON ANUNCIAÇÃO SOBRE ESTE ARTIGO

O DR. RAJKUMAR trouxe-nos algo muito difícil. Eu utilizo um exemplo para ilustrá-lo. Vocês viram que recentemente um jogador de futebol brasileiro, Neymar, foi contratado pelo time francês Paris Saint German.

No começo, todos os holofotes foram apontados para ele. Imagine se ele fosse um cientista de dados?

Isso pode acontecer, sim! E é um erro toda a empresa investir apenas em um "salvador da pátria" ou "herói" e esquecer de investir nos demais membros do time que rodeiam o cientista de dados.

Portanto, o cientista de dados pode até ser uma estrela, mas na constelação corporativa ele é apenas mais um.

DICA

Taking Your Data Science People Along on Your Data Science Journey|Rajkumar Bondugula, Ph.D. Disponível em: <https://www.youtube.com/watch?v=rjFiKkAtK8>. Acesso em: jun. 2022.

CURIOSIDADE

Applications of Text Analytics by Rajkumar Bondugula, Ph.D. Disponível em: <https://www.youtube.com/watch?v=aFPx9TjToMI>. Acesso em: jun. 2022.

SUGESTÃO DE LEITURA COMPLEMENTAR

Referência

DAVENPORT, Thomas H.; PATIL, D. J. Data scientist: the sexiest job of the 21st century. *Harvard Business Review*, v. 90, n. 5, p. 70-76, 2012.

DHAR, Vasant. Data science and prediction. *Communications of the ACM*, v. 56, n. 12, p. 64-73, 2013.

VEERAMACHANENI, Kalyan. Why you're not getting value from your data science. *Harvard Business Review*, v. 7, 2016.

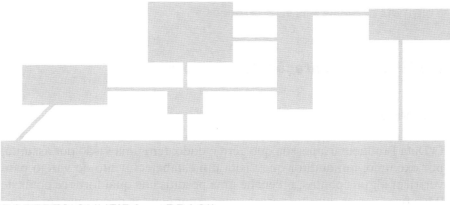

ROBERTO OLIVEIRA — BRASIL

CONSIDERAÇÕES PARA UM PROJETO DE BUSINESS INTELLIGENCE

Papéis e perfis na sustentação de projetos de Business Intelligence

Eu desconfio que a maioria dos profissionais envolvidos em projetos de business intelligence, com mais de um ano de atuação, já perceberam que no tripé (PESSOA–PROCESSO–PLATAFORMA) a "PESSOA" é, de longe, o componente mais importante, a inteligência do negócio flui por ela — desde a origem até o resultado da decisão tomada.

Nesta linha e, após alguns estudos, vejo que é valido atribuir classificações e responsabilidades às pessoas envolvidas no projeto. Meu foco aqui é o período após o *deploy*: este período eu chamo de "sustentação".

O período de sustentação é onde os usuários finais da plataforma efetivamente a utilizam e, com isso, verificam a efetividade dos conceitos ali programados. Veja a seguir os papéis que devem existir para que as alterações ou erros sejam realizados com total agilidade e sem retrabalho[19].

---

19. Retrabalho é quando uma determinada atividade não é executada corretamente ou não segue padrões de qualidade; assim, é preciso fazer a mesma atividade de novo até atingir o resultado desejado.

Papéis na sustentação do projeto de Bi

Data Producer

O Data Producer é a pessoa que gera o dado, tem uma visão por assunto, por exemplo: um auditor que visita um estabelecimento de varejo para verificar alguns pontos, preenche uma pesquisa na qual fornece notas de 0 a 5 para vários quesitos; essas notas compõem os dados que serão fornecidos para análise.

Esta pessoa pode tirar dúvidas referentes ao conceito de cada registro e em quais condições eles foram coletados.

Geralmente são acusadas de não preencher corretamente os formulários, ainda mais em "campos abertos" onde se tem liberdade e não é necessário seguir um padrão.

Data Owner

O Data Owner é a pessoa que centraliza o gerenciamento do dado, tem uma visão de vários assuntos, geralmente de uma área específica e logo após o dado ser gravado no repositório. Ele é a pessoa responsável pelo dado na sua origem, gerencia os Data Producer, geralmente as dúvidas recaem sobre este papel e ele se comunica com o Data Producer. Um dos problemas recorrentes de responsabilidade deste papel é sobre a quebra de periodicidade do dado, ou seja, se toda a semana tiver uma informação nova e não der certo, pode ser culpa do Data Owner.

Outras atribuições:

- disponibilizar acesso à fonte de dados;
- conhecer a semântica inicial dos campos;
- cadastro da origem dos dados;
- gerenciamento da validade e abrangência dos dados;
- certificação da acuracidade, completude e qualidade dos dados; e
- gerenciamento dos dados de terceiros.

Conclusão: ele cuida do Data Source.

Data Stewards

O Data Stewards possui a responsabilidade de distribuir a informação, enquanto o Data Owner olha para a base, o Data Stewards olha para os Data Consumers, ou seja, tem uma visão no destino dos dados.

Esse papel lida com a entrega da informação e essa entrega pode ser no formato bruto (*raw data*), na forma de relatório com alguns campos selecionados, registros filtrados ou até agrupados. Não confunda este papel com o papel de um Desenvolvedor que cria *dashboards*. Este profissional gerencia a entrega e não quer dizer que ele cria as interfaces, ou seja, não precisa ser alguém de TI ou programador.

Este profissional é chamado quando a informação não está chegando até você ou quando você deseja mais informações.

Imagine que ele pode trabalhar com um ou mais Data Owners e tem uma visão voltada a grandes departamentos ou à empresa inteira.

Outras atribuições:

- disponibilizar acesso aos relatórios ou visões;
- gerenciar os perfis de acesso juntamente com a segurança deles;
- verificar a cadeia de suprimentos dos dados;
- cuidar da governança dos dados; e
- conhecer bem os modelos de dados criados e possíveis.

Bi Owner

Este papel é o dono da regra de negócio: enquanto o Data Owner pode dizer de onde vem o dado e como está sua qualidade, o Bi Owner sabe onde e como utilizar esse dado. Geralmente é acionado para explicar cálculos de indicadores-chave, os famosos KPIs[20]. Sua visão é para a estratégia da empresa.

---

20. KPI é a sigla para o termo em inglês Key Performance Indicator, que significa indicador-chave de desempenho.

Esse cálculo é utilizado para medir o desempenho dos processos de uma empresa e, com essas informações, colaborar para que alcance seus objetivos.

Então, se precisar saber ou mudar algumas regras dentro de uma plataforma de análise de dados, você deve falar com o Bi Owner.

Outras atribuições:

- gerenciar os indicadores e a forma de cálculo;

- homologar os resultados com a fonte anterior da informação;

- gerenciamento da validade e abrangência dos indicadores ou regras;

- cuidar da evolução da plataforma de análise;

- estar alinhado com os objetivos da empresa para sugerir mudanças e novos indicadores;

- é o fiel curador das informações; e

- cuida da cultura analítica da empresa promovendo workshops e treinamentos.

Data Consumer

Este é o usuário final de todo o processo: pode ser um gerente, um analista ou até um sócio. O mais importante é que este papel precisa da informação como um "pão quentinho" todo dia em cima de sua mesa; a visão dele é no processo ou cargo que ocupa, ele confia na informação para tomar decisões. Existem hoje dois (2) tipos de Data Consumer:

1. Guided Data Consumer

O Guided Data Consumer é o perfil mais antigo. Este usuário está acostumado a ter suas informações embaladas do jeito certo e focadas em um uso cotidiano; geralmente recebem relatórios, tabelas dinâmicas ou acessam painéis na web para prosseguir seus processos padronizados.

2. Self-Service Data Consumer

O Self-Service Data Consumer já é um novo sujeito, por não possuir um processo padrão, ele tem necessidades variadas e diferentes todos os dias; este perfil interage muito com os outros, pois precisa entender bem da base e da regra de negócio, uma vez que cria visões e cruzamentos de dados a cada mudança do negócio. Para este perfil indico uma das melhores plataformas de self-service bi que trabalhei: o Qlik Sense Enterprise.

O que é Data Storytelling

O conceito mais utilizado reduz o Data Storytelling a uma técnica usada para melhorar a apresentação e a visualização de informações obtidas em dados; acredito que já tem muito a ver com UX (User Experience), pois deveria ser um conjunto de ações que tem como objetivo uma melhor comunicação das informações, levando em consideração o público final.

Existem 3 objetivos no uso do Data Storytelling:

1. Entender seus dados.

2. Entender as questões do negócio.

3. Entender como sua audiência percebe os dados.

Para atingir esses objetivos, o Data Storytelling deve ser: simples, focado, com uma narrativa concisa e alinhado com o contexto do negócio. Estude antes como criar infográficos e, a partir daí, evolua para o Data Storytelling; porém, antes de utilizar esse método de comunicação, sua empresa precisa treinar todos em Data Literacy.

O colaborador com Data Literacy deve conseguir ler, analisar e trabalhar com dados de maneira que seu processo de trabalho esteja intrinsecamente envolvido com as informações.

Framework DAMA de governança de dados

Você sabe o que é o framework DAMA de governança de dados? Pois hoje falaremos sobre isso. Acompanhe o texto!

Na era da informação, a função de gerenciamento de dados é vital para todas as organizações.

Seja conhecido como gerenciamento de dados, seja como gestão da informação, as organizações estão acordando para o valor desses requisitos. Como qualquer ativo importante, elas também reconhecem que são ativos que devem ser gerenciados.

No entanto, empresas, governos e outras organizações são mais eficazes quando fazem isso. A função de gerenciamento de informações, primordialmente, visa controlar e aproveitar efetivamente os ativos de dados.

Já a da Governança de dados é coordenar essa colaboração entre TI e a empresa.

O que é um framework?

Um framework é um conjunto de ferramentas e funções que permitem uma melhor estruturação de um projeto. Portanto, não seria um grande exagero compará-lo a uma biblioteca com informações e diretivas essenciais.

Com grande responsabilidade, ele aborda de forma genérica todos os campos que precisam ser desenvolvidos para, no nosso caso, estabelecer a completa governança de dados.

O Framework DAMA

A governança de dados não se atinge "do nada".

Muito pelo contrário — ela é uma construção baseada em cima de diversas diretrizes que, ao serem aplicadas, permitirão que a organização possua gerenciamento de dados mais eficiente. Imagine, então, que a governança de dados seja o telhado de uma casa. Você não constrói o telhado primeiro, certo?

É preciso começar erigindo estruturas e paredes. E, para auxiliar a levantar essas bases estruturais, existem diversos frameworks que podem ajudar no trabalho.

E um deles é o Framework DAMA — ele traz dez diretrizes que ajudam a construir com sucesso a governança de dados. Portanto, vamos conhecê-las a seguir.

Diretrizes do Framework DAMA

Governança de dados

Exercício de autoridade, controle e tomada de decisão compartilhada sobre a gestão de ativos de dados. A governança é o planejamento e controle de alto nível sobre o gerenciamento de dados.

Gerenciamento da arquitetura de dados

Desenvolvimento e manutenção da arquitetura de dados, dentro do contexto de toda arquitetônica empresarial, e sua conexão com soluções de sistema de aplicativos e projetos que implementam a estruturação da empresa.

Desenvolvimento de dados

Atividades focadas em dados dentro do desenvolvimento do sistema, incluindo modelagem e análise de dados, projeto, implementação e manutenção de soluções relacionadas a bancos de dados.

Gerenciamento de operações de banco de dados

Cuida de planejar, além de controlar e oferecer suporte a todo momento de existência dos dados, desde que ele é criado até ser arquivado e eliminado.

Gestão de segurança de dados: atividades de planejamento

Implementação e controle para garantir confidencialidade e privacidade, igualmente tem a função de prevenir uso não autorizado e inapropriado.

Referência e gerenciamento de dados

Planejamento, implementação e controle de atividades para que os dados contextuais mantenham seus valores consistentes.

Armazenamento de dados e Business Intelligence

Planejamento, processos de implementação e controle para fornecer suporte baseados em dados à decisão e apoiar os relatórios e consultas realizados por colaboradores.

Gestão de documentos e conteúdo

Planejamento, implementação e controle de atividades para permitir a proteção, a correta armazenagem e o acesso a dados, tanto eletrônicos quanto físicos.

Gerenciamento de metadados

Atividades de planejamento, implementação e controle para permitir fácil acesso a metadados integrados de alta qualidade.

Gestão da qualidade de dados

Atividades de planejamento, implementação e controle que aplicam técnicas de gestão para proporcionar melhor medição, avaliação e assim garantir a adequação dos dados para serem utilizados.

Claro que não para por aí — elas são decompostas em atividades e, em alguns casos, estas são agrupadas em subfunções.

Enfim, agora que você tem uma melhor compreensão do Framework DAMA, que tal implementá-lo na sua empresa?

Conceito de Minimum Viable Data (MVD)

Conceito geral

Minimum Viable Data é a menor quantidade de dados necessária para tomar uma decisão efetiva. É um conjunto mínimo de dados que permite uma organização tomar decisões com um custo baixo e sem mudanças bruscas nos processos.

Ao avaliar quais conjuntos de dados são essenciais para manter, assegure-se de que você tenha um ciclo de feedback para medir a experiência do usuário na construção das análises e, se estiver faltando algo, introduzir novos campos aos poucos.

Um dos grandes problemas em um projeto de business intelligence é a preparação dos dados: a quantidade e o estado dos dados tornam esta fase a mais dispendiosa; uma parte das consultorias tecnológicas estão propondo esta nova abordagem: **menos dados (-) / mais efetividade (+)**.

Figura 27 – Conceito MVD

Fonte: Conteúdo autoral.

Com menos dados é mais fácil garantir a consistência e diminuir o risco de exposição das informações.

Esse conceito se assemelha muito ao conceito de MVP (Minimum Viable Product).

Um MVP é uma versão mínima de um produto, apenas com as funcionalidades necessárias para que ele cumpra a função para a qual foi planejado.

A partir do MVP, testa-se a eficiência do produto, sua usabilidade, aceitação no mercado, comparação com a concorrência, entre outras formas de validar.

Perceba que cada versão do dado deve ser suficiente para a análise para qual ele foi reunido ou criado. Não esqueça que enviamos astronautas para a lua usando computadores com apenas 2 Kb de memória RAM!

> O MVD se torna Big quando se tem uma participação massiva de pensadores que, de forma independente, analisam pequenos conjuntos de dados e de lá tiram valor compartilhando com todos.

A grande maioria dos dados nunca é usada. Na verdade, apenas 0,5% de todos os dados é, em algum momento, analisado. Antonio Regalado (editor sênior) — MIT Technology Review.

O que é simples é melhor e elegante.

Minimum...

Só porque se chama "Minimum" não significa que você terá menos valor. Você não precisa ser um cientista de dados para entender ou aplicar nas tarefas diárias e, se você estiver criando ou usando algum aplicativo para extrair inteligência de seus dados, "Minimum" significa torná-lo fácil de acessar, construir painéis específicos e compartilhar relatórios, modelos e ideias com os membros de sua equipe.

Devemos nos concentrar agora nas pessoas, melhorar as competências em dados, a empresa deve habilitar, conscientizar, fornecer ferramentas e métodos para que o detentor de pequenos conjuntos de dados estruturados, simples, distintos e específicos possa tomar decisões melhores e mais rápidas, colaborando para o aumento da agilidade produtiva, competitividade e do nível de inteligência corporativa como um todo de forma orgânica e duradoura.

De acordo com uma recente pesquisa da KPMG, 69% dos CIOs afirmaram que os dados e análises foram cruciais ou muito importantes para seus negócios.

No entanto, 85% dizem que não sabem como analisar os dados que já estão disponíveis, e 54% disseram que sua maior barreira para o sucesso é a incapacidade de identificar quais dados são importantes.

Resumindo...

MVD é o dado do tamanho suficiente para cada um compreender — e isso, muitas vezes, fica esquecido.

Há um debate que o Big Data pode fornecer uma riqueza de informações valiosas para uma empresa ou organização — mas é o MVD — que oferece a oportunidade real e agora, disponível já.

O principal diferencial entre Big Data e o MVD é a natureza específica das informações e o fato de que o MVD pode ser fácil e rapidamente posto em prática.

ROBERTO OLIVEIRA
roberto@cappei.com
abracd.org
smalldata.com.br

É UM PROFISSIONAL especializado na área de dados há 15 anos, certificado duplamente em Qlik Sense (Business e arquiteto de dados) e certificado Alteryx Core, professor da pós-graduação de Big Data e Inteligência Artificial do Senac e responsável por vários projetos de sucesso em grandes empresas brasileiras, com sua atuação como presidente da ABRACD (Associação Brasileira de Ciência de Dados) gera e promove diariamente conteúdo voltado para a área de dados e conta com 4 participantes.

COMENTÁRIOS DO AUTOR HEVERTON ANUNCIAÇÃO SOBRE ESTE ARTIGO

ROBERTO trouxe-me algo a refletir. Uma vez, eu e um amigo estávamos em um bar em Fortaleza. E eu vi duas meninas e pensei: "Vou chamar meu amigo para ambos irmos até elas e chamá-las para dançar."

Eu olhei para meu amigo e perguntei: "Você sabe dançar?"

Ele olhou para mim, inchou o peito como um "pombo" e respondeu: "Veja bem!"

Desconfie de quem te responde "veja bem" em uma frase... Logo, ele não sabia dançar!

O que tudo isso tem a ver com o profissional de ciência de dados? Tudo, pois um cientista de dados pode ficar calado, pode falar, pode refletir, mas todos irão prestar atenção quando ele for falar...

Cuidado com o que fala! Pois todos esperam que você faça as perguntas certas, mais do que as respostas certas!

DICA

ABRACD. Disponível em: <https://www.youtube.com/c/ABRACD>. Acesso em: jun. 2022.

CURIOSIDADE

Quanto ganha um engenheiro de dados? Disponível em: <https://www.youtube.com/watch?v=Q8TKSm50NaY>. Acesso em: jun. 2022.

SUGESTÃO DE LEITURA COMPLEMENTAR

Artigos. Disponível em: <https://abracd.org/author/robsjc/>. Acesso em: jun. 2022.

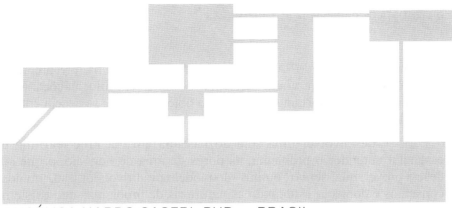

ANGÉLICA NARDO CASERI, PHD — BRASIL

APRENDENDO CIÊNCIA DE DADOS, NA PRÁTICA

CIÊNCIA DE dados, nesses últimos anos, ouvimos falar tanto deste termo, mas a que se refere? Quais são os primeiros passos para estudar ciência de dados? Como se tornar cientista de dados?

Muitas vezes é criado um tabu e quase que algo inatingível, como se fosse impossível para quem não tem graduação na área. O objetivo deste capítulo é trazer o passo a passo de como se tornar cientista de dados e desmistificar conceitos utilizados na área a partir de um *case*.

Primeiramente, muitos termos e métodos atuais são técnicas utilizadas há anos, mas, ao longo do tempo, os nomes foram alterando. Muitos dos algoritmos de machine learning são basicamente algoritmos de estatística tradicional. Como, por exemplo, regressões que por meio do entendimento do comportamento e padrões de dados históricos tentam prever comportamentos futuros. Então, a primeira dica é entender, de modo geral, a estatística por trás dos algoritmos de machine learning.

Vocês podem estar pensando no momento, então é preciso estudar estatística primeiro? Na verdade, não. A sugestão é estudar estatística conforme você vai estudando as naturezas dos problemas, os algoritmos e técnicas de ciência de dados, tudo isso sempre pensando em algo aplicado, em solucionar um problema.

Como assim aplicado? A ciência de dados é baseada na interpretação dos dados, a ideia central é transformar os dados em informações. Mas antes de tudo, é importante saber qual o objetivo, o que se deseja entender, solucionar, qual é a dor?

Para se desenvolver uma solução baseada em machine learning é essencial entender o problema, as dores da área de negócio, o que se deseja prever, qual será o "output" do modelo preditivo. Por isso, um dos conselhos é começar estudando as naturezas de problemas que existem na ciência de dados, que são problemas de classificação, regressão, time series, agrupamento, associação e otimização. Estude um pouco sobre cada natureza de problema, entenda a abordagem e exemplos em que cada uma é utilizada para desenvolver soluções.

Após conhecer um pouco sobre cada natureza de problema, a fim de entender como funciona na aplicação, pegue exemplos de desenvolvimento de soluções. Utilize sites, fontes como kaggle, towardsdatascience, Machine Learning Mastery. Dessa forma, você conseguirá ver exemplos de soluções e entender melhor como funcionam esses tipos de abordagens. Esta atividade vai te ajudar a ter um *overview* sobre preparação dos dados, análise exploratória dos dados, principais modelos utilizados para aquela natureza de problema e as métricas de performance dos algoritmos que são mais utilizadas.

Vocês podem estar pensando, mas, e quem não sabe programação? Não sabe python? Outra dica é, em paralelo, vocês iniciarem um curso básico de python para começarem a estudar programação. Estes cursos vocês podem encontrar na Udemy, Coursera, ou no próprio YouTube e outras plataformas. As principais bibliotecas do python utilizadas na ciência de dados são: pandas, numpy, matplotlib, seborn, scikit-learn, keras, tensorflow.

Para o desenvolvimento destas soluções utiliza-se o Data Science Life Cycle, ele representa o ciclo de vida de produtos digitais que envolvem algoritmos de machine learning. Nos próximos parágrafos serão apresentadas as etapas do Data Science Life Cycle a partir de um estudo de caso. O estudo de caso será a previsão de geração de energia em uma determinada região para os próximos meses. O Data Science Life Cycle utilizado aqui será baseado no modelo da Microsoft apresentado na figura a seguir.

Figura 28 – Data Science Lifecycle

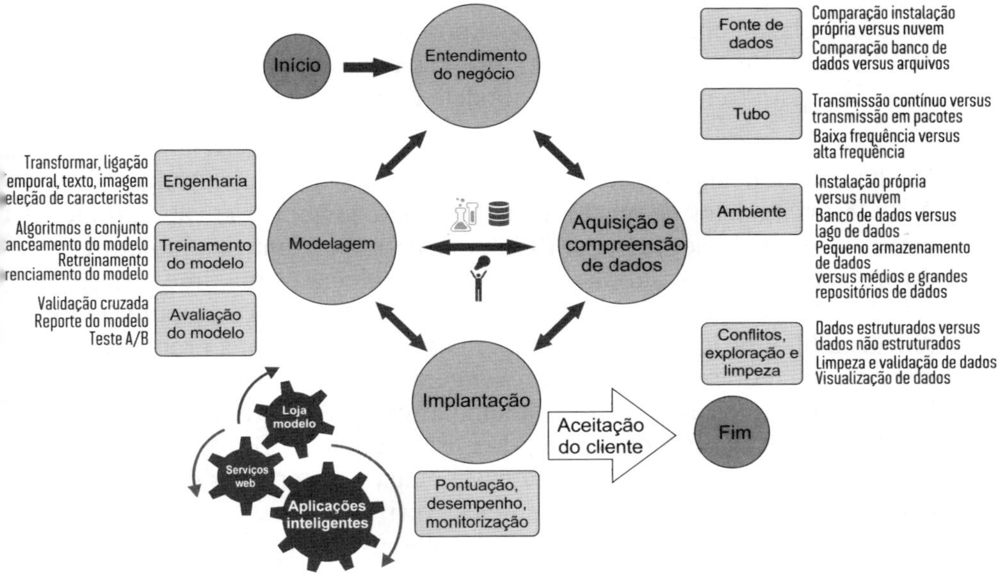

Fonte: Microsoft.com[21].

A primeira etapa é o Business Understanding. Nesta fase, o squad, o time, é responsável por entender o problema. Nesta fase, é muito importante a troca com a área de negócios, principalmente, para entender a dor, identificar quais dados que podem ser utilizados que são relacionados ao problema. No *case* de exemplo, nesta fase, é importante entender quais são os fatores que influenciam na geração de energia, como, dados climáticos, histórico de energia gerada nos últimos anos, dados do reservatório de hidrelétricas entre outros.

Após entendimento do negócio, a próxima fase é a Data Acquisition & Understanding. Ela está relacionada à coleta, extração, verificação da qualidade dos dados e análise exploratória dos dados. Esta fase tem o objetivo de selecionar os dados que serão utilizados para construir um algoritmo de machine learning. Considerando o *case*, nesta fase, foram

---

21. Disponível em: <https://docs.microsoft.com/pt-br/azure/architecture/data-science-process/lifecycle>. Acesso em: 15 out. 2022.

verificados os missing values e as lacunas nos dados para verificar a qualidade dos dados. Na análise exploratória de dados, são gerados gráficos de linha, boxplot, de barras para entender o comportamento de cada variável, além de utilizar mapas de calor (heatmap) para identificar a correlação entre as variáveis. Após essas análises, é construída a MasterTable. Nesta tabela, encontram-se as variáveis (features) que serão utilizadas para treinar e validar o modelo de machine learning.

Após a verificação da qualidade dos dados, começa a etapa de Modeling, modelagem. Nesta fase, o objetivo é construir, treinar, validar e testar modelos de machine learning que possam resolver a problemática da área de negócios; por isso, é necessário identificar a natureza do problema. No *case* abordado, o tipo de problema é uma time series. A fim de entender quais algoritmos utilizar, uma das dicas é procurar referências bibliográficas que abordam temas parecidos com a problemática considerada. Por exemplo, para prever geração de energia podem ser utilizados algoritmos estatísticos tradicionais como ARIMA ou mais sofisticados, como algoritmos de deep learning, como o LSTM baseado em redes neurais recorrentes. A ideia nesta etapa é testar mais de um algoritmo e comparar a performance deles, verificar se estão conseguindo prever com boa performance e qual o melhor algoritmo.

Nesta fase, também é necessário entender como o algoritmo será validado, quais são as métricas de validação. No *case* abordado aqui, como é uma time series, podem ser utilizadas como métricas de validação o MAPE (erro percentual absoluto médio) e o RMSE (root mean squared error), o qual calcula a raiz quadrática média do erro das previsões e do observado. Em ambas as métricas, quanto mais próximo de zero, melhor a performance do algoritmo. Normalmente, é indicado utilizar mais de uma métrica para validar o algoritmo.

A etapa de Deployment

é a última fase do Data Science Life Cycle. Ela é caracterizada por implementar a solução em produção. Para isso, é necessário entender de quanto em quanto tempo a área de negócios precisa das previsões, qual a frequência, qual a forma de visualização dos resultados, quais são as métricas de sucesso da solução para a área. Nesta fase, o algoritmo treinado na modelagem é utilizado para realizar novas previsões em tempo real. Considerando o *case* de previsão de geração de energia, as previsões precisam ser geradas todo mês a fim de antever os próximos três meses. Para isso é utilizado o algoritmo treinado e validado, são considerados como inputs as variáveis utilizadas na MasterTable.

Esta solução em produção precisa ser monitorada. Normalmente são criados dashboards com gráficos de acompanhamento das métricas de performance do algoritmo. Para verificar se a solução não está perdendo a performance, é necessário calcular as métricas de avaliação do algoritmo a cada nova previsão gerada. Caso seja verificada alteração de performance, podem ser realizados ajustes no algoritmo, como, por exemplo, adicionar novas features, testar novos algoritmos.

Após a conclusão desta fase, as etapas do Data Science Life Cycle estão completas. Entretanto, é possível notar na própria figura que existem flechas de conexão entre as etapas. Concluir o ciclo não significa que você não terá que passar ou retornar para uma fase. Muitas vezes, são necessários reajustes nos modelos, ou não é possível obter uma solução satisfatória com os dados obtidos. Assim, é necessário coletar mais dados e novas informações com a área de negócios, entre outros exemplos. O processo de construção de uma solução de Data Science é um ciclo, ele é baseado em construir, medir e aprender.

Este capítulo teve como objetivo introduzir conceitos e técnicas utilizados no mundo da ciência de dados e exemplificar o desenvolvimento de uma solução utilizando algoritmo de machine learning baseando-se no Data Science Life Cycle. Não fiquem preocupados com a quantidade de informações e conteúdos existentes neste universo da ciência de dados. Um passo de cada vez, o segredo é praticar, estudar e sempre buscar novas soluções e atualizações.

ANGÉLICA NARDO CASERI
angelikacaseri@gmail.com

FORMADA EM ENGENHARIA pela UNESP (Rio Claro-SP) e pelo INPT (Toulouse, França). PhD (AgroParisTech, França) e pós-doutorado em hidrometeorologia, utilizando técnicas de geoestatística e de inteligência artificial. Ganhadora do Prêmio Brasil Referência em Dados 2021. Com mais de 8 anos de experiência na área, atualmente é Data Science Lead. Igualmente, atua em projetos de pesquisa em colaboração com universidades e centros de pesquisas como PUC-Rio, Cemaden e ICMC-USP. Criadora do canal DATA.AI (@data.ai_cienciadedados) o qual tem como objetivo divulgar e propagar o conhecimento em ciência de dados.

COMENTÁRIOS DO AUTOR HEVERTON ANUNCIAÇÃO SOBRE ESTE ARTIGO

EM 2021, eu fui um dos nomes indicados a concorrer ao prêmio e votação para ganhar o Prêmio Brasil Referência em Dados. Eu era um dos concorrentes, e no grupo também havia a Angélica Nardo. E eu fiquei muito feliz que ela ganhou, pois a questão aqui não é quem ganhou ou deixou de ganhar um prêmio, mas quem está sendo referência para que outros venham se inspirar.

Ao ler o artigo da Angélica, ela mostra um passo a passo prático de tantas variáveis e preocupações que um cientista de dados, homem ou mulher de negócios, deve ficar atento na maestria de unir expertises para atingir um determinado resultado.

É muito importante o profissional desta área não ser um "fundamentalista radical" e apaixonado por tecnologia A ou B, ferramenta C ou X, pois o que é viável hoje, amanhã poderá ser complementado ou até descartado. Para que um cientista de dados produza de forma eficiente, ferramentas ou processos mais ágeis deverão ser sempre pesquisados.

DICA

Algoritmos: a inteligência artificial já chegou — e dominou nossas vidas. Disponível em: <https://veja.abril.com.br/cultura/algoritmos-a-inteligencia-artificial-ja-chegou-e-dominou-nossas-vidas/>. Acesso em: jul. 2022.

CURIOSIDADE

12 erros comuns em ciência de dados que comprometem a tomada de decisão. Disponível em: <https://itforum.com.br/noticias/12-erros-comuns-em-ciencia-de-dados-que-comprometem-a-tomada-de-decisao/>. Acesso em: jul. 2022.

SUGESTÃO DE LEITURA COMPLEMENTAR

Calibrando e validando modelos matemáticos. Disponível em: <https://www.aquafluxus.com.br/calibrando-modelos-matematicos/?lang=en>. Acesso em: jul. 2022.

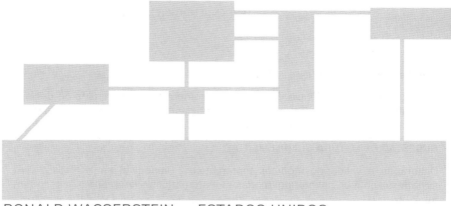

RONALD WASSERSTEIN — ESTADOS UNIDOS

UM ÓTIMO MOMENTO PARA SER UM ESTATÍSTICO

TOMANDO MINHA deixa de David Eisenbud e Kirsten Bohl, enquanto escrevo isto, estou sentado em minha mesa a poucos quilômetros ao sul de onde as flores de cerejeira serão presságios da primavera. Entretanto, olhando pela minha janela em um dia frio de janeiro, árvores estéreis e ruas salgadas não dizem nada além de inverno, inverno, inverno.

Ao ler isto, no entanto, é o mês da Conscientização Matemática e Estatística, e é um ótimo momento para conscientizar os estudantes sobre as oportunidades que lhes são oferecidas por meio de estudo e carreiras em matemática e estatística. Nossa pesquisa revela que quando os estudantes do ensino médio e universitário de hoje pensarem no que gostariam de fazer, eles querem fazer trabalho que pode fazer a diferença no mundo, trabalho que desafiará seu intelecto e satisfará sua curiosidade, trabalho que é agradável, e (naturalmente) trabalho que paga bem.

É difícil vencer a matemática e a estatística para trabalhos que se encaixam nessas aspirações.

E a palavra está se espalhando! Quatro dos dez empregos mais bem classificados na atual pesquisa CareerCast.com estão diretamente relacionados com nossas profissões. Da mesma forma, quatro dos dez melhores graduados como classificados pela *Fortune* estão em Matemática e

Estatística. USNews.com ocupa o quarto lugar na lista de vinte e cinco melhores empregos. Este tipo de reconhecimento aparece em outros rankings também, e está sendo refletido em estudantes nas escolhas de graduação. Desde 2010, de acordo com dados do IPEDS, o número de bacharéis matemáticos concedidos cresceu 28%, e nas estatísticas, por um impressionante 170%. (Isso é partindo de uma base menor, mas ainda assim muito encorajador.)

A comunidade matemática, como David e Kirsten tem apontado, está fazendo coisas maravilhosas para promover a importância da matemática. No final deste resumo-coluna, digo uma palavra rápida sobre uma delas. A comunidade estatística também está trabalhando arduamente para aumentar o número de estudantes, a consciência do valor da alfabetização estatística básica e do potencial para carreiras em estatística. Nosso maior investimento é uma iniciativa de divulgação chamada "This Is Statistics" (Isto é Estatística) (www.thisisstatistics.org), e estamos muito encorajados com os resultados deste programa ao entrar em seu terceiro ano de existência.

Milhares de estudantes estão aprendendo que a estatística — a ciência de aprender com os dados, e de medir, controlar e comunicar a incerteza — é uma excelente escolha de carreira.

Embora 2016 tenha sido rotulado como o "pior ano de todos os tempos", uma afirmação de que, além das considerações históricas, quase qualquer matemático ou estatístico disputaria apenas com base na teoria do valor extremo, foi um bom ano para as estatísticas. O Diretor de Política Científica da ASA, Steve Pierson, documentou isso bem em seu blog *Nove Reconhecimentos para Estatísticas em 2016.*

Destes nove, um destaque para mim foi o anúncio do primeiro ganhador do Prêmio Internacional de Estatística. As contribuições de Sir David Cox impactaram o bem-estar da maioria de nós, por isso foi apropriado que o Dr. Cox seja o vencedor do equivalente estatístico dos prêmios mais importantes em outros campos, como o Prêmio Abel em Matemática.

Estes prêmios servem para lembrar ao público que o trabalho dos estaticistas e matemáticos pode ser muito abstrato, mas muitas vezes impacta a forma como vivemos.

Neste "mundo pós-verdade", os matemáticos e estatísticos de todos os lugares deveriam engajar o público para aumentar a compreensão e a confiança em nossos campos. É encorajador ver o grande trabalho na área de engajamento público que já está sendo feito por nossas comunidades.

Um exemplo de envolvimento público é o Museu Nacional de Matemática, que minha colega da ASA, Donna LaLonde, e eu visitamos no ano passado. Passamos parte de nosso tempo vendo as exposições, e uma parte de nosso tempo apenas vendo os visitantes se envolverem com elas. No prédio, naquele dia, havia um grande grupo de crianças de meia-idade.

Em nossa observação, não era aparente que uma única criança tivesse aprendido algo específico sobre matemática. Mesmo assim, ficou claro que todos eles se deram conta de que a matemática é muito legal. Essa é uma ideia que vale muito a pena plantar, e estamos entusiasmados em trabalhar com vocês para aumentar a consciência e o entusiasmo pela matemática e pelas estatísticas.

Estatísticas: Um caminho de carreira com oportunidades ilimitadas

No mundo moderno e digital de hoje, mais dados estão disponíveis para nós do que nunca. Cada vez mais, organizações de todos os tipos estão buscando oportunidades para usar esses dados para entender seus clientes, otimizar seus processos, aumentar seu retorno sobre o investimento e muito mais. Para analisar todos esses dados e obter insights precisos, elas precisam de estatísticos.

A estatística — a ciência de aprender com os dados — é um dos campos que mais cresce nos Estados Unidos, com uma taxa de crescimento projetada de 34% entre 2016 e 2026, de acordo com o Bureau of Labor Statistics. Uma carreira em estatística é uma carreira gratificante, bem remunerada e constantemente em demanda. Em 2019, a *U.S. News & World Report* classificou o estatístico como o melhor trabalho empresarial, e os *EUA HOJE* nomearam o estatístico como o quinto melhor trabalho nos Estados Unidos. Além disso, você pode aplicar estatísticas a praticamente qualquer campo, tornando uma carreira em estatística um caminho profissional altamente relevante, flexível e valioso.

Os estudantes de hoje podem se preparar para oportunidades ricas e diversificadas como a próxima geração de estaticistas. Aqui estão quatro razões pelas quais os estudantes devem considerar a estatística como uma carreira futura:

1. Os estatísticos podem perseguir suas paixões

Os estatísticos trabalham em quase todas as áreas, desde a pesquisa em saúde global até o Vale do Silício, passando pela análise esportiva até o jornalismo. Os estudantes podem aplicar suas habilidades estatísticas a qualquer tópico e indústria pelos quais são apaixonados.

2. Os estatísticos são muito procurados

Todos precisam de um estatístico e, como se espera que o campo cresça rapidamente nos próximos anos, aqueles com experiência em estatística continuarão a ser um trunfo para qualquer organização. A análise de dados, a matemática e a capacidade de comunicar resultados vão de mãos dadas com uma educação em estatística, equipando os estudantes com habilidades altamente comercializáveis.

3. Os estatísticos são bem pagos

Em maio de 2018, o salário médio anual dos estaticistas era de US$87.780, enquanto os 10% mais bem pagos ganhavam cerca de US$139.350 ou mais. Além de serem procurados, os estaticistas também ganham um ótimo salário.

4. Os estatísticos podem mudar o mundo

As estatísticas podem ter um impacto significativo em questões globais. Os estatísticos estão entre os que lideram a carga de mudanças no mundo real em muitos dos tópicos mais críticos de hoje. Na pesquisa médica, saúde global e estudos sobre mudanças climáticas, há estatísticos nos bastidores que estão tornando o mundo um lugar melhor por meio de suas lentes analíticas.

Espera-se que o campo das estatísticas cresça drasticamente nos próximos anos, portanto nunca houve um momento melhor para seguir este caminho de carreira. Uma vez que os estatísticos são procurados e essenciais para muitas organizações, eles também ganham muito dinheiro por seu trabalho. Os estatísticos se sentem realizados por seus empregos e são capazes de trabalhar em uma variedade de indústrias, de modo que podem combinar suas paixões e sua profissão. Como disse certa vez o estatístico John Tukey: "A melhor coisa de ser um estatístico é que você pode jogar no quintal de todos."

RONALD L. WASSERSTEIN
ron@amstat.org
www.amstat.org

DIRETOR-EXECUTIVO da Associação Americana de Estatística (ASA), Ronald L. (Ron) Wasserstein assumiu o cargo de liderança da ASA em agosto de 2007.

Nesta função, Wasserstein fornece liderança executiva e administração para a associação e é responsável por assegurar que a ASA cumpra sua missão de promover a prática e a profissão de estatística. Ele também é responsável por uma equipe de 35 pessoas na sede da ASA em Alexandria, Virgínia. Como diretor-executivo, Wasserstein também é um porta-voz oficial da ASA.

Antes de ingressar na ASA, Wasserstein foi membro do corpo docente e administrador do departamento de matemática e estatística da Universidade Washburn em Topeka, Kansas, de 1984 a 2007. Durante seus últimos sete anos na escola, ele serviu como vice-presidente para assuntos acadêmicos da universidade.

Wasserstein é membro de longa data da ASA, tendo ingressado na associação em 1983, e tem sido ativo como voluntário na ASA por mais de 20 anos. Ele serviu duas vezes como presidente do Capítulo Kansas-Western Missouri da ASA. Wasserstein serviu como presidente de duas seções da ASA — a Seção de Educação Estatística da ASA e a Seção de Consultoria Estatística da ASA. Ele também presidiu o Conselho de Administração dos Capítulos em 2006 e foi membro do Conselho de Administração da ASA de 2001 a 2003.

Wasserstein é membro da ASA e da Associação Americana para o Progresso da Ciência. Ele recebeu o Prêmio John Ritchie Alumni e o Prêmio Muriel Clarke Student Life da Washburn University e o Manning Distinguished Service Award da Associação Norte-Americana de Escolas de Verão.

Ron e sua esposa, Sherry, vivem no norte da Virgínia e gostam de filmes, teatro ao vivo, livros e de se dedicar a seus filhos e netos.

COMENTÁRIOS DO AUTOR HEVERTON ANUNCIAÇÃO SOBRE ESTE ARTIGO

EU FIQUEI MUITO FELIZ em trazer o Ronald para este livro. Não somente pela sua valiosa contribuição, mas também por ele representar a associação de estatísticos mais importante dos Estados Unidos.

O Brasil está tentando recuperar o atraso das últimas duas gerações pelo baixo investimento em exatas. Isso porque a maioria dos engenheiros, por exemplo, ao invés de trabalhar em sua área, foi trabalhar como gerente de banco, pois não havia obras no Brasil, por exemplo. Com isso, os bancos contrataram esses profissionais para outras finalidades, pois dominavam a matemática e pensamento sistêmico.

Há logicamente um glamour para uma das profissões mais "sexy" do momento, entretanto, nem todos suportarão o nível de dedicação exigido para se tornar uma referência no setor.

DICA

Estatística: carreira, áreas de atuação e especialização. Disponível em: <https://www.guiadacarreira.com.br/profissao/estatistica/#:~:text=Como%20se%20especializar%20na%20%C3%A1rea,escolher%20um%20institui%C3%A7%C3%A3o%20bem%20conceituada>. Acesso em: 15 out. 2022.

CURIOSIDADE

Aquarela — Quais perfis existem em ciência de dados? Disponível em: <https://www.aquare.la/quantos-perfis-existem-em-ciencia-de-dados/>. Acesso em: jul. 2022.

Indeed — Construa uma carreira que você vai adorar: Disponível em: <https://www.indeed.com/career/data-scientist/salaries?aceid=&kw=adwords_c_9099621460_15516767951_&sid=us_googconthajpmax-_c__g_1031906_gclid$_CjwKCAjw5s6WBhA4EiwACGncZf6o-6Sfi76o5GzZ5-OHfRl2hT2jfzDUeiDCJrnhpQMgDf4BhdX7rBoCwmYQAvD_BwE&gclid=CjwKCAjw5s6WBhA4EiwACGncZf6o-6Sfi76o5GzZ5-OHfRl2hT2jfzDUeiDCJrnhpQMgDf4BhdX7rBoCwmYQAvD_BwE>. Acesso em: 15 out. 2022.

SUGESTÃO DE LEITURA COMPLEMENTAR

UOL — Guia de Profissões — Estatística. Disponível em: <https://vestibular.mundoeducacao.uol.com.br/guia-de-profissoes/estatistica.htm>. Acesso em: jul. 2022.

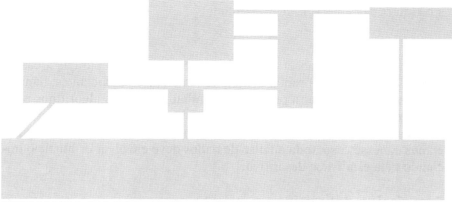

FERNANDA MACIEL, PHD — ESTADOS UNIDOS

PRECISO MESMO FAZER UMA ESTATÍSTICA DESCRITIVA?

Estatística?

Quando se fala em ciência de dados, pensamos logo em programação, Python, Machine Learning, algoritmos... Porém, não vemos tópicos de estatística sendo citados com a mesma frequência. Em cursos de ciência de dados, quando muito, há apenas um módulo dedicado ao ensino de estatística.

Mas por que falo de estatística em um livro sobre ciência de dados? Para ser um cientista de dados, é necessário saber analisar os dados, concorda? E adivinhe: estatística é a ciência que estuda métodos de coleta, análise e interpretação de dados.

É ao analisar e interpretar os dados que você se torna o profissional qualificado que o mercado busca. Se você sabe trabalhar com dados, você tem um diferencial — o que te faz ser mais qualificado e, consequentemente, mais bem remunerado.

Como professora, observo muitas pessoas migrando para as áreas de dados sem ter a base pronta. Principalmente entre os iniciantes, há uma ansiedade em aprender a programar e trabalhar com os algoritmos mais avançados. Mas se esquecem que em qualquer construção é necessário ter uma base bem-feita. Refiro-me a "começar pelo começo", sem pular etapas e, nesse caso, toda análise de dados deve envolver estatística, iniciando pela estatística descritiva.

Estatística descritiva

Fazer uma análise descritiva significa descrever ou resumir seus dados antes de trabalhar com eles. Também chamada de análise exploratória, ou seja, explorar, conhecer seus dados. Por ser a base de qualquer análise, muitos consideram ser "simples" — mas já que é simples, não deveria ser feita correta e cuidadosamente? É importante entendermos o que é necessário fazer para utilizarmos o método adequado.

Eu gosto de chamar esta primeira etapa de "namorar os dados", que é quando você realmente presta atenção nos dados que tem, antes de começar seus códigos de machine learning, por exemplo. Entender a quantidade de variáveis faltantes, outliers, a medida central, a distribuição dos dados e, em cada análise, perguntar-se se "isso faz realmente sentido?".

Entender os tipos de dados

Ao começar a "namorar os dados", entenda quais são os tipos de dados que tem. Esses se dividem em quantitativos e qualitativos.

Dados quantitativos são dados numéricos (pense em quantidade). Exemplos são: idade, preço e temperatura, e podem ser resumidos em uma média. Esses tipos de dados são visualizados como um histograma ou boxplot.

Dados qualitativos são dados em categorias. Exemplos são: bairro, sabor favorito ou uma resposta sim/não. Podem ser mostrados como uma frequência, proporção ou porcentagem. Neste caso, não podemos tirar uma média. Atenção a essa última frase, pois não devemos calcular uma média só porque existe um número. Um exemplo seria CEP ou CPF, ambos são números, correto? Mas não temos uma quantidade, na verdade, eles representam categorias (endereço e identidade, respectivamente). A média de meu CPF com o seu não significa nada. Da mesma forma, se tiver dados categóricos, como sim e não ou feminino e masculino, não devemos calcular a média. Esses tipos de dados são visualizados em tabelas ou gráficos, como o popular gráfico de barras.

Medidas de tendência central

Uma medida de tendência central, como o nome diz, mostra o valor que está no centro dos seus dados. Podemos calcular de três formas:

- Média: calculamos ao somar todos os valores e dividir pelo número de observações. Como vimos anteriormente, usamos com dados quantitativos.

- Mediana: é o valor central literalmente, valor que se encontra no meio quando colocamos o conjunto de dados em ordem crescente. Também usada com dados quantitativos.

- Moda: é o valor com maior frequência no conjunto de dados. Pode ser usada em dados quantitativos, mas é mais comum quando temos dados qualitativos, observando, assim, a categoria com maior frequência.

Por costume, a média é a medida mais utilizada, mas nem sempre ela é a mais adequada para representar o valor central de um conjunto de dados. Vejamos este exemplo:

Em uma empresa, temos um total de 25 funcionários. Destes, 12 recebem R$2 mil, 1 recebe R$3 mil, 4 recebem R$3.700, 3 recebem R$5 mil, 1 recebe R$5.700, 2 recebem R$10 mil, 1 recebe R$60 mil e 1 recebe R$90 mil.

Para entender como analisar esses dados, vamos escrevê-los em ordem crescente:

2.000, 2.000, 2.000, 2.000, 2.000, 2.000, 2.000, 2.000, 2.000, 2.000, 2.000, 2.000, 3.000, 3.700, 3.700, 3.700, 3.700, 5.000, 5.000, 5.000, 5.700, 10.000, 10.000, 60.000, 90.000.

Para calcular a média, somamos todos os valores (232.500) e dividimos pelo número de observações (25), que dá 9.300.

Para calcular a mediana, identificamos o valor que se encontra no meio do conjunto de dados, que já está na ordem crescente, que é 3.000.

Já a moda, por ser o valor com maior frequência (2.000), não representa uma medida de centralidade nesse caso.

Entre a média e a mediana, qual parece identificar o valor central mais adequadamente, observando o conjunto de dados? A média é um valor bem acima do centro, pois está sendo influenciada por dois valores destoantes, que são os outliers. Nesse caso, a mediana apresenta um valor mais real do que está no centro dos dados. Ou seja, caso seu conjunto de dados tenha valores que são muito discrepantes quando comparados aos demais (tanto acima, quanto abaixo), eles acabam influenciando a média. Nesse caso, a mediana acaba por ser a medida de centralidade mais adequada.

A mediana também é a medida mais adequada quando temos uma distribuição assimétrica, o que acontece com bastante frequência (veremos isto mais adiante).

Medidas de dispersão

As medidas de dispersão mostram a extensão ou variabilidade de um conjunto de dados. Ou seja, quanto os seus dados estão dispersos. Essas medidas também são bastante utilizadas, mas por si só não dizem muito sobre os dados. Elas são úteis para outras análises, tais quais as técnicas de inferência estatística, como o intervalo de confiança ou os testes de hipóteses. Os métodos mais comuns são:

- Amplitude: calculamos ao subtrair o menor valor do maior valor. É a medida mais simples, mas é também muito simplista, já que só nos dá informação sobre essa diferença.

- Variância: calculamos a diferença entre cada observação e a média do conjunto de dados, elevamos ao quadrado, somamos todos esses valores e dividimos pelo número de observações. Provavelmente você não fará esse cálculo à mão, mas saiba que é uma medida de dispersão que mostra quão distantes os valores estão da média.

o Desvio padrão: nada mais que a raiz quadrada da variância. É a medida mais usada, pois ela "corrige" o fato de a variância mostrar o resultado ao quadrado.

Distribuição dos dados

Outro ponto importante é entender a forma como os dados estão sendo distribuídos, o que observamos em um gráfico. Quando falamos em distribuição dos dados, falamos em dados quantitativos e, como vimos anteriormente, são visualmente representados por histogramas ou boxplots.

o Histograma: gráfico de distribuição onde seus dados estão ordenados no eixo x, separados em faixas de valores, e a frequência (ou percentual) com que eles ocorrem está no eixo y, como pode ser visto na Figura 29.

o Boxplot: representado visualmente pelo diagrama de caixas. O boxplot é bem completo, pois mostra 5 valores: o mínimo, o primeiro quartil, o segundo quartil (que é a mediana), o terceiro quartil e o máximo. Além disso, pode mostrar também *outliers*, caso estejam presentes nos seus dados, como pode ser visto na Figura 30.

o Histograma × Boxplot: como ambos os gráficos são usados para dados quantitativos, a Figura 31 mostra os mesmos dados sendo visualizados na forma de um histograma e de um boxplot.

Simetria dos dados

Histogramas e boxplots também mostram se há uma simetria nos dados. Os dados podem ter uma distribuição:

o Simétrica: uma distribuição na qual, se "cortarmos" a figura ao meio, o lado direito seria um espelho do lado esquerdo. Em um histograma, podemos observar a distribuição como uma forma de sino, enquanto o boxplot aparece centralizado, e o lado direito espelhando o lado esquerdo.

- Assimétrica: uma distribuição na qual um dos lados terá uma concentração de valores, formando uma "cauda" no lado oposto.

Para a análise descritiva, é importante saber se seus dados têm distribuição simétrica ou assimétrica, pois isso influencia se usamos a média ou a mediana. Caso os dados sejam mais próximos à simetria, usamos a média, enquanto houver uma assimetria (independentemente de onde esteja a concentração dos dados), a mediana será a medida de tendência central mais adequada.

Correlação

Realizamos uma análise de correlação para verificar se existe uma relação entre duas variáveis quantitativas. Atenção: usamos a correlação somente entre duas variáveis. Caso tenha mais do que duas, essa análise será feita duas a duas. A correlação pode:

- Ser positiva: quando uma variável aumenta, a outra também aumenta, e vice-versa. Um exemplo seria a relação entre anos de estudo e salário: quanto mais estudo você tem, maior é o seu salário. Lembrando que a correlação mede uma tendência (relação) e não significa uma regra, afinal há pessoas que estudaram muitos anos e ganham pouco e pessoas que não tiveram uma educação formal e ganham muito.

- Ser negativa: quando uma variável aumenta, a outra diminui. Um exemplo seria a relação entre tempo de estudo para uma prova e erros cometido nessa prova: quanto mais você se prepara para uma prova, menos erros você comete. Novamente, não é uma regra, já que alguém que não se preparou pode cometer poucos erros e alguém que estudou muito pode ter muitos erros.

- Não existir: podemos também não ter uma correlação entre as duas variáveis observadas. Um exemplo seria a relação entre o consumo de café e a temperatura, já que, no Brasil, não existe uma mudança no consumo de café se esfriar ou esquentar. Mesmo no calor, sempre tomamos nosso cafezinho.

Coeficiente de correlação

O coeficiente de correlação é o valor obtido ao fazer essa análise. Ele descreve a direção (positiva ou negativa) e o grau dessa relação (forte, moderado, fraco). Esse valor pode variar entre -1 e 1, sendo:

Coeficiente > 0: correlação positiva

Coeficiente < 0: correlação negativa

Coeficiente = 0: não há correlação

Caso o coeficiente de correlação seja próximo de -1 ou 1, há uma correlação forte entre as variáveis; porém, no primeiro caso é negativa, enquanto no segundo, é positiva. Valores próximos a 0,5 são considerados moderados, enquanto valores próximos a 0 indicam falta de correlação ou uma correlação muito fraca.

Correlação × causalidade

Um ponto muito importante de observar é que a correlação entre duas variáveis não indica que uma cause a outra. Esse é um dos maiores erros que observamos em relação à correlação, principalmente nos noticiários.

Considere esse fato: "O consumo de sorvete está relacionado a ataques de tubarão." A explicação causal seria que tomar sorvete nos faz ter um gosto bom, atraindo os tubarões. Não faz sentido, certo? Nesse caso, o que acontece é que temos uma terceira variável que afeta as duas (consumo de sorvete e número de ataques de tubarão). Essa variável "escondida" seria o calor ou o verão. No verão, as pessoas tomam mais sorvetes, e também mais pessoas entram no mar, ficando mais propensas a ataques de tubarão.

Esse é um exemplo bem simples para você entender que a causalidade nem sempre faz sentido. A correlação indica somente que duas variáveis aumentam ou diminuem "juntas" (caso sejam positivas) ou que têm uma relação inversa (caso sejam negativas). É claro que algumas correlações indicam, sim, causalidade, por exemplo, a quantidade de comida ingerida e a quantidade de aumento de peso, já que quanto mais se come, mais peso se ganha. Porém, fique atento, pois a correlação não mede essa causalidade!

Lista de figuras

Figura 29 – Histograma mostrando a frequência de preços de casas, que variam entre US$300 mil e US$800 mil

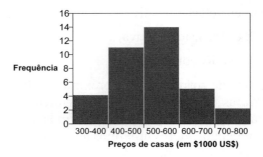

Fonte: Conteúdo autoral.

Figura 30 – Boxplots lado a lado mostrando a distribuição da idade de atores e atrizes que ganharam o Oscar entre os anos 1970 e 2001

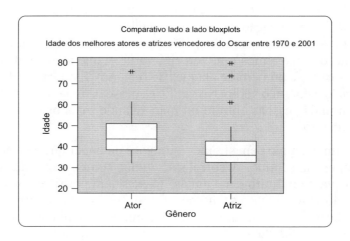

Fonte: Conteúdo autoral.

Figura 31 – Três conjuntos de dados (A, B e C) sendo representados visualmente por um histograma e um boxplot

Fonte: Conteúdo autoral.

FERNANDA MACIEL, PHD
fernandamacielprof@gmail.com

FERNANDA MACIEL é professora de Business Analytics na California State University. Formada em Estatística pela UFRJ, obteve um MBA com foco em Marketing pela PUC-Rio, um Mestrado em Marketing Analytics e Doutorado em Business Analytics pela Bentley University (EUA).

Também é professora nas redes sociais, compartilhando aulas e conteúdo de Estatística. Encontre a professora nas redes sociais: https://links.proffernandamaciel.com.br/.

Clube do Livro de Estatística — O primeiro Clube do Livro de Estatística do Brasil em @clubedolivrodeestatistica.

https://www.instagram.com/clubedolivrodeestatistica

COMENTÁRIOS DO AUTOR HEVERTON ANUNCIAÇÃO SOBRE ESTE ARTIGO

EU FIQUEI TÃO orgulhoso em ter a participação da Dra. Fernanda neste livro. Orgulho de uma brasileira, com PhD, que, mesmo morando fora do Brasil e podendo estar em qualquer lugar do mundo, não esqueceu o Brasil!

Nas suas postagens e cursos, ela está adaptando o conhecimento às necessidades específicas do mercado brasileiro ou mundo dos negócios. Por meio de suas pílulas de conhecimento nas redes sociais, essas abrem o "apetite" para o estudante ou profissional perder o receio ou até o medo da matemática ou ciência de dados.

Fernanda é a prova de que uma mulher pode ser quem desejar ser ou construir o que desejar, desde que respeite a lógica do plantar e colher.

DICA
https://www.educamaisbrasil.com.br/enem/matematica/estatistica

CURIOSIDADE
Estatística descritiva no Excel para Comparação. Disponível em: <https://www.youtube.com/watch?v=mg-xk0UOiKk>. Acesso em: jul. 2022.

SUGESTÃO DE LEITURA COMPLEMENTAR
Análise de dados no Excel — Aula 1 — Estatística | Prof. Fernanda Maciel. Disponível em: <https://www.youtube.com/watch?v=xJW4n432ZmU&pbjreload=102>. Acesso em: jul. 2022.

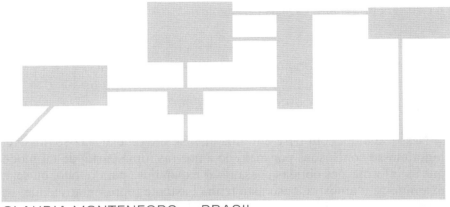

CLAUDIA MONTENEGRO — BRASIL

OS DADOS OBTIDOS MEDIANTE INFERÊNCIAS NA ÁREA DA SAÚDE E OS IMPACTOS NA LGPD

AS PREOCUPAÇÕES éticas, legais e sociais quanto à aplicação das inferências obtidas no atual estágio de desenvolvimento tecnológico das técnicas de Big Data.

Conceito de estatística e inferência

A estatística se divide em Estatística Descritiva, mais básica (focada na descrição das amostras), e Estatística Indutiva ou Inferência Estatística, mais complexa, procurando deduzir ou obter resultados com base na descrição das amostras, via modelos matemáticos.

O que seria inferência:

> *Inferência é uma dedução feita com base em informações ou um raciocínio que usa dados disponíveis para se chegar a uma*

> conclusão. Inferir é deduzir um resultado,
> por lógica, com base na interpretação de
> outras informações. (1)

Nesse sentido, com base em uma análise inferencial, faz-se possível lograrem-se conclusões por meio de amostras (uma parte) de tal modo que as informações obtidas possam ser expandidas para o todo, ou seja, examina-se a amostra, caso esta tenha bastante representatividade, os resultados alcançados poderão ser expandidos e generalizados.

Atualmente tem-se conhecimento de que uma grande variedade de empresas, por meio de *cookies* e tecnologias semelhantes, direciona a publicidade para usuários que tenham interesse em assuntos que tratam de determinada doença, religião ou assuntos políticos.

A vasta quantidade na rede de dados digitais disponíveis e agregados, ao ser "(...) exposta (dados agregados), permite a criação de modelos que analisam e antecipam o comportamento e a dinâmica de sistemas e interações complexas". (2)

É importante observar que mediante a análise de Big Data e a inteligência artificial há a extração de previsões não intuitivas e não verificáveis quanto ao comportamento, às preferências e à vida privada de cada indivíduo, bem como de inferências fundamentadas em grande diversidade de dados, rica em recursos, cujo valor é imprevisível. Tais dados geram oportunidades na tomada de decisão de ordem discriminatória, tendenciosa e invasiva.

As interferências e a inteligência artificial na área da saúde

O mundo passa por uma grande transformação causada pelos impactos da tecnologia em diversas áreas, e na saúde não é diferente. No epicentro dessa transformação, está a IA atingindo padrões cada vez mais arrojados na execução de tarefas, tais como execução de diagnósticos de doenças precoces.

A fim de aperfeiçoar a eficiência de sua atuação no atendimento ao paciente, bem como nos seus demais processos, a saúde vem adotando IA progressivamente: tem-se verificado, em especial nos últimos anos, um acelerado crescimento em vista da ampla quantidade de dados e da evolução das técnicas empregadas em análises.

Não obstante, o potencial positivo da IA na produção de insights e do aprimoramento do modo como provedores e pacientes fazem o uso dos dados de saúde, destaca-se a considerável ameaça que seu emprego pode acarretar, no sentido de problemas quanto à privacidade, assim como violações éticas ou mesmo erros médicos.

É importante atentar para um aspecto que seriamente essa questão nos traz, algoritmos de IA são capazes de realizar o processamento de dados comuns e, mediante as inferências processadas, podem revelar informações sensíveis.

O uso negligente ou mal-intencionado desses algoritmos de inteligência artificial pode configurar uma ameaça na era digital, ao realizarem tratamentos de dados em larga escala que podem contribuir com a desinformação, violar o direito à autodeterminação e, ainda, prever os nossos interesses por meio de dados que deixamos no mundo digital.

Nesse cenário, temos, como exemplo, o "caso Target", ocorrido em 2012 e narrado por Pedro Bastos Lobo Martins: "(...) o pai de uma adolescente entrou em uma das lojas Target, uma empresa de varejo norte-americana, e ficou furioso ao descobrir que a companhia estava oferecendo cupons de desconto em produtos de bebê para sua filha. A reviravolta se dá quando, depois de um tempo, o pai liga para o gerente da loja e pede desculpas porque havia descoberto que sua filha de fato estava grávida."

No ano anterior ao episódio, "(...) a Target havia desenvolvido um modelo que era capaz de atribuir uma nota a consumidores relativa à probabilidade daquela consumidora estar grávida a partir de seu histórico de compras. Com esse modelo era possível inferir não só a probabilidade de gravidez, mas, com uma boa precisão, quando o bebê iria nascer. Isso permitia que a empresa enviasse cupons de desconto em estágios específicos da gravidez".

Esse caso deixa evidenciado que, com base nas inferências, se faz possível obter conhecimento de informações sensíveis e importantes sobre alguém.

Pedro Lobo ressalta em seu artigo que a Lei Geral de Proteção de Dados Pessoais (LGPD) prevê tanto direitos aos titulares quanto deveres ao controlador, estes referentes ao tratamento de dados pessoais.

Contudo, não deixa claro nas disposições do referido texto legal "(...) se esses direitos e obrigações se estendem para abranger as inferências". (3)

Considerando as inferências extraídas no processamento de dados pessoal comum, faz-se necessário refletir se devem ou não ser aplicados aspectos de dados sensíveis a um dado, a princípio, categorizado como dado pessoal comum, tendo em vista sua classificação inicial. Se sim, tal aplicação se daria a partir de que momento, na coleta ou posteriormente?

Nesse sentido, é imprescindível uma atenção especial a essa questão em face do risco de não se regularem suficientemente as informações sensíveis colhidas mediante inferências, o que não apenas inviabiliza o tratamento de dados, mas também abre margem à manutenção de desigualdades implícitas.

Na área da saúde, há muita sensibilidade no tratamento dos dados pessoais, e o uso de algoritmos de IA é indiscutivelmente uma das grandes promessas e já apresentou inúmeros avanços tecnológicos importantes, tais como a descoberta de medicamentos, vacinas, inovações na área da medicina diagnóstica, em cirurgias robóticas, telemedicina, genômica, radiologia, patologia e na prevenção de doenças.

É evidente que a utilização de algoritmos de IA na saúde gera um impacto econômico relevante, melhora a eficiência dos serviços prestados e traz inúmeros benefícios à sociedade, graças às análises preditivas cada vez mais precisas, que auxiliam no progresso individual e coletivo nesse setor.

Por conseguinte, as inferências tendenciosas resultantes muitas vezes de algoritmos com algum tipo de viés, mesmo quando involuntário, podem trazer um sério risco aos titulares de dados, tendo em vista que o resultado alcançado por meio dessas inferências direciona a uma análise de dados enganosa, e aplicativos e ferramentas de saúde inadequadamente desenvolvidos podem trazer consequências extremamente prejudiciais e discriminatórias.

No prefácio do *Documento da Organização Mundial da Saúde*, encontra-se uma citação de Stephen Hawking que descreve com perfeição o desafio:

Nosso futuro é uma corrida entre o crescente poder da tecnologia e a sabedoria com que a usamos. (4)

Conclusão

Por fim, uma alternativa para minimizar-se o risco, pousaria no reconhecimento ou a elaboração de um modo de análise, ou teste de balanceamento, procedimento esse que seria conduzido levando-se em consideração o possível dano aos dados pessoais, com foco nos modos de processamento de maior chance de afetar indivíduos. Somente após essa avaliação, classificar-se-iam esses dados como dados pessoais sensíveis.

Propondo "um direito a inferências razoáveis", Sandra Wachter e Brent Mittelstadt defendem o argumento de que é razoável exigir dos responsáveis pelo tratamento que justifiquem aos reguladores ou titulares de dados seu *design*, sua escolha e seu uso de modelos e tipos de dados específicos para fazer inferências sobre indivíduos. Nesse sentido, caber-lhes-ia justificar: "(i) por que certos dados são bases normativamente aceitáveis para fazer inferências; (ii) por que estas são normativamente aceitáveis e relevantes para o propósito de processamento escolhido ou tipo de decisão automatizada; e (iii) se os dados e métodos usados para fazer as inferências são precisos e estatisticamente confiáveis." (p. 123, tradução nossa) (5)

As autoras pontuam ainda o direito dos titulares a terem ciência das inferências. Os titulares dos dados dispõem de diversos direitos regulamentados na LGPD que visam fornecer informações acerca do escopo e dos propósitos de coleta e processamento de dados pessoais. No que se refere às inferências, tais direitos informariam a existência de processamento de informações inferidas e dados pessoais derivados, ou dados não fornecidos diretamente pelo titular.

Tais elucidações garantiriam mais transparência ao titular demonstrando quais dados e quais inferências sobre ele estão sendo eventualmente coletadas e, permitiria também, uma fiscalização mais efetiva da Autoridade Nacional de Proteção de Dados (ANPD).

CLAUDIA MONTENEGRO
Co-Founder da Bunker consultora e
advogada no Escritório TEG —
Tácito Eduardo Grubba Advogados Associados.
E-mail: Claudia.Montenegro@bunckerconsultoria.adv.br
LinkedIn: https://www.linkedin.com/in/claudialmontenegro/

ADVOGADA formada pela Universidade Cândido Mendes (UCAM/RJ) — ano 1995.

MBA em Direito da Economia e da Empresa pela FGV/RJ — LLM em Mercado de Capitais pelo IBMEC (atual INSPER/SP).

Membra efetiva da Comissão de Direito Digital da OAB/SP, subseção Butantã.

Consultora em Privacidade e Proteção de Dados com atuação na área da saúde. Treinamentos de profissionais e empresas públicas e privadas.

COMENTÁRIOS DO AUTOR HEVERTON ANUNCIAÇÃO SOBRE ESTE ARTIGO

SERÁ QUE no futuro teremos uma notícia impressa em um jornal: *Procura-se cientista de dados, Fulano, por usar de forma não ética os dados de cidadãos. Recompensa-se bem!*

Eu só fiquei sossegado quando consegui um profissional para falar sobre a aplicabilidade da LGPD. Tentei a participação da própria Agência ANPD, mas eles não podem participar com artigos.

Ao ler o artigo da Claudia, juntamente com a Juliana Grubba, ambas do escritório Bunker, eu pude trazer para você, leitor, seja um técnico ou perfil de gestão, o quanto os dados devem a partir de agora seguir critérios éticos e de permissão de uso para efetiva sabedoria digital.

As empresas devem entender que de forma alguma consumidores irão proibir em definitivo o uso de seus dados pessoais. O que está agora em padronização é o uso ético, eficaz e com ganhos para ambos os dados da estratégia acordada entre as partes.

DICA

DRZ — Diferenças entre a GDPR e a LGPD. Disponível em: <https://drz.global/blog/diferencas-entre-a-gdpr-e-a-lgpd/>. Acesso em: jul. 2022.

Conjur — Paralelo entre a Lei Geral de Proteção de Dados, o CCPA e o GDPR europeu. Disponível em: <https://www.conjur.com.br/2020-out-28/weiss-paralelo-entre-lgpd-ccpa-gdpr-europeu>. Acesso em: jul. 2022.

CURIOSIDADE

The Hack — Justiça livra Cyrela de pagar multa de R$10 mil aplicada por descumprimento da LGPD. Disponível em: <https://thehack.com.br/justica-livra-cyrela-de-pagar-multa-de-r-10-mil-aplicada-por-descumprimento-da-lgpd/#:~:text=A%20primeira%20empresa%20a%20ser,em%20setembro%20do%20ano%20passado>. Acesso em: jul. 2022.

Softwall — 8 casos de vazamentos de dados tratados com a LGPD. Disponivel em: <https://www.softwall.com.br/blog/vazamentos-de-dados-tratados-com-a-lgpd/>. Acesso em: jul. 2022.

SUGESTÃO DE LEITURA COMPLEMENTAR

(1) INFERÊNCIA. Significados, [s.l.], c2011-2023. Publicado em: <https://www.significados.com.br/inferencia/>. Acesso em: 18 jun. 2022.

(2) FOGLI, Mariana Krollmann. Autogerenciamento da privacidade no acesso às redes digitais e o uso da base legal do consentimento: comportamento dos usuários e a proteção legal dos dados pessoais e da privacidade. 2023. Dissertação (Mestrado em Direito) – Programa de Pós-graduação em Direito, Universidade Federal de Minas Gerais, Belo Horizonte, 2023, p. 79.

(3) MARTINS, Pedro Bastos Lobo. Dados pessoais sensíveis e inferências. Disponível em: <https://www.dtibr.com/post/dados-pessoais-sens%C3%ADveis-e-infer%C3%AAncias>. Acesso em: 18 jun. 2022.

(4) WORLD HEALTH ORGANIZATION. Ethics and governance of artificial intelligence for health: WHO guidance. [Genebra]: WHO, 2021. p. v. Disponível em: <https://www.who.int/publications/i/item/9789240029200>. Acesso em: 18 jun. 2022.

(5) WATCHER, Sandra; MITTELSTADT, Brent. A Right to Reasonable Inferences: Re-Thinking Data Protection Law in the Age of Big Data and AI. Columbia Business Law Review, [s. l.], v. 2, p. 1-130, 2019. Disponível em: <https://papers.ssrn.com/sol3/papers.cfm?abstract_id=3248829>. Acesso em: 18 jun. 2022, p. 123.

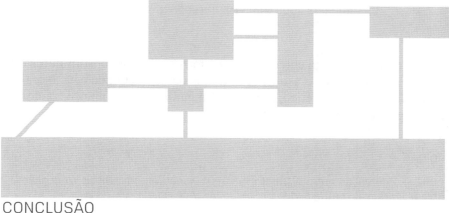

CONCLUSÃO

E A EVOLUÇÃO CONTINUA...

UMA PESQUISA recente mostrou que 74% dos executivos dizem não atuar nesta parceria ou no diálogo entre marketing e TI. E, hoje em dia, isto é imperativo como chave do sucesso.

Este é apenas um dos diálogos necessários para uma empresa proporcionar uma experiência de serviço excepcional a seus clientes. Lembre-se: não adianta colocar software e tecnologia de ponta em processos que não colocam o cliente em primeiro lugar. A empresa estará fazendo apenas mais rápido, o que não deve ser feito.

Um comitê mensal envolvendo pessoas da linha de frente, e não apenas gerentes, que contatam os clientes, deve participar e compartilhar suas experiências e sugestões.

Em breve, a empresa atual não deverá ter medo e não varrerá nada "para debaixo do tapete comercial". Na hora da lavagem do carro, tudo deve ser transparente, e você deve conhecer um fato: os clientes perdoam tudo... se você não os deixar em paz.

Para esta e outras ações, você precisa de dados... e vá sempre a campo para validá-los. E para endossar isso, eu trago a seguinte reflexão:

> *Ensinar o caminho a viajores não demonstra conhecimento direto e pessoal da jornada.*
> *Há excelentes estatísticos que nunca visitaram as fontes originais de seus recursos informativos, e eminentes geógrafos que raramente saem do lar.*
> — Francisco Cândido Xavier

HEVERTON ANUNCIAÇÃO
heverton@heverton.com.br
www.heverton.com.br

FERRAMENTAS PARA O CIENTISTA DE DADOS

EU RESOLVI unir algumas referências importantes e essenciais para o profissional de nosso setor. Essas ferramentas não correspondem a softwares ou tecnologias, mas permitirão cada vez mais esse importante profissional servir também de ponte entre o mundo externo e o mundo dos negócios, afinal, o olhar do cientista de dados deve ser de forma orgânica, avaliando o "corpo" inteiro da empresa ou instituição para qual ele ou ela trabalham.

LEI GERAL DE PROTEÇÃO DE DADOS PESSOAIS (LGPD)

A LEI GERAL de Proteção de Dados Pessoais (LGPD ou LGPDP), Lei nº 13.709/2018, é a legislação brasileira que regula as atividades de tratamento de dados pessoais e que também altera os artigos 7º e 16º do Marco Civil da internet.

O Brasil passou a fazer parte dos países que contam com uma legislação específica para proteção de dados e da privacidade de seus cidadãos. Outros regulamentos similares à LGPD no Brasil são o Regulamento Geral sobre a Proteção de Dados (GDPR) na União Europeia, que passou a ser obrigatório em 25 de maio de 2018 e aplicável a todos os países da União Europeia (UE), e o California Consumer Privacy Act of 2018 (CCPA), nos Estados Unidos da América, implementado por meio de uma iniciativa em âmbito estadual, na Califórnia, onde foi aprovado no dia 28 de junho de 2018 (AB 375).

A legislação se fundamenta em diversos valores, como o respeito à privacidade; à autodeterminação informativa; à liberdade de expressão, de informação, comunicação e de opinião; à inviolabilidade da intimidade, da honra e da imagem; ao desenvolvimento econômico e tecnológico e à inovação; à livre iniciativa, livre concorrência e defesa do consumidor e aos direitos humanos de liberdade e dignidade das pessoas.

A LGPD cria um conjunto de novos conceitos jurídicos (*ex.:* "dados pessoais", "dados pessoais sensíveis"), estabelece as condições nas quais os dados pessoais podem ser tratados, define um conjunto de direitos para os titulares dos dados, gera obrigações específicas para os controladores dos dados e cria uma série de procedimentos e normas para que haja maior cuidado com o tratamento de dados pessoais e compartilhamento com terceiros. A lei se aplica a toda informação relacionada à pessoa natural identificada ou que possa ser identificável e aos dados que tratem de origem racial ou étnica, convicção religiosa, opinião política, filiação a sindicato ou à organização de caráter religioso, filosófico ou político, dado referente à saúde ou à vida sexual, dado genético ou biométrico, sempre que eles estiverem vinculados a uma pessoa natural.

Histórico

Contexto da aprovação

Além do fato de o projeto de lei ter sido fruto da aglutinação de outras propostas que há muito tempo vinham tramitando paralelamente sobre o tema, os escândalos de privacidade do Facebook — onde a empresa Cambridge Analytica se utilizou de dados dos usuários para que pudesse fazer uma campanha política mais assertiva e customizada na eleição de Donald Trump em 2016 — também trouxeram visibilidade para o assunto.

A segurança de dados e a privacidade passaram a ser pautas recorrentes, recaindo uma cobrança sobre os políticos brasileiros no sentido de tratar dessas questões, já que não havia no país legislação com objetivo específico de defender os dados dos usuários e definir responsabilidades relativas ao tratamento destes. Tal abordagem se justifica mediante as regulamentações estabelecidas pelo Estado brasileiro para a manipulação, tratamento e armazenamento de dados pessoais por organizações.

Há também investigações acontecendo no Brasil. Várias instituições têm se dividido na defesa dos dados pessoais. Muitas vezes são as instituições de São Paulo que atuam nos casos, já que é o estado onde geralmente as multinacionais têm sua sede. No final de julho de 2019, o PROCON-SP cobrou explicações sobre coletas de dados ao FaceApp (aplicativo), Google e Apple. Em 2018, o Ministério Público Federal de São Paulo (MPF-SP) processou a Microsoft por coletas de dados dos usuários sem autorização explícita; também em julho, o Ministério Público do Distrito Federal e Territórios (MPDFT) sinalizou um possível comércio entre órgãos públicos, onde o produto são os dados das pessoas obtidos por meio de informações pessoais como as informações da Carteira Nacional de Habilitação, sem que houvesse consentimento dos donos, e que isso estaria violando o Marco Civil da internet e a própria LGPD. O Serpro negou as acusações alegando que disponibiliza por meio de um serviço e citando uma portaria do Ministério da Fazenda.

Tramitação no Congresso Nacional

Em novembro de 2010, iniciou-se no Brasil o debate sobre a proteção de dados pessoais, com o propósito de se elaborar uma lei específica sobre o tema. Até abril de 2011, foram colhidas manifestações por meio de um blog mantido pelo Ministério da Justiça na plataforma Cultura Digital, do Ministério da Cultura. O resultado desse primeiro debate nunca chegou a ser enviado pelo Poder Executivo ao Congresso Nacional.

Em junho de 2012, o Deputado Milton Monti (PR-SP) apresentou na Câmara dos Deputados o Projeto de Lei nº 4060, como produto das discussões do V Congresso Brasileiro da Indústria da Comunicação. E em 2014, o Senador Vital do Rêgo apresentou o PLS 181/2014.

Em janeiro de 2015, o governo federal reiniciou, sob a gestão da Secretaria Nacional do Consumidor do Ministério da Justiça, o debate público para a elaboração de um anteprojeto de lei. As duas consultas públicas somaram 2.500 contribuições nacionais e internacionais, de todos os setores, além de incontáveis eventos presenciais de debate. O texto resultante foi apresentado publicamente em outubro do mesmo ano.

Em maio de 2016, na véspera de seu afastamento do governo, a então presidente Dilma Rousseff encaminhou ao Congresso, em regime de urgência, o anteprojeto de lei, recebido como Projeto de Lei nº 5276/2016. Em julho de 2016, o presidente interino Michel Temer retirou o regime de urgência, e o PL 5276/16 tramitou formalmente na Câmara dos Deputados apensado ao 4060/12.

Em julho de 2018, o Projeto Lei da Câmara 53/2018 foi aprovado no plenário do Senado. A Lei Geral de Proteção de Dados foi sancionada em 14 de agosto de 2018, publicada no Diário Oficial da União em 15 de agosto de 2018, e republicada parcialmente no mesmo dia, em edição extra. O início da vigência seria em 18 meses desde a publicação.

O projeto sofreu vetos. Sob a alegação, bastante questionada, de vício de iniciativa, Temer vetou a criação da Autoridade Nacional de Proteção de Dados (ANPD), órgão de fiscalização.

Em dezembro de 2018, Temer editou a Medida Provisória nº 869, de 27 de dezembro de 2018, prevendo a criação da ANPD e alterando o início da vigência da lei para agosto de 2020.

Definições estabelecidas pela LGPD

- Dado pessoal: informação relacionada à pessoa natural identificada ou identificável.

- Dado pessoal sensível: dado pessoal sobre origem racial ou étnica, convicção religiosa, opinião política, filiação a sindicato ou a organização de caráter religioso, filosófico ou político, dado referente à saúde ou à vida sexual, dado genético ou biométrico, quando vinculado a uma pessoa natural.

- Dado anonimizado: dado relativo a titular que não possa ser identificado, considerando a utilização de meios técnicos razoáveis e disponíveis na ocasião de seu tratamento.

- Banco de dados: conjunto estruturado de dados pessoais, estabelecido em um ou em vários locais, em suporte eletrônico ou físico.

- Titular: pessoa natural a quem se referem os dados pessoais que são objeto de tratamento.

- Controlador: pessoa natural ou jurídica, de direito público ou privado, a quem competem as decisões referentes ao tratamento de dados pessoais.

- Operador: pessoa natural ou jurídica, de direito público ou privado, que realiza o tratamento de dados pessoais em nome do controlador.

- Encarregado: pessoa indicada pelo controlador e operador para atuar como canal de comunicação entre o controlador, os titulares dos dados e a Autoridade Nacional de Proteção de Dados (ANPD).

- Agentes de tratamento: o controlador e o operador.

- Tratamento: toda operação realizada com dados pessoais, como as que se referem a coleta, produção, recepção, classificação, utilização, acesso, reprodução, transmissão, distribuição, processamento, arquivamento, armazenamento, eliminação, avaliação ou controle da informação, modificação, comunicação, transferência, difusão ou extração.

- Anonimização: utilização de meios técnicos razoáveis e disponíveis no momento do tratamento, por meio dos quais um dado perde a possibilidade de associação, direta ou indireta, a um indivíduo.
- Consentimento: manifestação livre, informada e inequívoca pela qual o titular concorda com o tratamento de seus dados pessoais para uma finalidade determinada.
- Bloqueio: suspensão temporária de qualquer operação de tratamento, mediante guarda do dado pessoal ou do banco de dados.
- Eliminação: exclusão de dado ou de conjunto de dados armazenados em banco de dados, independentemente do procedimento empregado.
- Transferência internacional de dados: transferência de dados pessoais para país estrangeiro ou organismo internacional do qual o país seja membro.
- Uso compartilhado de dados: comunicação, difusão, transferência internacional, interconexão de dados pessoais ou tratamento compartilhado de bancos de dados pessoais por órgãos e entidades públicos no cumprimento de suas competências legais, ou entre esses e entes privados, reciprocamente, com autorização específica, para uma ou mais modalidades de tratamento permitidas por esses entes públicos, ou entre entes privados.
- Relatório de impacto à proteção de dados pessoais: documentação do controlador que contém a descrição dos processos de tratamento de dados pessoais que podem gerar riscos às liberdades civis e aos direitos fundamentais, bem como medidas, salvaguardas e mecanismos de mitigação de risco.
- Órgão de pesquisa: órgão ou entidade da administração pública direta ou indireta ou pessoa jurídica de direito privado sem fins lucrativos legalmente constituída sob as leis brasileiras, com sede e foro no País, que inclua em sua missão institucional ou em seu objetivo social ou estatutário a pesquisa básica ou aplicada de caráter histórico, científico, tecnológico ou estatístico.

o Autoridade nacional: órgão da administração pública responsável por zelar, implementar e fiscalizar o cumprimento desta Lei em todo o território nacional.

Quem deve se adequar à LGPD?

o Tanto as empresas como os profissionais autônomos que utilizam dados pessoais em seu negócio devem iniciar um projeto de adequação à LGPD.

Porém, a LGPD não é aplicada às pessoas físicas que usam dados pessoais com finalidades domésticas.

Por exemplo:

A utilização de rede social, troca de correspondências, lista de contatos, blogs etc.

E, conforme o recente Guia Orientativo da ANPD, os funcionários — do setor público ou privado — que trabalham mediante subordinação das decisões de empresas (poder diretivo, art. 2 e 3 da CLT) também não são considerados agentes de tratamento.

O que são dados pessoais?

o São informações de pessoas naturais vivas que, direta ou indiretamente, identificam um indivíduo.

o A informação direta é aquela que permite a imediata individualização da pessoa.

o A informação indireta é a que permite, por meio da reunião de informações, chegar à identificação do sujeito.

Para facilitar o entendimento, vejamos os exemplos:

o identificação direta: um cliente, ao fazer uma compra online, informa seu nome completo e CPF, ou seja, a loja virtual com essas informações consegue identificar o indivíduo que realizou a compra.

o identificação indireta: uma empresa não cadastrou o nome completo ou o CPF de um cliente; a princípio, a companhia não teria como identificá-lo. Porém, utilizando outras informações que possui, é possível descobrir sua identidade. Tais como:

profissão, endereço, gênero, ou qualquer outro dado que ajude a identificá-lo.

Em outras palavras, a identificação indireta ocorre quando associamos informações, que isoladamente não conseguem identificar um indivíduo, para descobrimos a identidade de uma pessoa.

Direito dos titulares dos dados pessoais

Em seu artigo 18, a LGPD traz os direitos dos titulares de dados pessoais. Os titulares poderão solicitar, a qualquer momento:

- Confirmação da existência de tratamento.
- Acesso aos seus dados.
- Correção de dados incompletos, inexatos ou desatualizados.
- Anonimização, bloqueio ou eliminação de dados tratados em desconformidade com a LGPD.
- Portabilidade dos dados a outro fornecedor de serviço ou produto.
- Eliminação dos dados pessoais tratados com o consentimento do titular.
- Informação das entidades públicas e privadas com as quais o controlador realizou uso compartilhado de dados.
- Informação sobre a possibilidade de não fornecer consentimento e sobre as consequências da negativa.
- Revogação do consentimento.
- Oposição ao tratamento realizado com fundamento em uma das hipóteses de dispensa de consentimento, em caso de descumprimento ao disposto na lei.
- Revisão de decisões automatizadas.

Princípios da LGPD

Princípios que guiam o tratamento de dados pessoais previstos na Lei Geral de Proteção de Dados Pessoais (LGPD — Lei nº 13.709/2018):

- Princípio da boa-fé;
- Princípio da finalidade;
- Princípio da adequação;
- Princípio da necessidade;
- Princípio do livre acesso;
- Princípio da qualidade dos dados;
- Princípio da transparência;
- Princípio da segurança;
- Princípio da prevenção;
- Princípio da não discriminação;
- Princípio da responsabilização e prestação de contas; e
- Bases legais para o tratamento de dados pessoais.

É importante destacar que a LGPD limitou — taxativamente — as possibilidades de tratamento de dados, ou seja, somente poderá o controlador utilizar dados pessoais com fundamento em, pelo menos, uma das 10 bases legais que veremos adiante.

Em outras palavras, o controlador é obrigado a informar qual base legal ele utiliza para cada tratamento de dados.

Vejamos agora quais são elas:

- Consentimento do titular dos dados;
- Cumprimento de obrigação legal;
- Administração Pública;
- Estudos por órgão de pesquisa;
- Execução de contrato;
- Processo Judicial, administrativo ou arbitral;
- Proteção da vida;
- Tutela da Saúde;
- Interesse legítimo; e
- Proteção de Crédito.

Do encarregado pelo tratamento de dados pessoais:

- Quem é a figura do encarregado pelo tratamento de dados pessoais?

Um dos pontos fundamentais em um projeto de adequação é a escolha do encarregado de dados pessoais.

Inclusive, o controlador — de direito público ou privado — é obrigado a indicar alguém para exercer esse cargo.

Segundo as orientações da ANPD e da LGPD, o encarregado pode ser pessoa natural (física) ou jurídica.

Suas as atividades são:

- Aceitar reclamações e comunicações dos titulares, prestar esclarecimentos e adotar providências.
- Receber comunicações da autoridade nacional e adotar providências.
- Orientar os funcionários e os contratados da entidade a respeito das práticas a serem tomadas em relação à proteção de dados pessoais.
- Executar as demais atribuições determinadas pelo controlador ou estabelecidas em normas complementares.

Portanto, o encarregado é quem irá auxiliar o controlador (dentro de um processo de adequação) e também fará a intermediação entre os titulares de dados e a Autoridade Nacional de Proteção de Dados (ANPD).

Além disso, o encarregado deve ter liberdade e independência para exercer suas atividades.

Quem pode ser nomeado como encarregado de dados?

Segundo as recentes diretrizes da ANPD, o encarregado pode ser:

- um funcionário da empresa;
- um agente externo; e
- pessoa física ou jurídica.

Além disso, é recomendável que o encarregado seja indicado por um ato formal, como um contrato de prestação de serviços ou um ato administrativo.

Fiscalização

A lei entrou em vigor, conforme previsto, 24 meses após sua publicação no Diário Oficial da União, ou seja, a partir de agosto de 2020. As infrações deverão ser aplicadas pela ANPD. A criação da ANPD havia sido vetada pelo presidente Michel Temer, criando o questionamento sobre a efetividade da lei caso a autoridade nacional não fosse criada.

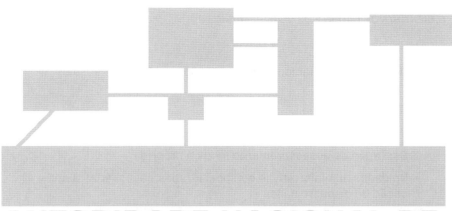

AUTORIDADE NACIONAL DE PROTEÇÃO DE DADOS

APÓS O veto às disposições relacionadas à Autoridade Nacional de Proteção de Dados (ANPD) originalmente previstas na Lei Geral de Proteção de Dados, o então presidente Michel Temer editou a medida provisória nº 869, de 27 de dezembro de 2018, que criou a ANPD e tratou do tema separadamente.

Antes da aprovação pelo Congresso Nacional, a medida provisória sofreu várias alterações, nos termos do Projeto de Lei de Conversão nº 7 de 2019.

Em julho de 2019, foi sancionada pelo então presidente Jair Bolsonaro como Lei nº 13.853, com veto a nove dispositivos.

A Lei nº 13.853, de 8 de julho de 2019.

- Na Lei nº 13.853, de 8 de julho de 2019, foi atribuída à Autoridade Nacional de Proteção de Dados natureza transitória de órgão da administração pública federal, vinculado à Presidência da República, podendo ser transformada em autarquia após dois anos, a critério do Poder Executivo.
- Apesar da vinculação administrativa da ANPD à Presidência, a lei assegura sua autonomia técnica e decisória.
- Quanto à organização interna da ANPD, esta deverá seguir a seguinte estrutura:
- Um Conselho diretor (órgão máximo de direção).

- Um Conselho Nacional de Proteção de Dados Pessoais e da Privacidade.
- Uma Corregedoria.
- Uma Ouvidoria.
- Um Órgão de assessoramento jurídico próprio.
- Unidades administrativas e especializadas necessárias à aplicação do disposto na lei.
- Os diretores, que integrarão o Conselho Diretor da ANPD, terão mandatos fixos e serão escolhidos pelo Presidente da República, embora sujeitos à aprovação pelo Senado Federal.

Dentre as competências da ANPD estabelecidas na legislação, estão a de zelar pela proteção dos dados pessoais, elaborar diretrizes para a Política Nacional de Proteção de Dados Pessoais e da Privacidade, fiscalizar e aplicar sanções nos casos de descumprimento da legislação, promover o conhecimento das normas e políticas públicas sobre proteção de dados pessoais e das medidas de segurança; editar regulamentos e procedimentos sobre proteção de dados pessoais e privacidade; realizar auditorias e celebrar compromissos para eliminação de irregularidades. A lei entrou em vigor na data de sua publicação (9 de julho de 2019).

Os vetos do presidente Jair Bolsonaro

Todos os nove vetos promovidos pelo então presidente Jair Bolsonaro se referiram a dispositivos adicionados pelo Congresso por meio do Projeto de Lei de Conversão nº 7 de 2019.

Dentre as matérias que sofreram vetos, um dispositivo proibia os órgãos públicos de compartilharem dados pessoais de cidadãos que utilizarem a Lei de Acesso à Informação (Lei nº 12.527, de 18 de novembro de 2011).

Outros dispositivos aumentavam o rol de sanções administrativas possíveis de serem aplicadas pela Autoridade Nacional. Somente restaram previstas, na lei, as punições de advertência e multa de até 2% da organização que realize tratamento indevido de informações, sendo excluídas as seguintes:

- Suspensão parcial do funcionamento do banco de dados por seis meses.

- Suspensão do exercício da atividade de tratamento dos dados pessoais também por até seis meses.
- Proibição parcial ou total do exercício de atividades relacionadas a tratamento de dados.
- Também foram vetados dispositivos que permitiam à ANPD cobrar pelos serviços prestados.

Os vetos devem ser analisados pelo Congresso, sendo necessária uma quantidade mínima de 257 votos dentre os deputados e 41 dentre os senadores para derrubar um veto presidencial.

A atuação do MPDFT

A Unidade Especial de Proteção de Dados e Inteligência Artificial (Espec) do Ministério Público do Distrito Federal e Territórios (MPDFT) foi a primeira iniciativa nacional dedicada exclusivamente à proteção dos dados pessoais e da privacidade dos brasileiros. O MPDFT já instaurou ações contra a Uber e Netshoes em casos de vazamento de dados pessoais de usuários.

Das sanções administrativas

As sanções administrativas para o descumprimento da LGPD estão previstas no art. 52. São elas:

- Advertência, com indicação de prazo para adoção de medidas corretivas.
- Multa simples, de até 2% do faturamento líquido da pessoa jurídica de direito privado, grupo ou conglomerado no Brasil no seu último exercício, limitada, no total, a R$50 milhões por infração.
- Multa diária.
- Publicização da infração após devidamente apurada e confirmada sua ocorrência.
- Bloqueio dos dados pessoais envolvidos na infração até sua regularização.
- Eliminação dos dados pessoais envolvidos na infração.

- Suspensão parcial do funcionamento do banco de dados a que se refere a infração pelo período máximo de 6 (seis) meses, prorrogável por igual período, até a regularização da atividade de tratamento pelo controlador.
- Suspensão do exercício da atividade de tratamento dos dados pessoais a que se refere a infração pelo período máximo de 6 (seis) meses, prorrogável por igual período.
- Proibição parcial ou total do exercício de atividades relacionadas a tratamento de dados.
- Proteção de dados como direito fundamental.

No início de julho de 2019, em meio às notícias de vazamentos de dados pessoais do ministro da justiça Sergio Moro, o Senado aprovou o encaminhamento de uma proposta de emenda à Constituição, PEC 17/2019. Essa PEC pretende classificar a proteção de dados como direito fundamental, alterando o inciso XII do art. 5º, que define como "inviolável" o sigilo de correspondência e de comunicações telegráficas, de dados e comunicações telefônicas. Resta agora a aprovação pelo Congresso Nacional.

As mudanças geradas pela Lei Geral de Proteção de Dados (LGPD)

A Lei Geral de Proteção de Dados (LGPD) representa um avanço na segurança de dados pessoais ao definir uma padronização elevada para a proteção das informações relacionadas à pessoa física. A aprovação dessa lei resulta em transformações no âmbito organizacional e na maneira com que as empresas tratam os dados pessoais ao apresentar as diretrizes sobre a conduta correta para tal tratamento, resultando na necessidade de revisão dos processos de administração e segurança das informações.

Primeiramente, para que os dados pessoais possam ser coletados e tratados, é necessário que o titular, a pessoa com direitos sobre eles e sobre a qual os dados se referem, consinta explicitamente sua utilização. Este consentimento deve ser fornecido apenas após o titular ter sido devidamente informado sobre os termos de uso, as extensões da autorização e a necessidade da aquisição de tais dados. Para essa regra, aplicam-se exceções nas situações em que o uso das informações for indispensável para cumprir alguma obrigação legal ou executar políticas públicas previstas em lei.

A lei também fornece ao cidadão o controle sobre seus dados e uma série de garantias, entre as quais, o direito de requerer a exclusão de seus dados e de cancelar o consentimento. Assim, a LGPD fornece ao indivíduo o controle sobre suas informações e a capacidade de punir os responsáveis por danos devido ao uso indevido e nocivo dos dados.

Para assegurar o cumprimento da LGPD foi criada a instituição denominada Autoridade Nacional de Proteção de Dados (ANPD), órgão responsável por fiscalizar a segurança dos dados pessoais por parte das pessoas jurídicas, podendo solicitar relatórios de privacidade às empresas para verificar se a conduta condiz com o estabelecido pela lei. Além disso, terá como tarefa a regulamentação e orientação preventiva sobre como realizar a aplicação da Lei Geral de Proteção de Dados. A autoridade nacional disponibilizará alerta e orientações às organizações antes de aplicar as penalidades, que serão definidas conforme a gravidade da falha.

Além da ANPD, a lei também conta com os agentes de tratamento de dados, sendo eles: agente controlador, responsável pelas decisões sobre o tratamento; agente operador, que executa o tratamento conforme definido pelo controlador e agente encarregado, cuja função é a interação com os cidadãos e a autoridade nacional, o qual poderá não existir dependendo do porte organizacional.

Por último, há a administração de riscos e falhas, que representa a necessidade de definir medidas preventivas de segurança, adotar boas certificações do mercado, realizar auditorias, elaborar planos de contingência, e apresentar resoluções ágeis perante incidentes. Dessa forma, no caso de vazamento de dados, a empresa deverá imediatamente informar a ANPD e os titulares afetados.

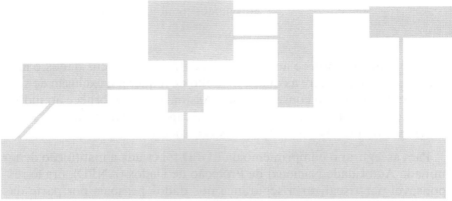

GUIA PARA O CORPO DE GERENCIAMENTO DE DADOS DO CONHECIMENTO (DAMA-DMBOK)

ESTRUTURA FUNCIONAL

O "CORPO de conhecimento" sobre gerenciamento de dados é bastante grande e está em constante crescimento. O Guia DAMA-DMBoK fornecerá uma "introdução definitiva" ao gerenciamento de dados. Ele define uma visão padrão da indústria sobre funções, terminologia e melhores práticas de gerenciamento de dados, sem detalhar métodos e técnicas específicas.

A DAMA International é uma associação global sem fins lucrativos, independente de fornecedores, de profissionais comerciais e técnicos dedicados ao avanço dos conceitos e práticas de gerenciamento de informações e dados. O primeiro capítulo do DAMA foi formado em 1980, em Los Angeles, EUA. Atualmente, existem 51 capítulos ativos do DAMA em todo o mundo, bem como mais de 40 capítulos formando capítulos. Há centenas de membros ativos e centrais e 15 mil membros no total.

Figura 32 – Governança de dados

Fonte: Dama International, 2022.

O objetivo principal da DAMA International é promover a compreensão, o desenvolvimento e a prática do gerenciamento de dados e informações como ativos-chave da empresa para apoiar a organização.

A visão da DAMA International é ser um recurso essencial para aqueles que se dedicam ao gerenciamento de informações e dados.

A DAMA International fornece a estrutura do Data Management Body of Knowledge (DMBoK2) que pode ser usado como um extenso guia de referência para tópicos centrais de gerenciamento de dados. Ele é amplamente reconhecido e utilizado por organizações em todo o mundo como uma estrutura para estruturar seu gerenciamento de dados.

A DAMA International também fornece certificação profissional para profissionais de gerenciamento de dados, o Profissional Certificado de Gerenciamento de Dados (CDMP). Existem vários níveis de certificações mais gerais de gerenciamento de dados, e também em categorias especializadas de gerenciamento de dados, em linha com a estrutura DMBoK. O CDMP é reconhecido internacionalmente entre os profissionais de gerenciamento de dados.

Você pode encontrar mais informações ou comprar o DMBoK a seguir:

- o Informações sobre a DAMA-I: <https://dama.org/>.
- o Informações CDMP: <https://cdmp.info/>.
- o Informações DMBoK: <https://dama.org/content/body-knowledge>.
- o Compre o DMBoK: <https://technicspub.com/dmbok/>.

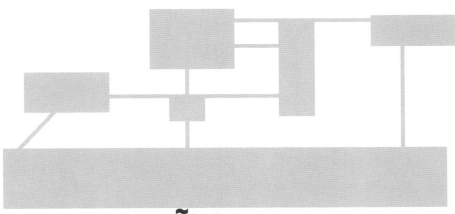

ASSOCIAÇÕES PROFISSIONAIS OU ACADÊMICAS PARA O PROFISSIONAL DE CIÊNCIA DE DADOS

EU TROUXE algumas referências para que você continue se unindo com a comunidade no Brasil e no exterior:

Site	Nome
https://abracd.org/	Associação brasileira de cientistas de dados
https://www.confe.org.br/	Conselho Federal de Estatística
www.dama.org	DAMA International
www.amstat.org	The American Statistical Association (ASA)
https://anppd.org/	Associação Nacional dos Profissionais de Privacidade de Dados
https://unctad.org/page/data-protection-and-privacy-legislation-worldwide	Data Protection and Privacy Legislation Worldwide
https://www.cognitivo.ai/premiobrd	Prêmio Cientista de dados
https://www.damabrasil.org/	Capítulo Brasileiro da DAMA International
https://www.dasca.org/	The Data Science Council of America (DASCA)
https://www.euads.org/	European Association for Data Science (EuADS)
https://cpdp.lat/	Conferência Latino-americana de Inteligência Artificial
https://www.gov.br/anpd/pt-br	Autoridade Nacional de Proteção de Dados no Brasil

FERRAMENTAS E RECURSOS PARA O CIENTISTA DE DADOS

Eu resolvi trazer uma visão atual, mas que não para de mudar diariamente, de alguns ambientes, ferramentas e recursos para que o cientista de dados ou seus usuários possam sempre se aperfeiçoar:

Categoria	Empresas ou Fornecedor		
Analytics — BI Platforms			
	Amazon QuickSight	AtScale	Domo
	Bime Analytics	Birst	GoodData
	Information Builders	Jaspersoft	Kyvos Insights
	Microstrategy	Platfora	Qlik
	Salesforce Einsteem Analytics	Sisense	ThoughtSpot
Analytics — Computer Vision			
	20BN	Aibee	Amazon Rekognition
	Clarifai	Cloudwalk	DataGrid
	Deepomatic	Ever AI	Face++
	Google Cloud Vision	Microsoft Azure	Neurala
	Onfido	Scape	SenseTime

FERRAMENTAS E RECURSOS PARA O CIENTISTA DE DADOS

	Synthesia	Trax	Ubiquity6
	YITU Technology		

Analytics — Data Analyst Platforms

Alteryx	Anodot	Arimo
Ascend.io	Attivio	Automated Insights
Ayasdi	Blockspring	Bottlenose
Cirro	ClearStory Data	Connotate
Datameer	Dataspora	Digital Reasoning
Endor	Glassbeam	Guavus
Incorta	Interana	Karmasphere
Kimono Labs	Lavastorm	Luminoso
Microsoft Analytics Platform	Mode Analytics	Narrator
Origami Logic	Outlier.ai	Pentaho
Pervasive	Precog	Quantcell Research
Semantria	Sisu Data	Sisu Data
Starburst	Statwing	Switchboard
TempoIQ	Treparel	

Analytics — Data Science Notebooks

Amazon Sagemaker Studio	Azure Notebooks	Binder
CoCalc	Colab	Count
Deepnote	Google DataLab	Jupyter
Nextjournal	Saturn Cloud	

Analytics — Data Science Platforms

Alpine Data Labs	Anaconda (fka Continuum Analytics)	Angoss
Civis Analytics	Databricks	Dataiku
Datawatch	Domino Data Lab	IBM

Indico	Knime	Mathworks
Mortar	Prevision	RapidMiner
Rubikloud	SAS	Sense
TIBCO	Yhat	

Analytics — Horizontal AI

4Paradigm	Affectiva	Blue Vision Labs
CognitiveScale	Dextro	IBM Watson
Cortana Analytics	DT Dream	MetaMind
Deepmind	Geometric Intelligence	Nara Logics
Neural Magic	Peltarion	Scaled Inference
Numenta	Petuum	Sentient Technologies
Osaro	Prophesee (fka Chronocam)	SkyMind
The Curious AI Company	Vicarious	Voyager Labs
Viv Labs		

Analytics — Log Analytics

Kibana	LogDNA	Loggly
LogicMonitor	Logz.io	Splunk
Sumo Logic	Timber	

Analytics — Machine Learning

AlchemyAPI	Element AI	Prediction.io
Amazon Sagemaker	Gamalon	Skytree
Azure ML Studio	H2O	Spell
BigML	H2O.ai	Turi
Bonsai	Nutonian	Versive (fka Context Relevant)
Cloud AutoML	OctoML	ViSenze
DataRobot	DataRPM	Yottamine
deepsense.ai (fka deepsense.io)		

FERRAMENTAS E RECURSOS PARA O CIENTISTA DE DADOS 225

Analytics — Search

Algolia	Coveo	Oracle Endeca
AlphaSense	Dassault Exalead	Sinequa
Amazon CloudSearch	Elastic	Swiftype
Attivio	LucidWorks	Autonomy
AWS Kendra	Maana	omni:us (fka Searchink)

Analytics — Social Analytics

Bitly	Lithium	Simply Measured
Bluefem labs	Netbase	Spredfast
DataSift	Salesforce Radian6	Sprinklr
Gnip	SimilarWeb	Statilizer
Hootsuite	SimpleReach	Synthesio
Tracx		

Analytics — Speech & NLP

Amazon Alexa	Google Cloud Platform	Smartling
Amazon Comprehend	Gridspace	SoundHound
Amazon Polly	Hugging Face	TalkIQ
Amazon Translate	Idibon	Twilio
Amazon Translate	Maluuba	Unbabel
Amenity Analytics	MindMeld	Voicera
Api.ai	Mobvoi	Wolfram Alpha
Arria	Narrative Science	Yseop
Azure Cognitive Services	Nuance	Cogito
Papercup	PolyAI	Primer
Cortical.io	Rasa	Semantic Machines
Eigen		

Analytics — Statistical Computing			
	IBM SPSS	MatLab	Prior Knowledge
	Revolution Analytics	SAS	

Analytics — Visualization			
	Actuate	Kitenga	SAP Lumira
	Captaem Dash	Librato	Synerscope
	Celonis	Looker	Tableau
	Centrifuge Systems	Metric Insights	ToucanToco
	Chartio	Microsoft Power BI	ToucanToco
	DataHero	Observable	Visually
	GeckoBoard	Periscope Data	ZEPL
	Google Cloud DataLab	Plotly	Zoomdata
	Grid	Qunb	Roambi

Analytics — Web/Mobile/ Commerce Analytics			
	Airtable	Market Track	Retention Science
	Amplitude	MixPanel	RJMetrics
	Clavis Insight	Quettra	SigOpt
	Custora	Granify	SumAll
	Google Analytics	GoSquared	

Cross Infrastructure/Analytics			
	1010data	Oracle	IBM
	Amazon	Qiniu	MapR
	C3.ai	Rubrik	Microsoft
	Cloudera	SAP	NetApp
	Google	SAS	Tibco
	HPE	SyncSort	VMWare
	Teradata		

FERRAMENTAS E RECURSOS PARA O CIENTISTA DE DADOS 227

Data Resources — Research

Allen Institute	MILA	MIT CSAIL
DFKI	MIRI	OFAI
Facebook Research	Vector Institute	OpenAI

Data Sources & APIs

Airobotics	Orbital Insight	Spire Global
Airware	PlanetLabs	Synspective
Descartes Labs	PrecisionHawk	Tellus Labs
DroneDeploy	Qianxun SI	Understory Weather
ExoLabs	RS Metrics	Windward
Kespry	Skycatch	Loft Orbital
MarineTraffic		

Data Marketplaces & Discovery

AWS Data Exchange	Dawex	Narrative
data.world	Explorium	Snowflake Data Exchange

Financial & Economic Data

Bloomberg	Crux Informatics	Acxiom
CapIQ	Data.gov	Basis Technology
CBInsights	Gnip	BlueKai
Dow Jones	Highcharts	Brandwatch
EagleAlpha	ImageNet	Circulate
Earnest Research	LabelMe	Datalogix
Estimize	Narrative	DataMarket
IMF Data	Panjiva	Epsilon
Mattermark	WikiLinks	Experian
MX Technologies	xView	Fliptop
Plaid	DemystData	InsideView
Predata	Eight Sleep	Knoema
Premise Data	Fitbit	LiveRamp
Quandl	Garmin	Melissa
Second Measure	HumanAPI	Placemeter

SmartNews	Jawbone	Safegraph
Standard Treasury	Kinsa	Zoominfo
StockTwits	Mimic	Withings
System2	Misfit	Carto
Thinknum	Netatmo	Cuebiq
Thomson Reuters	Practice Fusion	Esri
Tink	Validic	Foursquare
World Bank Open Data	Berkeley DeepDrive	Hexagon Geospatial
Xignite	COCO	Radar.io
Yodlee	OpenStreetMap	Sense360
Apple	Pitney Bowes	Apollo Scape
Loqate	PlaceIQ	Locu
MapAnything	Mapbox	Mapillary

Infrastructure

Scale AI	OceanSync	Basho
AI.Reverie	OpsRamp	Cloudant
Amazon Mechanical Turk	PagerDuty	Couchbase
Appen	Rocana	DataStax
DataGen	ScaleARC	FoundationDB
Hive	Scalyr	Google Cloud Bigtable
Labelbox	ScienceLogic	Google Cloud DataStore
Lionbridge	SignalFX	Hypertable
Neuromation	Solarwinds	MarkLogic
Samasource	Splunk	Microsoft CosmosDB
Scale	Unravel Data	MongoDB
Servio	Veeam	OhmData
Unity	Wavefront	Oracle
Upwork	Zenoss	Redis Labs
Alation	Actian	ScyllaDB
BackOffice Associates	Exasol	SequoiaDB

FERRAMENTAS E RECURSOS PARA O CIENTISTA DE DADOS

Collibra	HPE Vertica	Alluxio
data.world	IBM Data Warehouse Systems (fka Netezza)	Amazon S3
Dremio	Kognitio	Amplidata
IBM	ParAccel	Avere Systems
Immuta	Teradata	Azure Storage
Informatica	Amazon Aurora	Cleversafe
MANTA	Citus Data	Clumio
McAfee Skyhigh Security Cloud (fka Skyhigh Networks)	Clustrix	Cohesity
Okera	CockroachDB	Compuverde
Sailpoint	Google Spanner	Google Cloud Storage
Waterline Data	InfluxData	Google Cloud Storage NearLine
Alooma	MariaDB	IBM Data Storage
Attunity	MemSQL	Nimble Storage
Bedrock Data	NuoDB	Panasas
Census	Paradigm4 SciDB	Pure Storage
Enigma	Pivotal GemFire XD	Qumulo
Fivetran	Rainstor	Springpath
Import.io	SAP HANA	VAST Data
Informatica	Splice Machine	Wasabi
Infoworks.io	TiDB (by PingCAP)	Cloudera
Matillion	Timescale	Google DataProc
MuleSoft	Trafodion	Google MillWheel
Podium Data	VoltDB	Hadapt
Pool Party	Aerospike	Hstreaming
SAP Data Services	Amazon DocumentDB	IBM InfoSphere BigInsights
Segment	Amazon DynamoDB	IBM InfoSphere BigInsights
SnapLogic	ArangoDB	Infochimps
Snowplow	SQream	Jethro
Stitch Data	Amazon Neptune	Microsoft Azure HDInsight
Tealium	Aster Data	Mortar

Tray	Aurelius TitanDB	Pivotal
Xplenty	Cambridge Semantics	Treasure Data
Zaloni	Giraph	Actifio
AWS Lake Formation	GraphDB	Amazon CloudWatch
Azure Data Lake Storage	IBM Graph	AppDynamics
Cazena	InfiniteGraph	AppFirst
Dremio	Neo4j	Boundary
IBM Power Systems	Objectivity	Chronosphere
Qubole	Oracle Spatial and Graph	Datadog
Yellowbrick Data	OrientDB	Driven.io
Databand	Stardog	Dynatrace
Datafold	TigergraphDB	Grafana Labs
Great Expectations	Altiscale	Magnitude Software
Monte Carlo Data	Amazon Elastic Map Reduce	ManageEngine (Zoho)
Precisely	BlueData Software	Metafor Software
Soda Data	CenturyLink	MOOGsoft
Talend	Paxata	Nagios
Toro	Pentaho	New Relic
Amazon Redshift	Revelytix	Numerify
Azure Synapse	StreamSets	Alteryx
Firebolt	StrikeIron	AWS Athena
Google BigQuery	Talend	AWS Glue
Google Mesa	Tamr	Azure Data Factory
InfoWorks	Trifacta	Fishtown Analytics
Infoworks.io	Blazegraph	Kalido
Microsoft SQL Data Warehouse	BlazingDB	Lattice Data
Oracle Exadata Cloud	Brytlyt	Paperspace
Pivotal Greenplum	Fauna	PG-Strom
Snowflake	FloydHub	SQream
SpaceCurve	Kinetica	OmniSci

FERRAMENTAS E RECURSOS PARA O CIENTISTA DE DADOS 231

Open Source

MindsDB	Dagster	data.table
BentoML	Dask	Julia
DVC	dbt	NumPy
Hopsworks	etcd	Pandas
Kubeflow	Flyte	Perl
MLeap	Kedro	Pyro
MLflow	Luigi	Python
Pachyderm	Marquez	R
Polyaxon	Oozie	RStudio
Seldon	Prefect	Scala
Snorkel	Ray	SciPy
Aerosolve	Tekton	Tidyverse
Caffe	Drill	Apex
Caret	Flink	Beam
Chainer	Google Cloud DataFlow	Flink
Deeplearning4j	GraphQL	Kafka
DIMSUM	Hawq	NiFi
DMTK	HIVE	Pulsar
DSSTNE	PIG	RocketMQ
fast.ai	Presto	Spark Streaming
FeatureFu	SlamData	Storm
Horovod	Spark SQL	Bokeh
Intel AI	Trafodion	D3
Keras	Accumulo	ggplot
Ludwig	ElasticSearch	Matplotlib
MADlib	Lucene	Metabase
Mahout	Meilisearch	Redash
Michelangelo	Solr	Rodeo
Microsoft Cognitive Toolkit	Sonic	seaborn
mlr	Sphinx	Superset
MXNET	Toshi	TensorBoard

ONNX	Knox	Theano
OpenAI	Ranger	Torch
OpenML	Sentry	Veles
PaddlePaddle	Red Hat Cluster Suite	Weka
PyML	Slider	Anaconda
PyTorch	Spark	BeakerX
scikit-learn	Tez	Jupyter
Singa	YARN	Zeppelin
Spark MLlib	Elasticsearch	Accumulo
TensorFlow	Fluent Bit	MongoDB
Amundsen	Fluentd	OpenTSDB
Cassandra	Grafana	Redis
CockroachDB	Kibana	Riak
CouchDB	Logstash	SciDB
Druid	Prometheus	Sqoop
EdgeDB	Sentry	CDAP
Flume	Vector	Docker
Google Spanner	Talend	Flink
HBase	ZooKeeper	HDFS
Linkedem Datahub	Ambari	Heartbeat
MapReduce	Apache Airflow	Helix
Mesos	Apache Mesos	Kubernetes
Kylin	Argo	

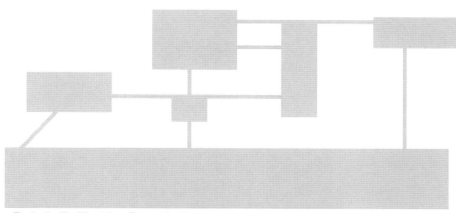

QUADRO DE ALGUNS SOFTWARES DE ANÁLISE DE DADOS DE CÓDIGO ABERTO EM 2021

Muitos profissionais podem ficar preocupados que não existem possibilidades gratuitas de fazer ciência de dados, a lista a seguir prova o contrário. Procure cada uma dessas ferramentas e seus códigos:

DATA STORE — ARMAZENAMENTO	TRANSFORM — TRANSFORMAÇÃO DE DADOS	MODEL — MODELAGEM DE DADOS	VISUALIZE — VISUALIZAÇÃO DE DADOS	OUTRAS FERRAMENTAS
mongoDB	Apache Spark	Apache Spark	RStudio	kafka
MySQL	SQL	Pandas	Pentaho	BIRT
	Grafana	KNIME	Metabase	Kibana
	Redash	RapidMiner		

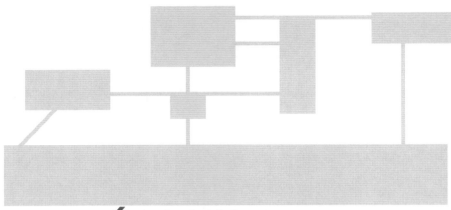

GLOSSÁRIO DE DATA WAREHOUSE & BUSINESS INTELLIGENCE

A CADA dia, um novo termo ou sigla surge no mundo da tecnologia, bem como para a própria área de ciência de dados. Resolvi compilar alguns da fundação para que você saiba por onde começar ou evoluir.

Os termos a seguir foram deixados propositadamente em inglês, pois é assim que a maioria dos funcionários deste setor utiliza.

Activity	Um conjunto de tarefas relacionadas quer por tópico, dependências, dados, habilidades comuns ou produtos a serem entregues. O próximo nível de organização abaixo de uma fase.
Application Gap	Uma variação registrada entre alguns aspectos de uma exigência comercial e a capacidade ou características do sistema de aplicação necessárias para satisfazer a exigência.
Application System	Uma coleção automatizada de funções empresariais, entidades, módulos, plataformas tecnológicas e documentação que realiza um conjunto específico de negócios, funções.
Approach	Uma forma particular de colocar um método ou tarefa para usar, incluindo fatores de risco, dicas de experiência, recomendações e conselhos adicionais.
Ad Hoc Query	Uma pesquisa em banco de dados projetada para extrair informações específicas de um banco de dados. É ad hoc se for projetada no momento da execução, em vez de ser um relatório "enlatados". A maioria dos softwares de consulta ad hoc utiliza a linguagem de consulta estruturada (SQL).
Aggregation	O processo de sumarização ou combinação de dados. Ele pode ser usado para acelerar o desempenho da consulta. Os fatos são resumidos para dimensões selecionadas a partir do fato original mesa. A tabela agregada resultante terá menos filas, fazendo assim consultas que podem utilizá-los correr mais rápido.

GLOSSÁRIO DE DATA WAREHOUSE & BUSINESS INTELLIGENCE

Attribute	Os atributos representam um único tipo de informação em uma dimensão. Por exemplo, ano é um atributo na dimensão do tempo.
Backup and Recovery Strategy	Uma estratégia de armazenamento e recuperação que protege contra perda de informações comerciais resultantes de falhas de hardware, software ou de rede.
Baseline	1. Um ponto de partida ou condição contra a qual as mudanças futuras são medidas. 2. Conjunto nomeado de versões de objetos que fixam uma configuração em um determinado momento. Normalmente representa um marco ou chave de entrega de um projeto.
Budget	Um plano para determinar antecipadamente os gastos de tempo, dinheiro etc.
Business	Uma empresa, entidade comercial ou empresa do setor privado ou público preocupada em fornecer produtos ou serviços para satisfazer as exigências dos clientes.
Business Aim	Uma declaração de intenção comercial medida subjetivamente; por exemplo, para subir de mercado ou desenvolver um nível de crescimento sustentável, geralmente estratégico ou tático, com um horizonte de 3-5 anos.
Business Area	O conjunto de processos de negócios dentro do escopo de um projeto.
Business Constraint	Qualquer fator externo, gerencial ou outro fator que restrinja um negócio ou desenvolvimento de sistemas em termos de disponibilidade de recursos, dependências, prazos ou algum outro fator.
Business Function	Algo que uma empresa faz, ou precisa fazer, a fim de alcançar seus objetivos.
Business Goal	Uma declaração de intenção de negócios.
Business Location	Uma localização geográfica, lugar ou local de onde se possa identificar de forma única uma ou mais unidades de negócios que podem operar total ou parcialmente.
Business Metadata	As informações pelas quais os usuários podem entender e acessar os dados no armazém. Ele se concentra em que dados estão no armazém, como foram transformados, a fonte e a atualidade dos dados.
Business Object	Um objeto físico ou lógico de importância para uma empresa; por exemplo, uma ordem de venda, departamento, montagem, item, balanço ou fatura. Um objeto de negócio é análogo a uma classe em terminologia orientada a objetos.
Business Organization Type	Uma classificação de uma organização empresarial em uma de várias categorias funcionais. Cada tipo de organização empresarial tem um conjunto distinto de requisitos comerciais. Todas as organizações empresariais de um determinado tipo normalmente requerem aplicações e capacidades de sistema similares. Um determinado local pode abrigar um ou mais tipos de organização empresarial. Como as organizações empresariais podem estar relacionadas em uma hierarquia, uma organização empresarial de alto nível pode ser composta de várias organizações empresariais de diferentes tipos. Para fins de análise e projeto da arquitetura de aplicação, é geralmente útil para decompor a hierarquia das organizações empresariais até que seja composto de tipos de organizações atômicas.
Business Priority	Uma declaração sobre o nível ou a urgência de necessidades comerciais importantes.
Business Process	A resposta completa que uma empresa faz a um evento. Um conjunto de tarefas estruturadas relacionadas ou atividades desenvolvidas a partir de um objetivo predefinido que irá se concretizar em um produto ou serviço, para seus clientes ou um cliente em particular. Como exemplo, um processo comercial é definido pelo evento comercial que aciona o processo, as entradas e saídas, todas as etapas operacionais necessárias para produzir a saída, a relação sequencial entre as etapas do processo, as decisões comerciais que fazem parte da resposta ao evento, e o fluxo de material e/ou informações entre etapas do processo.
Business Process Reengineering (BPR)	A atividade pela qual uma empresa reexamina seus objetivos e como alcançá-los, seguido de uma abordagem disciplinada dos negócios redesenho do processo. Um método que apoia esta atividade.

Business Rule	Uma regra sob a qual uma organização opera. Uma política ou decisão que influencia a etapa do processo.
Business System	Uma combinação de pessoas e aplicativos automatizados organizados para atender a um conjunto específico de objetivos de negócios.
Business Unit	Parte de uma organização tratada para qualquer propósito como uma entidade separada dentro da organização-mãe. Exemplos incluem um departamento ou centro de distribuição.
Buy-In	O processo pelo qual as partes interessadas, por exemplo, os usuários finais, bem como os executivos, chegam a ver os objetivos de um esforço organizacional ou de mudança como seus próprios; um componente-chave em alcançar mudanças com sucesso.
CASE Tools	Um conjunto integrado de Engenharia de Sistemas Assistidos por Computador (CASE) e ferramentas de desenvolvimento de aplicativos que auxiliam no desenvolvimento de software; por exemplo, análise dos requisitos comerciais, projeto de aplicações, geração de código de aplicação etc.
Category	Uma estrutura para organizar, digitar e representar uma dimensão de um cubo multidimensional.
Central Repository	Localização de uma coleção de documentação, personalizações, modificações ou aperfeiçoamentos destinados a aliviar a recriação de trabalho concluído.
Change	Um desvio em relação a uma linha de base estabelecida atualmente.
Change Management	1. O conjunto completo de processos empregados em um projeto para garantir que as mudanças são implementadas de forma visível, controlada e ordenada. 2. A atividade, ou conjunto de atividades, empreendidas para governar sistematicamente os efeitos da mudança organizacional.
Change Request	1. Um pedido de mudança no comportamento exigido de um sistema, geralmente de um usuário, como resultado de revisão do comportamento atual. 2. O mecanismo pelo qual uma mudança é solicitada, investigada, resolvida e aprovada.
Client/Server	Um tipo de arquitetura técnica que liga muitos computadores pessoais ou estações de trabalho (clientes) para um ou mais processadores grandes (servidores). Os clientes geralmente gerenciam a interface do usuário, possivelmente com alguns dados locais. Os servidores geralmente gerenciam bancos de dados de múltiplos acessos, incluindo a garantia da integridade dos dados e outras invariantes.
Cluster	Um meio de armazenar dados juntos a partir de várias tabelas, quando os dados nessas tabelas contêm informações comuns acessadas ao mesmo tempo.
Column	Um meio de implementar um item de dados dentro de uma tabela. Pode ser em caráter, data, ou formato numérico, e ser opcional ou obrigatório.
Computer-Aided Systems Engineering (CASE)	A combinação de gráficos, dicionário, gerador, gerenciamento de projetos e outras ferramentas de software para auxiliar o computador de desenvolvimento e manter sistemas de alta qualidade, dentro da estrutura de um método estruturado.
Computer Network	Um grupo interconectado de computadores.
Critical Success Factor (CSF)	Um evento comercial, dependência, produto, ou outro fator que, se não fosse alcançado, prejudicaria seriamente a probabilidade de se conseguir um negócio objetivo.
Custom Code	Codificação adicionada a uma aplicação embalada ou módulo gerado por um CASE (Computer-Aided Systems Engineering (CASE), ferramenta para implementar funcionalidades que a aplicação ou gerador não tenha fornecido.

GLOSSÁRIO DE DATA WAREHOUSE & BUSINESS INTELLIGENCE

Catalog	Um componente de um dicionário de dados que descreve e organiza os vários aspectos de um banco de dados como suas pastas, dimensões, medidas, avisos, funções, consultas e outros objetos de banco de dados. Ele é utilizado para criar consultas, relatórios, análises e cubos.
Cross Tab	Um tipo de relatório multidimensional que exibe valores ou medidas em células criado pela intersecção de duas ou mais dimensões em um formato de tabela.
Conformed Dimension	Uma dimensão que tem exatamente o mesmo significado e conteúdo ao ser referido a partir de diferentes tabelas de fatos.
Cube	Uma matriz multidimensional de dados, com múltiplas dimensões (variáveis independentes) e medidas (variáveis dependentes) que são criadas por um Analítico Online Sistema de Processamento (OLAP). Cada dimensão pode ser organizada em uma hierarquia com múltiplos níveis. A intersecção de duas ou mais categorias dimensionais é referida como uma célula.
Dashboard	Um método de visualização de dados e uma ferramenta de gestão do fluxo de trabalho que traz junto informações úteis em uma série de telas e/ou páginas da web. Algumas das informações que podem estar contidas em um painel de controle incluem relatórios, links da web, calendário, notícias, tarefas, e-mail etc. Quando incorporados a um desempenho-chave DSS ou EIS, podem ser representados como gráficos que estão ligados a vários hyperlinks, gráficos, tabelas e outros relatórios. O painel de controle extrai suas informações de múltiplas fontes, aplicações, produtos de escritório, bancos de dados, internet etc.
Data Access	O processo de acesso aos objetos do banco de dados do Data Warehouse usando várias ferramentas, tais como análise, relatórios, consulta, estatística e mineração de dados.
Data Acquisition	O processo de extração, transformação e transporte de dados do sistema fonte e fontes externas de dados para os objetos do banco de dados do Data Warehouse.
Data Administration	O processo de gerenciamento dos dados institucionais a fim de fornecer dados confiáveis, precisos, seguros e acessíveis para atender às necessidades estratégicas e de gestão em todos os níveis da empresa. É o objetivo deste processo para melhorar a precisão, confiabilidade e segurança dos dados da instituição; reduzir a redundância de dados; proporcionar facilidade de acesso, assegurando que os dados sejam facilmente localizados, acessíveis uma vez localizados e, claramente definidos para fornecer padrões de dados. É também a finalidade da função de administração de dados educar a comunidade de usuários sobre as políticas de dados institucionais e para incentivar a uso responsável dos dados.
Data Aggregation	O processo de redefinição de dados em um resumo baseado em algumas regras ou critérios. A agregação também pode incluir a desnormalização para acesso aos dados e recuperação.
Database	Uma coleção de dados, geralmente sob a forma de tabelas ou arquivos, sob o controle de um sistema de gerenciamento de banco de dados.
Database Architecture	As instâncias de aplicação coletiva e banco de dados que compreendem o sistema completo.
Database Administrator	Uma pessoa (ou grupo de pessoas) responsável pela manutenção e desempenho de um banco de dados.
Database Index	Um mecanismo para localizar e acessar dados dentro de um banco de dados. Um índice pode citar uma ou mais colunas e ser um meio de impor a singularidade de seus valores.
Database Instance	Um conjunto de processos de gerenciamento de banco de dados e uma área alocada em memória para o gerenciamento desses processos. Tipicamente, uma instância de banco de dados é associada a um banco de dados. Note que uma instância de banco de dados pode processar dados para uma ou mais aplicações.

Database Management System (DBMS)	Um ambiente de software que estrutura e manipula os dados e garante a segurança, recuperação e integridade dos dados.
Data Cleansing	A transformação dos dados em seu estado atual para um predefinido formato padronizado utilizando software embalado ou módulos de programa.
Data Definition	A especificação de um elemento de dados a ser mantido. A especificação inclui tipo de dados, tamanho e regras sobre processamento: por exemplo, derivação e validação.
Data Dictionary	Uma parte de um banco de dados que contém definições de elementos de dados, tais como tabelas, colunas e vistas.
Data Extraction	O processo de extração de dados de fontes de dados operacionais e externas a fim de preparar os dados de origem para o ambiente de armazenamento de dados.
Dataflow Diagramming	Uma técnica para expressar os fluxos de dados significativos de um sistema comercial.
Data Integration	O movimento de dados entre dois sistemas coexistentes. A interface desses dados pode ocorrer uma vez a cada hora, uma vez por dia etc.
Data Integrity	A qualidade dos dados que residem nos objetos do banco de dados. À medida que os usuários consideram ao analisar o valor e a confiabilidade dos dados.
Data Integrity Testing	Verificação de que os dados convertidos são precisos e funcionam corretamente dentro de um único subsistema ou aplicação.
Data Map	Uma técnica para estabelecer uma correspondência, ou um equilíbrio, entre os dados da fonte e o objeto de banco de dados do armazém de dados de destino. Esta técnica identifica as falhas de dados e reconhece as questões de dados.
Data Mart	Classe de dados de Data Warehouse organizada para uma área funcional de negócios ou departamento. O banco de dados contém dados resumidos em vários níveis de granularidade e podem ser projetados usando estruturas de banco de dados relacionais ou multidimensionais.
Data Mart Data Model	A representação lógica das informações específicas de exigências organizadas em torno de um departamento de área funcional.
Data Migration	O movimento de dados de um banco de dados para outro banco de dados — mas não necessariamente para uma aplicação de trabalho ou tabelas de subsistemas.
Data Model	Uma representação dos requisitos específicos de informação de uma área de negócios; ver também MODELO DE RELACIONAMENTO DE ENTIDADES.
Data Mining	O processo de pesquisa de data marts e Data Warehouse para detectar padrões específicos nos conjuntos de dados. A mineração de dados pode ser realizada em bancos de dados e cubos de dados multidimensionais com ferramentas de consulta ad hoc e software OLAP. As consultas e relatórios são normalmente projetados para responder perguntas específicas, para descobrir tendências ou ocultar relações nos dados.
Data Partitioning	Uma técnica para melhorar o desempenho da aplicação ou a segurança, dividindo as tabelas em vários locais.
Data Registry	A cópia matriz dos dados associados a um objeto comercial. Vários bancos de dados podem compartilhar o acesso a um registro de dados comum para garantir a consistência e eliminar entradas redundantes em múltiplas aplicações e bancos de dados. Um exemplo de um registro de dados seria um mestre de clientes compartilhado. Todas as atualizações e as alterações seriam feitas no registro de dados-mestre do cliente e depois propagadas para sites subscritores. Todos os sistemas que requerem informações do cliente teriam interface com o registro de dados de clientes.

GLOSSÁRIO DE DATA WAREHOUSE & BUSINESS INTELLIGENCE

Data Registry Interface	Uma interface que transfere dados de registro de dados entre dados similares ou aplicações diferentes.
Data Replication	A cópia de dados de e para os sites para melhorar o serviço local, tempo de resposta e disponibilidade; frequentemente empregado como parte de um backup e recuperação estratégica.
Datastore	Um conceito de armazenamento temporário ou permanente para itens de dados lógicos utilizados por funções e processos comerciais especificados.
Data Scrubbing	O processo de manipulação ou limpeza de dados em um formato padrão. Este processo pode ser feito em conjunto com outras tarefas de aquisição de dados.
Data Source	Um sistema operacional, organização de terceiros, ou sistema externo que fornece os dados para suportar os requisitos de informação do cliente. A fonte de dados é acessada durante o processo de aquisição de dados.
Data System of Record	Para um item que é povoado por múltiplos sistemas (como sistemas sociais, número de segurança) nomear o sistema fonte.
Data Transfer	O movimento físico dos dados entre aplicações, talvez por meio de locais.
Data Transformation	O processo de redefinição de dados com base em algumas regras predefinidas. Os valores são redefinidos com base em uma fórmula ou técnica específica.
Data Translation	O processo de redefinição de dados de uma maneira diferente entre sua representação original e sua representação final.
Data Transportation	O processo de mover e carregar os dados transformados para o objetos de banco de dados do Data Warehouse.
Data Warehouse	Um repositório empresarial estruturado, orientado ao assunto, com variação de tempo, dados históricos utilizados para a recuperação de informações e apoio à decisão. O armazém de dados armazena dados atômicos e resumidos. O armazenamento de dados é a fonte dos dados armazenados nos data marts.
Data Warehousing	O processo de projetar, construir e manter um dado sistema de armazenagem.
Data warehouse administrator (DWA)	Uma pessoa ou grupo de pessoas que administram e gerenciam um armazém de dados.
Data Warehouse Data Model	A representação lógica das informações históricas dos requisitos estruturados para a empresa.
Data Warehouse Integration	O processo de reconciliação de cada Data Warehouse incrementado com a arquitetura estratégica do Data Warehouse.
Data Warehouse Method (DWM)	Um método estruturado para um ciclo de vida completo personalizado de projetos de armazenamento de dados de desenvolvimento.
Data Validation	O processo de assegurar dados corretos com base em erros e exceções e regras de manuseio. Este processo afeta diretamente a integridade dos dados.
Decision Support System (DSS)	Uma aplicação utilizada principalmente para consolidar, resumir ou transformar dados de transações para apoiar relatórios analíticos e tendências de análises.
Deliverable	Um resultado tangível e mensurável de uma tarefa.
De-normalization	Uma atividade de projeto de banco de dados que reestrutura um banco de dados, introduzindo dados derivados, dados replicados e/ou dados repetidos para sintonizar um sistema de aplicação e aumentar o desempenho.
Dependency	A relação de uma tarefa com outra na qual a data de início ou fim da segunda tarefa (sucessor) é limitada pela data de início ou fim da primeira (predecessor).
Derived Attribute	Um valor que é derivado por um algoritmo a partir dos valores de outros atributos; por exemplo, o lucro, que é a diferença entre receita e despesa.

Derived Column	Um valor derivado por algum algoritmo a partir dos valores de outras colunas; ver também ATRIBUTO DERIVADO, ITEM DE DADOS DERIVADOS e CAMPO DERIVADO. Um valor derivado por algum algoritmo a partir dos valores de outros dados, por exemplo, o lucro, que é a diferença entre receita e despesa.
Dimension	Uma estrutura multidimensional que representa um lado de uma estrutura multidimensional cube. Cada dimensão representa uma categoria diferente, tal como região, tempo, tipo de produto.
	Descoberta a avaliação e validação do incremento de Data Warehouse implementado, experiências e lições aprendidas, e espaço para o próximo incremento a ser desenvolvido.
Dimensional Model	Um tipo de modelagem de dados adequado para armazenamento de dados. Em um modelo dimensional, há dois tipos de tabelas: tabelas dimensionais e tabelas de fatos.
	A tabela dimensional registra informações sobre cada dimensão, e a tabela de fatos registra todos os "fatos", ou medidas.
Dimension Table	Uma tabela que contém valores discretos (geralmente um campo de texto contável, como escola ou diploma). Veja também a tabela de fatos. Imagine ver uma planilha de cálculo. A linha e os nomes das colunas seriam as dimensões, e os dados numéricos dentro delas seriam os fatos.
Distributed Database	Um banco de dados que está fisicamente localizado em mais de um computador processador. Ele é conectado por meio de alguma forma de rede de comunicação. Uma essencial característica de um verdadeiro banco de dados distribuído é que os usuários ou programas trabalham como se tivessem acesso para todo o banco de dados localmente.
Distributed Processing	A capacidade de ter vários computadores trabalhando juntos em uma rede, onde cada processador executa atividades diferentes para um usuário, conforme necessário.
Domain	Um conjunto de regras de validação comercial, restrições de formato e outras propriedades que se aplicam a um grupo de atributos ou colunas de banco de dados; por exemplo: uma lista de valores, um intervalo, uma lista ou intervalo qualificado, ou qualquer combinação destes.
Drill-Down	A capacidade de uma ferramenta de mineração de dados de descer para níveis crescentes de detalhe em um data mart, Data Warehouse ou cubo de dados multidimensional. Análise de dados para um atributo criança.
Drill Up	A capacidade de uma ferramenta de mineração de dados de voltar para níveis mais altos de dados em um data mart, Data Warehouse ou cubo de dados multidimensional. Análise de dados para um pai atributo.
Drill Across	Análise de dados entre dimensões.
Drill Through	Análise de dados que vai de um cubo OLAP para o banco de dados relacional.
Element	Uma coisa importante sobre a qual a informação é registrada; um componente no mais útil, nível básico.
Element Type	Qualquer elemento mantido no repositório é classificado como um tipo particular. Exemplos de tipo de elemento são: entidade, atributo, módulo de programa, processo, tabela, diagrama, texto, softbox. As ocorrências ou instâncias destas são chamadas de elementos.
End-User Layer	A interface do usuário e o layout das estruturas multidimensionais projetados para as ferramentas de acesso aos dados. Isto inclui a customização das ferramentas para os usuários.
Enterprise	Um grupo de departamentos, divisões ou empresas que formam um negócio.

GLOSSÁRIO DE DATA WAREHOUSE & BUSINESS INTELLIGENCE

Enterprise Support Systems	O conjunto de todos os sistemas baseados em computador, documentos e procedimentos utilizados em apoio às operações comerciais da empresa.
Enterprise Technical Architecture (ETA)	Uma série de regras, diretrizes e princípios usados por uma organização para dirigir o processo de aquisição, construção e modificação, entregando e integrando recursos de tecnologia da informação em toda a empresa. Estes recursos podem incluir equipamentos, software, processadores comerciais, protocolos, padrões, metodologias, estruturas organizacionais de TI e muito mais.
Entity	Uma coisa importante, seja real ou imaginária, sobre qual informação é a serem conhecidos ou detidos. Ela é implementada em um banco de dados como uma ou mais tabelas.
Entity Relationship Diagram (ERD)	Um diagrama que representa, de forma pictórica, as entidades, as relações entre eles e os atributos utilizados para descrevê-los.
Entity Relationship Model	Um tipo de modelo de dados. Parte do modelo de negócio que consiste em muitos Diagramas de Relacionamento de Entidades.
Event	Uma ocorrência no ambiente de uma empresa à qual essa empresa deve responder; ver também Business System e Event Response.
Executive Information System (EIS)	Uma aplicação de relatório destinada a ser utilizada por executivos. Normalmente, tais aplicações têm interfaces gráficas extremamente amigáveis e de fácil utilização, com um pequeno armazenamento de dados local derivado da conexão com um armazém de dados. É frequentemente utilizado sinonimamente com o sistema de apoio à decisão.
Extensibility	A capacidade de adicionar novos componentes, tecnologia e incrementos aos dados-solução de armazém. Esta é uma capacidade crítica para a arquitetura de Data Warehouse e arquitetura técnica.
External Data Source	Um sistema ou arquivo de dados fornecido por uma organização externa ao cliente. Isto inclui empresas controladoras ou subsidiárias, alianças, parceiros e dados corretores.
Extraction, Transformation and Loading (ETL) Tool	Software usado para extrair dados de uma fonte de dados como um sistema operacional ou armazém de dados, modificar os dados e depois carregá-los em um data mart, Data Warehouse ou cubo de dados multidimensional.
Fact Table	Normalmente a tabela primária que contém as medidas (principalmente dados numéricos como notas, salários etc.). Veja também a tabela de dimensões. Imagine olhar para uma planilha. Os nomes das linhas e colunas seriam as dimensões e os dados numéricos dentro delas seriam os fatos.
Feasibility	O mecanismo para equilibrar as restrições comerciais com a tecnologia, restrições para produzir uma solução econômica.
Feedback	Resposta, incluindo correções, adições e aprovação, obtidas dos usuários, partes interessadas, patrocinadores e outros, para qualquer componente que possa ser entregue.
Feedback Session	Uma reunião organizada para apresentar os trabalhos em andamento a fim de ganhar feedback.
Field	Um meio de implementar um item de dados dentro de um arquivo. Pode ser em caráter, data, número, ou outro formato, e ser opcional ou obrigatório.
File Transfer Protocol (FTP)	O movimento físico dos arquivos de dados entre aplicações, muitas vezes em locais diferentes.

Focus Area	1. Um grupo de atividades associadas que definem e estabelecem o nível do programa produtos, ou seja, normas, configuração e processos. Esses produtos são utilizados por múltiplos projetos, criando uniformidade e reusabilidade em todo o programa. 2. Uma equipe de pessoas que trabalha no âmbito do Escritório de Programas para uma família comum de processos. Estas áreas de foco também poderiam ser chamadas de Projetos de Escritório de Programas. 3. A área delimitada da organização do cliente com responsabilidades e informações comuns e exigências. A área de foco fornece o escopo para esforços incrementais de desenvolvimento e pode ser referido como o INCREMENTO. A área de foco pode se sobrepor às funções comerciais ou pode residir em uma função comercial específica.
Focus Group	Um pequeno grupo selecionado para dar opiniões e respostas a tópicos ou questões apresentadas em um ambiente de grupo; uma técnica de avaliação.
Foreign Key	Uma ou mais colunas em uma tabela de banco de dados relacional que implementam uma relação muitos-para-um que a tabela em questão tem com outra tabela ou com ela mesma.
Format	O tipo de dados que um atributo ou coluna pode representar; por exemplo, caráter, data, número, som ou imagem.
Gantt Chart	Uma ferramenta de programação usada para exibir o status das tarefas de um projeto. O gráfico de Gantt mostra a duração de cada tarefa como uma linha horizontal. As extremidades das linhas correspondem às datas de início e término da tarefa.
Gap Analysis	1. O processo de determinação, documentação e aprovação da variação entre os requisitos comerciais e as capacidades do sistema em termos de aplicação embalada, características e arquitetura técnica. 2. O processo de determinação e avaliação da variação ou distância entre as propriedades de dois itens sendo comparadas.
Generator	Um mecanismo para transformar a especificação de um módulo em executável código do programa, também conhecido como um gerador de código.
Grainularity	Um termo usado para descrever como finalmente um fato está quebrado em uma tabela. Como exemplo, podemos ter os salários individualmente registrados por empregado em uma tabela, mas podemos ter outra tabela com os salários agregados por departamento.
Group Interview	Qualquer sessão em que usuários, partes interessadas ou patrocinadores discutam coletivamente os requisitos, prioridades, projeto ou implementação de um sistema de solução comercial.
Guideline	Texto que fornece instruções e conselhos para a realização de uma tarefa e sugere possíveis abordagens.
Granularity	O nível de detalhe em um armazenamento ou relatório de dados.
Hardware Node	Um computador em uma rede; por exemplo, clientes e servidores.
Help Desk	Um sistema de suporte projetado para auxiliar os usuários finais com o técnico e funcional, perguntas e problemas.
Hierarchy	A organização dos dados, por exemplo, uma dimensão, em um esboço ou árvore lógica estrutural. Os estratos de uma hierarquia são referidos como níveis. Os elementos individuais dentro de um nível são referidos como categorias. O próximo nível inferior de uma hierarquia é a criança; o próximo nível superior que contém as crianças é o de seus pais.
Impact Analysis	O processo de compreender o efeito completo de uma determinada mudança.

GLOSSÁRIO DE DATA WAREHOUSE & BUSINESS INTELLIGENCE 243

Implementation	A instalação de um incremento da solução de Data Warehouse que é completo, testado, operacional e pronto. Uma implementação inclui tudo o que é necessário: software, hardware, documentação e todos os dados necessários.
Implementation Questionnaire	Uma ferramenta que você usa para coletar negócios e sistema de informação durante uma entrevista de base de negócios. Ela consiste em um conjunto de perguntas pré-construídas, organizadas por função empresarial, que devem ser complementadas pelo analista com termos da empresa e outras características antes do uso na condução da entrevista.
Increment	O escopo definido da parte do Data Warehouse selecionada para implementação. Cada incremento satisfaz os elementos da solução total de Data Warehouse.
Increment Integration	O processo de conciliação dos projetos, módulos, banco de dados objetos e componentes de acesso aos dados dentro de um determinado incremento. Este esforço é abordado durante o processo de arquitetura do Data Warehouse.
Incremental Development	Uma técnica para produzir a totalidade ou parte de um sistema de produção com base em uma definição geral. A técnica envolve iterações de um ciclo de construção, refinar e rever para a solução correta surgir gradualmente. Esta técnica pode ser difícil de controlar, mas é muito útil quando usada corretamente; também chamada de quick construção e desenvolvimento iterativo.
Information Access Model	Um modelo que retrata o acesso ao processo-chave e à organização de informações para fins de relatórios e/ou segurança. Fluxo de informações, modelo. Um modelo que representa visualmente os fluxos de informação na empresa entre as funções empresariais, os negócios, organizações e aplicações.
Information Systems (IS)	Um sistema para gerenciar e processar informações, geralmente baseado em computador. Além disso, um grupo funcional dentro de uma empresa que administra o desenvolvimento e operações das informações da empresa.
Information Systems Strategies (ISS)	Um método que alinha a tecnologia da informação e prioridades com estratégias comerciais, e define a abordagem a ser adotada para atingir esses objetivos.
Initial Deliverable	Uma entrega é inicial se for para ser atualizada posteriormente. Uma inicial entrega é geralmente preliminar e seu conteúdo pode ser alterado por uma tarefa posterior quando mais informação é conhecida.
Initial Load	A primeira população das instalações do banco de dados de produção usando os dados módulos de aquisição para extração, transformação e transporte.
Installation	O carregamento de uma instância de um sistema de aplicação que é completo, testado, operacional, e pronto. Uma instalação inclui todo o software e hardware necessários (incluindo terminais, redes etc.) e documentação, e inclui todos os dados necessários.
Integration Test	Uma sequência de etapas ou conjunto de procedimentos para verificar a interoperabilidade de vários componentes do sistema.
Interface	Uma ligação entre sistemas que pode ser automatizada (via software, programas) ou de procedimento (manual).
Issue	Uma situação ou preocupação que requer uma resolução. Algumas questões, se não forem resolvidas, poderiam ter um impacto negativo no sucesso de um projeto.
Iterative Development	A aplicação de uma abordagem cíclica e evolutiva ao desenvolvimento da definição de requisitos, projeto ou construção, utilizando protótipos e técnicas de construção iterativas.
Key	Uma maneira de acessar algo. Qualquer conjunto de colunas utilizadas para a recuperação de linhas a partir de um de uma chave de acesso aos dados.
Key Performance Indicator (KPI)	Uma medida significativa utilizada por si só, ou em combinação com outros indicadores-chave de desempenho, para monitorar o quão bem um negócio poderá alcançar seus objetivos quantificáveis.

Key Resource	Uma pessoa com uma ampla gama de habilidades ou experiências que pode ser eficaz em muitos tipos de tarefas, ou é fundamental para a conclusão de uma tarefa específica.
Legacy System	Um repositório de informações e processos do sistema existente. Teste de link: é o teste para identificar erros em módulos interligados de um sistema de aplicação. O teste de link é uma extensão dos testes de módulo realizados em vários níveis de detalhe. Exemplos incluem, módulos vinculados de um programa, programas vinculados de uma área funcional, ou subsistema, e subsistemas interligados do sistema de aplicação completo. O teste de ligação é geralmente uma caixa branca de teste.
Level	Um nível ou estrato em uma hierarquia dimensional. Cada nível inferior representa um grau crescente de detalhe. Os níveis em uma dimensão de localização podem incluir país, região, estado, município, cidade, código postal etc.
Live	O processo de implementação terminou e a solução é colocada em produção.
Logical Application Architecture	Um mapa completo das instâncias de aplicações necessárias para apoiar a arquitetura das aplicações.
Logical Data Warehouse Architecture	A estrutura que esboça todos os dados, funções e componentes para o armazém de dados estratégico. Isto inclui as classes de dados, bancos de dados relacionais e multidimensionais, meta repositório de dados, ETT componentes, gerenciamento de armazém e processos de cliente e servidor.
Logical Naming Standards	O que a comunidade empresarial chama de campo. Veja também padrões de nomenclatura física.
Logical System Design	A tarefa de projetar um sistema para apoiar as necessidades comerciais sem tomar decisões finais relativas à implementação física. O mesmo desenho lógico deve ser apropriado para muitas implementações físicas usando, por exemplo, diferentes versões de um sistema de gerenciamento de banco de dados.
Look and Feel	A aparência e o comportamento de uma instalação de sistema como percebido até o usuário final. Isto inclui os dados, o layout e a interação do usuário por meio de menus, botões, edição de texto e outros dispositivos.
Mechanism	1. Uma técnica ou tecnologia particular para a entrega de uma função. Exemplos podem ser um telefone, um computador, ou um serviço de correio eletrônico. 2. Recursos que permitem facilitar a etapa/sequência em um cenário de teste.
Merge-Purge	O processo de compilação de múltiplos registros de dados, retendo os dados desejados, e removendo dados indesejados. Este processo pode ser invocado durante o processo de aquisição de dados.
Measure	Uma variável quantificável ou valor armazenado em um cubo OLAP multidimensional. É um valor na célula na intersecção de duas ou mais dimensões.
Member	Um dos pontos de dados para um nível de uma dimensão.
Meta data	Também conhecidos como dados sobre dados, são as informações sobre o conteúdo e os usos do armazém de dados. Metadata é criado por vários componentes do armazém de dados e fornece uma visão comercial e técnica da solução de Data Warehouse.
Metric	Um valor medido. Por exemplo, o total de vendas é uma métrica.
Method	Uma organização estruturada de tarefas, estimativas e diretrizes que proporcionam uma abordagem sistemática ou disciplina.
MIPS	Milhões de instruções por segundo — uma medida da capacidade de processamento do computador.
Module	Uma unidade lógica de programa. Exemplos incluem: formulários, relatórios, saídas de usuários, C programas, procedimentos PL/SQL e acionadores de banco de dados.

Multidimensional Database	Um sistema de gerenciamento de banco de dados no qual os dados podem ser visualizados e manipulados em múltiplas dimensões. Os dados são armazenados, usando-se o sistema multidimensional sendo organizado para apoiar operações analíticas como drill down, consolidação, fatiagem e corte em cubos.
Multi-Dimensional Online Processing (MOLAP)	Software que cria e analisa cubos multidimensionais para armazenar suas informações.
Node	Um único computador, grupo de computadores, ou mecanismo para lidar com alguns tráfegos de comunicação por meio de um ponto particular em uma rede de computadores.
Normalization	1. Uma técnica para eliminar a redundância de dados. 2. O processo de eliminação de informações duplicadas em um banco de dados, criando uma tabela separada que armazena as informações redundantes. Por exemplo, seria altamente ineficiente para reentrar no endereço de uma companhia de seguros com cada sinistro. Em vez disso, o banco de dados usa um campo-chave para vincular a tabela de sinistros à tabela de endereços. Os sistemas operacionais ou de processamento de transações são tipicamente "normalizados". Por outro lado, os sistemas em alguns armazéns de dados acham vantajoso desnormalizar os dados permitindo algum grau de redundância.
Non-Volatile Data	Dados que são estáticos ou que não mudam. No processamento de transações, os dados são atualizados regularmente e de forma contínua. Em um armazém de dados, o banco de dados é adicionado ou anexado, mas os dados existentes raramente mudam.
Object Orientation (OO)	A perspectiva de que os sistemas devem ser construídos a partir de objetos, que podem ser, eles mesmos, agregações de objetos menores.
On-Line Analytical Processing (OLAP)	Recuperação e análise online de dados para revelar tendências comerciais e estatísticas não diretamente visíveis nos dados diretamente recuperados a partir de um dado armazém. Também conhecido como análise multidimensional.
Operational Datastore (ODS)	Uma estrutura de banco de dados, que é um repositório quase em tempo real de dados operacionais, em vez de dados de tendências a longo prazo.
Operational Data Source	O sistema operacional atual que contém os dados da fonte a serem extraídos, transformados e transportados para os objetos do banco de dados do Data Warehouse.
Operational System	Um sistema que apoia as operações do negócio do cliente. Esses sistemas podem ser sistemas de missão crítica ou sistemas de apoio.
Phase	Um agrupamento de atividades que conduzem a um grande projeto ou a um marco. Conclusão de fase em que as tarefas de gerenciamento do projeto concluem e garantem ao cliente o signo de uma fase.
Physical Naming Standards	Porção padrão de um nome atribuído a um tipo de campo (ex. Amt, flag, derivado etc.). Veja também as normas lógicas de nomenclatura.
Pilot	Um projeto inicial que servirá como modelo ou modelo para projetos futuros.
Plan	Um esquema, método ou projeto para a realização de algum objetivo ou para alcançar alguma coisa.
Prerequisite	Algo necessário para uma tarefa produzida por uma tarefa anterior ou por uma tarefa externa à fonte.
Primary Index	Um índice usado para melhorar o desempenho na combinação de colunas mais frequentemente usado para acessar linhas em uma tabela.
Primary Key	Um conjunto de uma ou mais colunas em uma tabela de banco de dados cujos valores, em combinação, devem ser únicos dentro da tabela.

Problem Report	O mecanismo pelo qual um problema é registrado, investigado, resolvido e verificado.
Procedure	Um conjunto escrito de passos que especifica como realizar uma função comercial. Se a função comercial é auxiliada pelo sistema, seu procedimento correspondente indicará como o sistema de aplicação realiza essa função comercial.
Process	1. A execução sequencial de funções acionadas por um ou mais eventos. 2. Um agrupamento de tarefas dentro de um método baseado em funções ou disciplinas comuns que levam para um ou mais produtos-chave.
Process Flow	A passagem da execução de um processo de uma etapa do processo para a etapa seguinte. E pode incluir a passagem de informações ou materiais do primeiro passo para o segundo.
Process Flow Diagram	Um diagrama que mostra o(s) evento(s) desencadeante(s), fluxo sequencial de etapas de processo, pontos de decisão e entrega ou resultado de um único processo.
Production Environment	O banco de dados, o equipamento, a documentação e os procedimentos usados em apoio às operações comerciais ao vivo.
Program	1. Um conjunto de instruções codificadas que um computador executa ou interpreta para executar uma tarefa automatizada. 2. Um grupo inter-relacionado de projetos que estão sendo executados concomitante ou sequencialmente e que compartilham um objetivo do sistema. Os projetos individuais podem ter diferentes objetivos, porém o conjunto combinado de projetos terá um objetivo programático.
Project Library	1. Um sistema para armazenar, organizar e controlar toda a documentação produzida ou utilizada pelo projeto. 2. A localização física de todos os produtos a serem entregues para um único projeto, além de materiais administrativos e de apoio. Um escritório administrativo que todos os membros de uma equipe devem ter acesso.
Project	Ciclo de vida. A organização de um projeto de acordo com suas três partes principais: planejamento, execução e conclusão.
Proof-of-Concept	Uma abordagem utilizada para demonstrar o benefício comercial imediato, provando a viabilidade e aspectos críticos de uma solução, e para demonstrar o valor para o negócio. A prova de conceito tem um escopo bem definido e um conjunto de objetivos. A prova de conceito pode ser o primeiro esforço de desenvolvimento incremental para um armazém de dados.
Prototype	Um fac-símile de um produto final usado para demonstrar um conceito rapidamente, verificar viabilidade e/ou obter aceitação.
Prototyping	A construção de um sistema parcial para demonstrar algum aspecto ou aspectos do comportamento pretendido do sistema, a fim de obter a aceitação do usuário ou de estabelecer viabilidade.
Quality Review	Uma revisão usada para avaliar a qualidade de um produto em termos de aptidão para fins e aderência às normas e convenções definidas.
Questionnaire	Um instrumento de levantamento escrito ou eletrônico composto de uma série de perguntas, projetadas para medir um item específico ou um conjunto de itens.
Record	Em um sistema de banco de dados não relacional, um registro é uma entrada em um arquivo, que consiste em elementos individuais de informação, que juntos fornecem detalhes completos sobre um aspecto das informações necessárias para o sistema. Os elementos individuais são mantidos em campos, e todos os registros são mantidos em arquivos. Um exemplo de um registro pode ser um funcionário. Cada detalhe do funcionário, por exemplo, data de nascimento, código do departamento ou nome completo, será encontrado em uma série de campos. Em um sistema relacional, registro é uma palavra alternativa para a linha.

GLOSSÁRIO DE DATA WAREHOUSE & BUSINESS INTELLIGENCE

Referential Integrity Constraint	Regras que especificam a correspondência de uma chave estrangeira à chave primária de sua tabela relacionada. Por exemplo, o que deve acontecer com a chave estrangeira quando a chave referenciada à linha-chave primária é apagada.
Refresh	O processo de atualização dos objetos do banco de dados do Data Warehouse com novos dados. O processo de atualização ocorre após a carga inicial em uma base programada, sendo monitorado por meio de procedimentos de gerenciamento de armazém.
Relational Database Management System (RDBMS)	Um sistema de gerenciamento de banco de dados no qual os dados podem ser visualizados e manipulados em forma de tabela. Os dados podem ser classificados em qualquer ordem e as tabelas de informações são facilmente relacionadas ou unidas entre si.
Relational Online Analytical Processing (ROLAP)	OLAP software que emprega uma estratégia relacional para organizar e armazenar os dados em seu banco de dados.
Relationship	1. O que uma entidade tem a ver com outra. 2. Qualquer forma significativa em que duas coisas do mesmo tipo ou de tipo diferente podem estar associadas.
Reporting Database	Um banco de dados utilizado por aplicações de relatórios. As bases de dados de relatórios são muitas vezes duplicatas de bancos de dados de transações usadas para o processamento de relatórios off-load de bancos de dados de transações.
Repository	Um mecanismo para armazenar qualquer informação sobre a definição de um sistema em qualquer ponto de seu ciclo de vida. Os serviços de reparos seriam normalmente prestados para extensibilidade, recuperação, integridade, padrões de nomenclatura e uma grande variedade de outras funções de gerenciamento.
Replication	O processo de cópia de dados de uma tabela de banco de dados para outra.
Request for Proposal	O mecanismo formal pelo qual uma empresa transmite seus negócios requisitados durante a busca de um novo sistema de aplicação. Conhecido como o RFP, este documento impulsiona o ciclo de pré-venda e fornece informações valiosas para o negócio no processo de definição de requisitos da implementação.
Resource	Qualquer pessoa, equipamento ou material necessário para realizar uma(s) tarefa(s).
Reverse Engineering	A criação automática das especificações do sistema a partir do código existente e definições de dados.
Risk	O potencial de uma condição adversa que ocorrerá em um projeto que causará o projeto para não atender às expectativas. Um risco requer uma avaliação gerencial e uma estratégia para sua atenuação.
Role	Um conjunto de habilidades para recursos designados a um projeto.
Row	Uma entrada em uma tabela que normalmente corresponde a uma instância de alguma coisa real, que consiste em um conjunto de valores para todas as colunas obrigatórias e colunas opcionais relevantes. É muitas vezes uma implementação de uma instância de uma entidade.
Sample	Um subconjunto estatisticamente significativo selecionado e analisado para estimar as características de um grupo ou população maior; um conjunto de indivíduos dentro de uma organização avaliada para fornecer informações sobre as preferências, opiniões, atitudes e práticas do grupo que eles representam.
Scaleability	A capacidade de aumentar o volume de dados e o número de usuários para os dados e solução do armazém. Esta é uma capacidade crítica para a arquitetura de Data Warehouse e arquitetura técnica.

Schema	Um modelo de informação implementado em um banco de dados. Um esquema pode ser um esquema lógico, que definirá, por exemplo, tabelas, colunas e restrições, mas que podem não incluir nenhuma otimização. Pode ser um esquema físico que inclua otimização, por exemplo, um agrupamento de mesas.
Scope	Os limites de um projeto expressos em alguma combinação de geografia, organização, aplicações e/ou funções empresariais.
Scope Change	Uma mudança no escopo do projeto. Uma mudança no escopo requer um ajuste no plano de trabalho do projeto e, quase sempre, impacta o custo, o cronograma ou a qualidade do projeto.
Scope Creep	O fenômeno comum em que são acrescentados requisitos adicionais após um projeto iniciado sem reconsiderar os recursos ou a escala de tempo do projeto. Escopo rastejar surge do mal-entendido de que tais pequenos acréscimos não afetarão o cronograma do projeto.
Scoping Workshop	Uma oficina, geralmente frequentada pelo patrocinador e desenvolvedores do projeto, com o objetivo de definir os limites do escopo de um projeto pretendido e priorizando os requisitos dentro do escopo.
Security Profile	Uma lista de especificações de segurança baseadas em papéis.
Service Level Agreement (SLA)	Um contrato vinculativo que especifica formalmente o usuário final, expectativa sobre a solução e as tolerâncias. É um conjunto de níveis de serviço e exigências, que foram negociadas e mutuamente acordadas pelas informações dos fornecedores e os consumidores de informação. O SLA tem três atributos: ESTRUTURA, PRECISÃO E VIABILIDADE. Este acordo estabelece expectativas e impactos no projeto dos componentes da solução de Data Warehouse.
Sign-off Agreement	Com um cliente da conclusão bem-sucedida de um projeto, projeto fase, ou entregável.
Scalable	O atributo ou capacidade de um banco de dados para expandir significativamente o número de registros que ele pode gerenciar. Também se refere aos sistemas de hardware e sua capacidade de ser expandido ou atualizado para aumentar sua velocidade de processamento e lidar com volumes maiores de dados.
Snowflake Schema	Uma forma comum de modelo dimensional. Em um esquema de floco de neve, diferentes hierarquias em uma dimensão podem ser estendidas em suas próprias tabelas dimensionais. Portanto, uma dimensão pode ter mais do que uma única tabela dimensional.
Source Module	Uma unidade física de programa. Um repositório de fonte de um sistema aplicativo, o código é controlado no nível do módulo fonte.
Source System	O sistema informático interno ou externo que fornece os dados da fonte para o Data Warehouse.
Stakeholder	Uma pessoa, grupo ou unidade de negócios que tenha uma participação ou um interesse em uma atividade particular ou conjunto de atividades.
Standard	Um conjunto de regras para garantir a qualidade. Normalmente são definidas normas para os produtos, produtos ou componentes e processos.
Structured Query Language (SQL)	A norma ANSI internacionalmente aceita para sistemas de bancos de dados relacionais, abrangendo não apenas a consulta, mas também a definição de dados, manipulação, segurança e alguns aspectos da integridade referencial e da entidade.
Subject Area	Uma área de grande interesse ou importância para a empresa. Ela está centrada em um principal recurso, produto ou atividade. As áreas temáticas fornecem informações de referência ao conduzir levantamentos de requisitos.
Success Criteria	As métricas e medidas estabelecidas para determinar se a solução de Data Warehouse satisfez seus objetivos e atendeu às exigências.

GLOSSÁRIO DE DATA WAREHOUSE & BUSINESS INTELLIGENCE

Summary Data	Os dados que foram agregados ou transformados a partir do nível atômico de dados. Os dados resumidos podem residir em todos os objetos do banco de dados.
Star Schema	Uma forma comum de modelo dimensional. Em um esquema estelar, cada dimensão é representada por uma tabela de dimensão única.
Synchronization	O processo pelo qual os dados em dois ou mais bancos de dados separados são sincronizados para que os registros contenham as mesmas informações. Se os campos e registros são atualizados em um banco de dados, os mesmos campos e registros são atualizados no outro.
Synonym	1. Um nome atribuído a uma tabela ou visão que pode então ser usado de forma mais conveniente para referência. 2. Um nome alternativo para uma entidade.
System Test	Uma atividade de projeto que testa um sistema de aplicação ao longo de seu ciclo de vida completo, utilizando scripts e associando especificações de testes de cenário em especificações cronológicas sequenciais.
Table	Uma visão tabular dos dados, em um sistema de gerenciamento de banco de dados relacional, definido por uma ou mais colunas de dados e uma chave primária. Uma tabela preenchida por filas de dados.
Tablespace	Uma parte lógica de um banco de dados utilizado na alocação de armazenamento para dados de tabela e índices de tabela.
Target Database	O objeto de banco de dados do Data Warehouse que é armazenar os dados de origem, uma vez é extraído, transformado e transportado.
Technique	Uma abordagem específica para a realização de uma tarefa. Um meio metódico de manipulação e a comunicação de detalhes complexos.
Usability	Essa qualidade de um sistema que torna fácil de aprender, fácil de usar e incentiva o usuário a considerar o sistema como uma ajuda positiva para a realização do trabalho. Usuário: uma pessoa que usa um sistema para realizar uma função comercial.
User Preferences	Em muitas circunstâncias, em sistemas de computador, pode haver formas alternativas de um usuário influenciar o comportamento de uma utilidade, interface de usuário ou outro processo do sistema. Tipicamente definido, ajustando valores em um conjunto de preferências do usuário; por exemplo, em um gerador de programa, as preferências podem ser definidas para estilo, desempenho, comportamento da interface do usuário e padrões de código.
User Review	Uma reunião na qual algumas das instalações de um sistema são demonstradas para e revista pelo usuário. O objetivo de uma revisão pelo usuário é obter um feedback sobre o qual basear o desenvolvimento futuro e a melhoria das instalações que estão sendo revistas.
Utility	Um programa ou instalação de sistema que realiza um trabalho útil para os usuários. Ele não exige que o usuário forneça qualquer interação que não seja, talvez inicialmente, solicitar a utilidade.
View	Um meio de acessar um subconjunto de dados em um banco de dados.
Vision Session	Uma técnica utilizada para identificar oportunidades, problemas e prioridades para o ambiente de armazenamento de dados do cliente. Essas sessões são conduzidas durante a definição e estabelecem a visão empresarial do armazém, bem como a priorização dos incrementos.
Workshop	1. Uma reunião com a participação de usuários e desenvolvedores para criar um plano, especificação ou outra documentação que possa orientar os desenvolvedores em suas tarefas de desenvolvimento. 2. A reunião destinada a facilitar a interação e o intercâmbio de informações entre Grupo de Trabalho de Normas de Nomeação de Indivíduos ou Grupos.

REFERÊNCIA BIBLIOGRÁFICA

ANUNCIAÇÃO, Heverton. *Atendimento ao cliente:* profissionais que revolucionaram o campo da experiência do cliente. Rio de Janeiro: Alta Books, 2022.

BORNE, Kirk. *Demystifying ai for the enterprise:* a playbook for business value and digital transformation. 4. ed., Estados Unidos: Productivity Press, 2022.

Common Sense Mega Thought Group. *Business intelligence in the strategic decision-making of expert service companies by Common Sense Mega Thought Group.* Estados Unidos: Kindle KDP, 2022.

DAVENPORT, Thomas H.; KIM, Jinho. *Dados demais!* 2. ed. São Paulo: Editora Campus, 2014.

INMON, William H. Building. *The Data warehouse.* 4. ed. Estados Unidos: John Wiley & Sons, 2005.

SHERMAN, Rick. *Business intelligence guidebook:* from data integration to analytics. Estados Unidos: Morgan Kaufmann, 2014.

SIEGEL, Eric. *Predictive analytics:* the power to predict who will click, buy, lie, or die. 2. ed. Estados Unidos Editora John Wiley & Sons, 2016.

STERNE, Jim. *Social media metrics:* how to measure and optimize your marketing investment (new rules social media series). Estados Unidos: John Wiley & Sons, 2010.

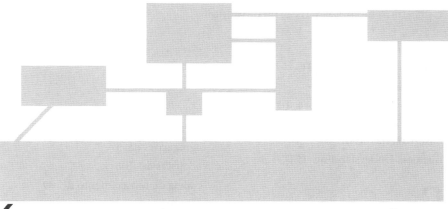

ÍNDICE

A

acessibilidade aos dados 149
administrador de dados 91
agente de mudança 52, 65
  por meio de dados 52
agregações 57
algoritmo de recomendação
  de produtos 29
algoritmos de aprendizagem 46
algoritmos de machine learning
  169-170
amplitude 186
análise colaborativa 83, 86-87
análise de autoatendimento 112
análise de correlação 188
análise descritiva 184, 188
análise estatística 144
análise exploratória 184
analista de negócios 91
analista de sistemas 91

analista digital 53-55
analistas de dados 106
aprendizado de máquina 24, 42, 43, 50,
  108, 123, 124, 125, 149
aprendizagem ágil 71
aprendizagem de máquina (AM) 24,
  26, 42, 43, 46, 47, 48, 49, 73, 74,
  102, 121, 124, 125, 126, 144, 145,
  146, 147, 148
  algoritmos de 46-47
armazém de dados 9
AUC 45
AutoML 124, 224
Autoridade Nacional de Proteção de
  Dados (ANPD) 206, 211, 213,
  217
autosserviço 56, 106, 107, 110, 111,
  112, 113, 114, 115

B

BI IX, 4, 57, 104, 106, 109, 110, 112,
  113, 114, 115, 222, 226
  front e back-end 109
Big Data 78
Big Data-focused 77
Bi Owner 159, 160
Bitcoin 23

boxplot 172, 184, 187, 191
brainstorming 134
business intelligence (BI) 4, 105–107, 157–168
   BI personas 106
Business Understanding 171

C

cadeia de bloqueio 89
cadeia de fornecimento de dados 89
cadeia de valor analítica 111
capitalismo digital 29
características comportamentais 2, 3
caso Target 195–196
catálogo de dados 107, 108, 111, 112
ciência das inferências 197
ciência de dados IX, 23–24, 155, 167, 221
cientista de dados 106
   como se tornar 169
   perfil do 41
   responsabilidades essenciais 24
cliente
   ouvir a voz do 11
cofre de dados 9
conhecimento contextual 86
core business 118
correlação 62, 188
   coeficiente de 189
criatividade 57
CRISP-DM 24, 25
crowdsourcing 84

D

dados
   acessibilidade aos 149
   agregações de 57
   analistas de 106
   cadeia de fornecimento de 89
   ciência de
      equipe central de 150
   cientista de
      como se tornar 169
   cientistas de 106
   descoberta de 52, 54
      ferramentas de 55
   distribuição dos 187
   engenharia de 77–79
      Big Data-focused 77–79
      SQL 77–79
   engenheiros de 78
   equipe de ciência de 145, 146
   especialista em matéria de 56
   exploração de 54
   governança de
      framework DAMA 162
   governança dos 56
   higienização dos 56–57
   orientado por 17
   processos específicos apoiados em 17
   programa de treinamento em ciência de 126
   qualitativos 184–185
   quantitativos 184–185
   resumos de 57
   simetria dos 187

ÍNDICE

tecnologia 148
tipos de 184-185
Data Acquisition & Understanding 171
Data Consumer 160
   Guided Data Consumer 160-161
   Self-Service Data Consumer 161
Data Literacy 161
Data Owner 158
Data Producer 158
Data Science 17
Data Science Life Cycle 170
Data Scientist 83
Data Stewards 159
Data Storytelling 161
Data Warehouse 13
desambiguação textual 13
descoberta de dados 52, 54
   ferramentas de 55
desvio padrão 187
distribuição dos dados 187

E

eCommerce 94
economia compartilhada 88
Emory/Harvard, relatório 46
empreendimento de autocondução 71-72
empresa autônoma 73
empresas B2B 154
engenharia de dados 77-79
   Big Data-focused 77-79
   SQL 77-79
engenheiros de dados 78

engenheiros de softwares 2
equipe central 150
equipe Data Science 153
equipe de ciência de dados 99, 143, 144, 145, 146, 147, 148, 149, 150, 151, 152, 153, 154
EstaTiDados 32, 37, 40
estatística 177, 178, 193
   descritiva 184, 193
   indutiva 193
estratégia de dados 20, 21, 93, 96, 141
experiência do cliente (CX) 4

F

falácia da precisão 46, 48
ferramenta ETL 77
ferramentas e serviços MapR 75
fluxo de atividades 85
fórmula da expectativa 4
framework 162
Framework DAMA 162-164
   diretrizes do 163-164

G

gaydar, estudo 43-44
geração de ideias complexas 132
gerenciamento de dados 15-17, 18
Google Network 28
governança corporativa 5
governança de dados 6
   framework DAMA 162
grandes perguntas 100-101
Guided Data Consumer 160

H

Hadoop Distributed File System (HDFS) 144, 150
Hadoop/Mahout 149
higienização dos dados 56–57
histograma 184, 187, 191

I

ideias 130–142
  analogias e 137
imprensa 135
impulsionamento 25
inferência 193–194
  estatística 38, 38–39, 193
  tendenciosa 196
infraestrutura 147, 152
  de validação 152
ingestão de dados, limpeza e ETL 125
Inmon, William 12
inspiração 6
inteligência artificial (IA)
  na área da saúde 194–196
inteligência de máquina (IM) 69
inteligência empresarial (BI) 104
intuição 6

K

KPI 159, 243

L

lei geral de proteção de dados pessoais (LGPD) 203–213
LGPD 195–196
líderes seniores 95
linha de probabilidade 64

M

máquina vetorial de suporte (SVM) 25
marketing de relacionamento (CRM) V, 4
média 185
mediana 185
medidas de dispersão 186–187
medidas de tendência central 185–186
medida viável de desempenho preditivo 45
metodologias KDD e CRISP-DM 25
mineração de dados 24, 144
Minimum Viable Data (MVD) 165–166
Minimum Viable Product (MVP) 166
moda 26, 185
modelagem estatística 38–39
modeling 49, 172

O

orientado por dados 17

P

painéis de visualização interativos 119
papel da TI 112-113
parcerias 134
pensador enérgico 134
período de sustentação 157
plataformas de dados 75, 89
precisão 47-48
    falácia da 48-49
prêmio ABT 2013 VI
prêmio CMS 2018 VI
princípio Gretzky 74
processos específicos apoiados em dados 17
produtividade 136
programa de treinamento em ciência de dados 126
projeto e a análise dos testes 93
projetos de ciência de dados 119
Proteção de Dados e Inteligência Artificial (Espec) 215

R

RACI, matriz 115
redes de crenças bayesianas 25
redes neurais 25
reflexo Semmelweis 62
relacionamentos 28
relatório Emory/Harvard 46
relatórios 53
Resilient distributed dataet 148

S

sabedoria digital 4, 198
scrum masters 145
self-service analytics 104
self-service data consumer 161
simetria dos dados 187
sistema autônomo 69-71
sistema de autocondução 70-71
sistema Smith de condução segura 73-74
sistemas sociais 83-84
Spark 38, 77, 145
Spark Streaming 149
SQL 33, 34, 39, 41, , 77, 78, 123, 124, 125, 144, 146, 230, 231, 233, 234, 244, 248
streaming 71, 72, 73, 149

T

Tableau 55
TPOT 124
transformação digital 15, 20

U

Unidade Especial de Proteção de Dados e Inteligência Artificial (Espec) 215

V

variância 186

Este livro foi impresso nas oficinas gráficas da Editora Vozes Ltda.,
Rua Frei Luís, 100 – Petrópolis, RJ.